GOLDMANN
Lesen erleben

Buch

Den richtigen Mann zu finden kann genauso schwierig sein, wie die berühmte Nadel im Heuhaufen zu entdecken. Aber es ist dennoch kein Ding der Unmöglichkeit und auch kein Hexenwerk, weiß der Psychologe Dr. Stefan Woinoff. Denn hat man erst einmal herausgefunden, welcher Typ Frau man selbst ist, wo die eigenen Stärken, Schwächen und Vorlieben liegen, erscheint der Heuhaufen plötzlich gar nicht mehr so riesig, und man ist seinem Traummann schon ein ganzes Stück näher. Man muss sich erst einmal fragen, was man selbst will: Bin ich eher nähesuchend oder distanziert? Eher zuverlässig oder abenteuerlustig? Wenn man sich diese Eigenschaften einmal bewusst gemacht hat, ist man bei der Partnersuche schon einen großen Schritt weiter. Denn, so Woinoff, zu jedem der vier Frauen-Grundtypen gibt es komplementär den passenden Männertyp. Von wem lasse ich lieber die Finger? Wer ist der Richtige? Mit Kompetenz, klarem Blick sowie vielen Fallbeispielen steht Dr. Stefan Woinoff bei der Suche nach dem Mann im Heuhaufen zur Seite.

Autorin

Dr. Stefan Woinoff ist Facharzt für Psychosomatische Medizin und Psychotherapie mit dem Schwerpunkt Beziehungsprobleme. Sein Buch basiert auf seinen täglichen Erfahrungen mit Patientinnen und Patienten seiner Praxis. Woinoff lebt mit seiner Frau und seinen zwei Kindern in München.

Dr. Stefan Woinoff

Er steht auf dich!

Sei du selbst,
und er wird sich verlieben

GOLDMANN

Alle zitierten Passagen aus Fritz Riemanns *Grundformen der Angst* abgedruckt mit
freundlicher Genehmigung des Ernst Reinhardt Verlags, München.

Verlagsgruppe Random House FSC® N001967
Das für dieses Buch verwendete FSC®-zertifizierte Papier *Classic 95*
liefert Stora Enso, Finnland.

 Dieses Buch ist auch als E-Book erhältlich.

1. Auflage
Vollständige Taschenbuchausgabe März 2015
Wilhelm Goldmann Verlag, München,
in der Verlagsgruppe Random House GmbH
© 2013 Wilhelm Goldmann Verlag, München,
in der Verlagsgruppe Random House GmbH
Umschlaggestaltung: Uno Werbeagentur, München,
unter Verwendung eines Entwurfs von Zeichenpool, München
Bildmotiv: Shutterstock/beta757
Redaktion: Dagmar Rosenberger
Satz: Buch-Werkstatt GmbH, Bad Aibling
Druck und Bindung: GGP Media GmbH, Pößneck
AB · Herstellung: IH
Printed in Germany
ISBN 978-3-442-17496-6

www.goldmann-verlag.de

Besuchen Sie den Goldmann Verlag im Netz

Für Marlene und Rosalie,
meine beiden Töchter

Inhalt

Vorwort von Amelie Fried und Peter Probst

Die Frage, wer der richtige Partner für uns sein könnte, und warum es scheinbar so schwierig ist, ihn zu finden, hat sicher jeden von uns schon beschäftigt. Auch wir haben, bevor wir uns kennen lernten, länger nach »dem/der Richtigen« gesucht und dabei einige Irrwege beschritten.

Nicht selten zweifelten wir sogar, ob es überhaupt einen passenden Partner für uns geben könnte. Das Erstaunen darüber, uns gefunden zu haben, hält auch nach 23 Jahren noch an.

Als der von uns sehr geschätzte Psychotherapeut und Autor Stefan Woinoff uns einlud, ein Vorwort für dieses Buch zu schreiben, versuchten wir, die Umstände unseres Kennenlernens und die Gründe, uns füreinander zu entscheiden, noch einmal zu beleuchten.

Unsere erste Begegnung war zufällig, sie fand bei einer Kulturveranstaltung in München statt. Eine gemeinsame Freundin stellte uns vor. Wir spürten beide, dass dieses Zusammentreffen etwas Besonderes war und unser Leben verändern könnte – wie und warum, wussten wir nicht.

In unserer Ehe spielte das Gespräch von Anfang an eine zentrale Rolle, deshalb haben wir die Dialog-Form für diese Einleitung gewählt.

A: Sag mal, was hast du im ersten Moment über mich gedacht?

P: Die ist ja viel kleiner als im Fernsehen. Und du?

A: Das ist ja der Mann, den ich heiraten werde.

P: Ach, Quatsch.

A: Doch! Das habe ich wirklich gedacht!

P: Aber warum? Ich hatte – wie du gern herumerzählst – ein
schreckliches Sakko an und eine ziemlich unvorteilhaf-
te Frisur. Außerdem war ich schüchtern und nach einer
Trennung obendrein nicht besonders gut drauf.

A: Es klingt kitschig, aber ich habe dir in die Augen gesehen
und gewusst, dass du ein besonderer Mensch bist. Du hast
etwas ausgestrahlt, das stärker war als alle Äußerlichkeiten.

P: Es war also Intuition?

A: Ja, wahrscheinlich, aber natürlich musstest du mir erst
noch beweisen, dass ich mich nicht geirrt habe.

P: Zum Glück hast du mir die Chance gegeben und ziemlich viel Geduld bewiesen.

A: Geduld hast du aber auch gebraucht, ich war ja wirklich
kein einfacher Fall. Anfangs habe ich alles darangesetzt,
dich zu vertreiben, weil ich ganz sicher sein wollte, dass
du mich wirklich willst. Warum hast du dir das eigentlich
bieten lassen?

P: Ich habe gespürt, dass hinter der unabhängigen und eher
distanzierten Person eine Frau steckt, die Sehnsucht nach
Nähe und Verbindlichkeit hat, obwohl sie ganz andere
Signale gibt.

A: Oh je, ich war wohl keine besonders gute Schauspielerin.
Ich hätte mich also gar nicht verstellen müssen, um dir zu
gefallen?

P: Es war schon gut, dass du nicht so leicht zu erobern warst, das hat in mir große Energien freigesetzt.

A: Und so hast du mich schließlich auch überzeugt, dass du es ernst meinst und dass du wirklich mich meinst. Das war ganz wichtig für mich.

P: Wie ich heute weiß, entsprach ich gar nicht deinem Beuteschema.

A: Das stimmt, aber ich hatte die Nase voll von den eitlen, selbstbezogenen Männern, mit denen ich mich vorher oft herumgequält hatte.

P: Das mit mir war also auch ein Experiment?

A: In gewisser Weise ja. Ich war bereit für etwas Neues. Hätten wir uns ein paar Jahre früher getroffen, wäre wohl nichts aus uns geworden.

P: Jetzt sind wir ja schon ziemlich lange zusammen. Was, glaubst du, verbindet uns mehr: unsere Ähnlichkeiten oder die Unterschiede?

A: Schwer zu sagen. Ähnlich sind wir uns ja bei unseren Interessen, Werten und Zielen. Wir mögen meistens dieselben Menschen, können uns über dieselben Dinge amüsieren oder aufregen. Wir führen ein ziemlich selbstbestimmtes und kreatives Leben und können den Alltag gemeinsam meistern.

P: Trotzdem sind unsere Temperamente sehr unterschiedlich. Ich bin ein notorischer Optimist und eher langmütig, du siehst gerne mal schwarz und kannst sehr impulsiv sein.

A: Du willst immer an die gleichen Orte fahren, ich entdecke lieber ständig was Neues.

P: Du glaubst, man kann alles rational erklären, ich halte zwischen Himmel und Erde so einiges für möglich.

A: Dabei sind doch angeblich die Frauen fürs Irrationale zuständig?

P: An solche Regeln halten wir uns doch sowieso nicht. Aber, jetzt mal ehrlich, bin ich dir zu soft?

A: Du bist für einen Mann ungewöhnlich einfühlsam, aber den Softie spielst du höchstens mal. In Wirklichkeit weißt du sehr genau, was du willst.

P: Ich konnte mir anfangs ja gar nicht vorstellen, wie mütterlich und fürsorglich du bist. Dass du gerne kochst und eine hingebungsvolle Mutter bist.

A: Mich hat überrascht, dass du nicht nur der Intellektuelle bist, als der du dich anfangs dargestellt hast, sondern auch ein vielseitiger und alltagstauglicher Mann.

P: Wir waren also beide Wundertüten! Es steckte viel mehr in uns, als auf den ersten Blick zu erkennen war.

A: Was schließen wir daraus?

P: Es gibt den passenden Partner, auch wenn er nicht perfekt ist. Aber man muss offen sein und der Liebe eine Chance geben.

Amelie Fried und Peter Probst sind die Autoren des Buches *Verliebt, verlobt … verrückt? Warum alles gegen die Ehe spricht und noch mehr dafür.*

Einleitung:
Sag mir, wo die Männer sind!

Sag mir, wo die Männer sind. Wo sind sie geblieben?«, sang einst Marlene Dietrich. Sie meinte die im Krieg gefallenen und vermissten Männer. Aber da sind sie heutzutage nicht geblieben, jedenfalls nicht in Deutschland, Gott sei Dank.

»Sag mir, wo die Männer sind«, fragen sich auch heute immer mehr Frauen. Sie meinen aber etwas ganz anderes als Marlene Dietrich: Wo sind die Männer, mit denen man sich auch über etwas anderes als über ihren Beruf oder ihr Mountainbike unterhalten kann? Wo sind die Männer, deren Gefühle nicht in unergründlichen Tiefen verborgen sind, aus denen kein Wort herauf und über ihre Lippen dringt? Wo sind die Männer, die lieben können und wollen – und es auch aushalten, geliebt zu werden? Wo sind die Männer, die sich gerne und dauerhaft binden wollen und können? Wo sind die Männer, auf die Verlass ist und die auch noch nach Jahren das halten, was sie am Anfang versprochen haben? Wo sind die Männer, die sich so benehmen können, wie es Frauen mögen, die gut ausschauen und auch noch einen vernünftigen Beruf haben? Wo sind die Männer, die viele Frauen haben könnten, aber nur eine Frau haben wollen, weil sie sie lieben? Wo sind die Männer, die lange auf die große Liebe warten und sie dann tatsächlich auch finden? Wo sind die Männer, auf die das Wort »Mann« auch wirklich zutrifft, die nicht zu geschmack- und stillosen Machos aufgequollen oder zu metrosexuellen Anpasslingen verkümmert sind?

Wo sind sie geblieben, die wirklich guten Kerle?

Das fragen auch mich immer mehr Frauen, nicht nur in meiner psychotherapeutischen Praxis. »Wann wird man je verstehen?«, die letzte Textzeile aus Marlene Dietrichs Lied hilft da auch nicht weiter. Ja, wann werden sich Männer und Frauen je verstehen? Daran mühen sich bereits tausende von Paartherapeuten und abertausende von Ratgebern seit Jahren ab, inklusive meiner Person als Autor und Therapeut. Irgendwie werde ich das Gefühl nicht los, dass das mit dem gegenseitigen Verständnis noch dauern kann und momentan eher schlimmer als besser wird.

Da wäre also das Problem Nummer eins: Warum verstehen sich Männer und Frauen heute nicht mehr? Dazu später mehr.

Zurück zu den Männern und zu der Frage, wo sie geblieben sind. Tatsächlich laufen sie doch überall herum, die Männer: in den Fitnessstudios, auf dem Gang im Büro, in den Fußgängerzonen. Sie stehen cool in Cafés und Bars, sie kaufen in Heimwerkermärkten ein und schauen sich gemeinsam in Kneipen Fußball an. Man kann sie auch zu Millionen im Internet treffen, auf allen nur erdenklichen Kennenlernportalen, und hin und wieder lächelt einen einer sogar im Supermarkt von der anderen Seite der Tiefkühltruhe aus an.

Aber das sind nicht *die* Männer, die die Frauen wollen. Zumindest nicht so und nicht in dieser Situation.

Damit wären wir schon beim nächsten Problem: Wo finde ich den Mann in der passenden Situation, in der ich mich auch in ihn verlieben könnte? Auch dazu später mehr.

Dieser Mann erscheint vielen Frauen so fern, so unauffindbar, so unerreichbar. Ich versuche dann, den Single-Frauen zu erklären, dass der Mann, den sie suchen, sicherlich schon geboren wurde und auf dieser Welt herumläuft, morgens aufsteht, irgendwann abends ins Bett geht und auch tagsüber vermutlich irgendetwas mehr oder weniger Sinnvolles tut. Wahrscheinlich ist er weder ein Pirat noch Ölmagnat, kein Fußball- und auch kein Hollywoodstar. Ausnahmen gibt es natürlich. Die bestätigen aber nur die Regel. Er, der Auserwählte, ist also einer von den vielen Männern, die auf dieser Welt überall anzutreffen sind.

Meist beobachte ich nach diesen Worten bei meinen Patientinnen eine ablehnende Körperhaltung und beharrliches Schweigen. Wenn ich aber unbeirrt weiterrede und erkläre, dass genau dieser Mann auf genau den Augenblick wartet, an dem er sie, ja genau sie, trifft, dann ernte ich meist große und erstaunte Augen – mit einem Glitzern darin. Er muss etwas Besonderes sein oder haben, und er muss sie, seine Traumfrau, erkennen. So, als würde er sagen: »Da bist du ja, du bist mir im Traum erschienen. Wir sind füreinander geschaffen. Jetzt habe ich dich endlich gefunden.« Natürlich wehren sich viele Frauen gegen so einen romantischen Unsinn. Aber die Sehnsucht nach einem »spirituellen Gütesiegel«, das einem garantiert, dass dieser Partner der einzig Richtige ist, ist doch groß. Denn dann wären endlich alle Zweifel für immer getilgt. Das ist nämlich Problem Nummer drei: die Zweifel, ob er wirklich der Richtige ist. Doch auch dazu später mehr.

Ein anderes Problem scheint mir aber das allerwichtigste und allergrößte zu sein: die Selbstzweifel der Single-Frauen. »Bin ich schön, attraktiv, jung, intelligent, lustig, anpassungsfähig, selbstbewusst, individuell, modern, einfühlsam, anschmiegsam, frech, spontan, beständig, unterhaltsam, anziehend, schillernd *genug*, um meinen Mr Big, wenn ich ihm denn begegne, auch für mich zu gewinnen?« Die Liste der sich zum Teil widersprechenden Eigenschaften, die die Frauen von sich selbst erwarten, lässt sich beliebig ergänzen.

Und dann folgt gleich die nächste zweifelnde Frage: »Wird er sich überhaupt in mich verlieben, wenn er mich kennen lernt?« Die Abwehrhaltung vieler Frauen gegenüber Männern, die es angeblich alle nicht wirklich wert sind, als Partner überhaupt in Erwägung gezogen zu werden, soll häufig nur die eigene innere Unsicherheit überdecken, diese eine bohrende Frage übertünchen: »Bin ich gut genug?«

Ist diese Frage einmal gestellt oder einmal wirklich tief innen gefühlt, tritt sie eine Lawine anderer Fragen los: »Mache ich alles richtig? Beherrsche ich die Regeln? Welche Regeln sind überhaupt die richtigen? Müsste ich nicht ganz anders sein? Müsste ich nicht ganz anders aussehen? Sollte ich nicht andere Eigenschaften oder einen anderen Job haben? Benehme ich mich irgendwie falsch?« Auch diese Liste von Fragen ließe sich endlos weiterführen.

Und hier schon mal eine sehr wichtige Antwort auf die wichtigste Frage: Ja! Sie sind gut genug! Nicht nur das. Sie sind sogar ganz genau so, wie Sie sind, genau richtig. Vielleicht nicht für Ihren Chef, vielleicht auch nicht für Ihre Mutter oder Ihre Nachbarin. Aber auf jeden Fall für Ihren zukünftigen Mann. Denn er sucht – bewusst oder unbewusst – genau Sie mit Ihren speziellen Eigenschaften und Eigenarten. Warum? Weil er auch genau die Eigenschaften und Eigenarten hat, die wiederum Sie anziehend finden, die Sie begeistern und faszinieren. Das kann er vermutlich auch nicht fassen. Weil ihm die Art, wie er nun mal ist, so normal, so alltäglich erscheint. Das ist es aber nicht. Weder bei ihm noch bei Ihnen. Nicht für den jeweils anderen.

Also noch einmal zum Mitschreiben: Genau so, wie Sie sind, sind Sie für Ihren zukünftigen Mann etwas ganz Besonderes. Machen Sie es also nicht mit unnötigen Zweifeln kaputt, übertünchen Sie es nicht, lassen Sie es leben und gedeihen, gießen Sie es und lassen Sie es erblühen: Das, was Sie sind und was Sie ausmacht, ist einzigartig. Das gibt's nur einmal. Das hat nur eine. Nur Sie!

Leider haben das sehr viele Frauen vergessen. Sie wollen irgendwie sein, nur nicht so, wie sie wirklich sind. Das Besondere, der Funken Wahnsinn, das Einzigartige, in das man sich als Mann verliebt, genau das wird niedergebügelt, unterdrückt und wegtrainiert. Schmeißen Sie alle Ratgeber in die Mülltonne, in denen Ihnen strenge Regeln fürs Kennenlernen, Dating und Beziehungführen vorgegeben werden. Es gibt einen viel besseren Ratgeber, und den tragen Sie immer mit sich herum. Nennen Sie ihn Ihr Bauchgefühl, nennen Sie ihn Ihren gesunden Menschenverstand, nennen Sie ihn Eingebung, oder nennen Sie ihn gerne auch Ihre Spontanität oder Kreativität. Am besten, Sie nehmen von allem etwas, so wie es Ihnen gerade in den Sinn kommt. Lassen Sie Ihren Gefühlen, Ihrem Unbewussten, Ihrer Individualität, Ihrer Lebenslust und Ihrer Klugheit freien Lauf, wenn Sie einem Mann gefallen wollen.

Das Beste und Anziehendste, was Sie haben (und in das sich ein Mann verliebt), sind nicht Ihr gutes Aussehen, Ihr schöner Körper, Ihre Kleidung, Ihr Charme oder Ihre Intelligenz. Das alles mag wichtig sein, das Wichtigste ist aber etwas anderes: Es ist Ihre Einzigartigkeit. Und alles, was die unterdrückt, sollten Sie sein lassen, egal, wie viele heilige Regeln Sie damit brechen.

Alle Frauen, die das verstanden haben und auch umsetzen, haben den Mann gefunden, der sie liebt. Oder sie werden ihn noch finden, falls er ihnen bisher noch nicht über den Weg gelaufen ist.

Erinnern Sie sich bitte an den letzten Liebesfilm mit Happy End, den Sie gesehen haben: Hat sie ihn zum Schluss bekommen, weil sie brav alle gesellschaftlichen Regeln befolgt hat? Weil sie geschaut hat, wie es ihre Freundinnen, die Kolleginnen etc. machen, und es ihnen nachgemacht hat? Hat sie ihre Liebe gefunden, weil sie sich einem harten psychischen und körperlichen Training oder einem rigorosen Selbstoptimierungsprogramm unterzogen hat? Und hat er sich in sie verliebt, weil sie auswendig gelernt hatte, was sie sagen soll, und weil sie mitgerechnet hat, beim wievielten Date und in welcher Umgebung er sie das erste Mal küssen und wann sie mit ihm frühestens (oder spätestens) ins Bett gehen darf?

Nein! Sie hat ihn bekommen, weil sie zu sich gefunden, irgendetwas Verrücktes gemacht und Grenzen, Regeln, Verbote, Mahnungen oder gute Ratschläge gerade nicht befolgt hat! Genau das ist der Moment, an dem uns die Hauptperson im Film wirklich sympathisch wird, an dem sie sich zur Heldin mausert: wenn sie die Angst überwindet, die sie daran hindert, ihren eigenen, individuellen Weg zu gehen, den sie für sich als richtig erkannt hat.

Sie hat plötzlich keine Angst mehr gehabt, hat ihren Gefühlen freien Lauf gelassen, ihre Eigenarten und Verrücktheiten ausgelebt und genau so ihre Liebe gefunden und seine Liebe gewonnen.

Früher war ein Liebesroman einfach erzählt: Der gestrenge Vater hatte für die Tochter die gute, aber langweilige Partie ausgesucht, sie war aber in den spannenden und gut aussehenden Helden verliebt. Der entsprach nicht den Ansprüchen des Vaters. Die Tochter gehorchte letztlich dem Vater *nicht,* brach die Regeln und bewies gerade dadurch ihre Liebe zu ihrem Geliebten, ihrem Helden, der sie dann entführen durfte, auf dass beide gemeinsam glücklich wurden.

Liebe hatte schon immer etwas mit Regelnsprengen zu tun. Heute ist der gestrenge Vater ausgestorben, Regeln, wie man sich als Frau zu verhalten hat, um den Richtigen zu finden, gibt es aber mehr denn je; regalweise in jedem Buchladen zu kaufen, in jeder Frauenzeitschrift nachzulesen, kostenlos bei jeder Freundin abzuholen. Und auch hier gilt: Wer sich an diese Regeln und Konventionen hält, ist langweilig (und wirkt auch langweilig) und bekommt auf diese Weise niemanden oder den Falschen. Wer es wagt, die Regeln zu brechen, der findet zu sich, beweist seine Liebe und findet auch die Liebe seines Lebens.

Ich weiß: Je größer die Verunsicherung, desto größer die Versuchung, sich an Regeln festzuhalten, sich an den gängigen Vorstellungen von »richtig oder falsch« und von »Das darfst du« und »Das darfst du nicht«, an diesem »Political-correctness«- und »Absolutly-no-go«-Gerede zu orientieren. Und die Verunsicherung ist groß, bei Frauen *und* Männern. Fragen Sie sich als Frau doch einmal selbst: Wollen Sie einen verunsicherten Mann? Einen, der erst mal in einem Ratgeber nachschlagen muss, bevor er Sie küsst? Der nach einer gemeinsamen Nacht nicht nur fragt, ob er gut war, sondern Ihnen auch genau erklären kann, warum er bei Ihnen alles richtig gemacht hat? Und wo er die Gebrauchsanweisung für Sie gekauft hat?

So einen Mann wollen Sie wahrscheinlich nicht. Lieber, er tut oder sagt etwas zu schnell oder zu langsam, zu früh oder zu spät, aber dafür spüren Sie ihn, wie er ist, wie er fühlt, denkt und handelt. Sie spüren, dass Ihnen da ein lebendiger Mensch gegenübersteht, der aus sich heraus handelt und auch mal was wagt und ausprobiert. Und auch dazulernt. Aber nicht aus Büchern, sondern von Ihnen und durch Sie! Weil er merkt, was Ihnen gefällt und worüber Sie lachen, wo und wie Sie es mögen, wann er reden und wann er lieber zuhören sollte. Weil er sich mit Ihnen in Beziehung setzt. Weil er keine Beziehung *hat*, sondern eine Beziehung *führt*, und zwar mit Ihnen. Weil er das Drehbuch für seine Beziehung(en) nicht schon fertig in der Tasche hat, sondern bereit ist, jede Szene neu gemeinsam mit Ihnen zu schreiben. Mit einem Wort: weil Sie spüren, dass er sich für Sie interessiert, Sie begehrt, sich in Sie verliebt hat, Sie liebt. Daneben sind alle Regeln unwichtig.

Und genau solche Frauen wünschen sich auch die Männer.

Ich weiß nicht, wie oft ich schon gehört habe, dass eine Frau eine Beziehung *hat* oder eben *nicht hat*. Ich frage dann üblicherweise, ob sie nicht vielmehr einen Freund, Partner oder Geliebten *hat*, mit dem sie ein intensives Gefühl verbindet, woraus dann so etwas wie eine Beziehung entsteht. Und zwar immer wieder neu und immer wieder anders. Über einen längeren Zeitraum gesehen führen die beiden dann eine Beziehung, die ein Leben hat wie ein wirkliches Lebewesen: eine Geburt, eine Kindheit, eine Jugend, ein Erwachsensein, ein Altern – und irgendwann auch einen Tod; im romantischen (und auch kirchlichen) Idealfall erst dann, wenn einer der beiden Partner stirbt, obwohl die emotionale Beziehung auch weit über den Tod hinaus bestehen kann. Oder, und das ist ja immer häufiger der Fall, einer oder beide beenden die Beziehung. Und auch hier wird nicht selten der gefühlsintensivste Teil der Beziehung erst nach dem »Tod« der Beziehung durchlebt – in Form von Liebeskummer oder dem, was man dafür hält.

In der Beziehung zwischen Mann und Frau ist es heute ein wenig wie zwischen modernen Eltern und ihren Kindern: Die alte Rollenverteilung hat sich überlebt, und viele suchen nach einer neuen Orientierung. Immer mehr Erziehungsratgeber fluten den Büchermarkt, über immer mehr unterschiedliche Erziehungsansätze wird in Feuilletons und Elternmagazinen gestritten. Und je mehr sich Eltern daran orientieren wollen, desto verunsicherter werden sie. Bin ich zu streng oder vielleicht doch zu nachgiebig mit meinen Sprösslingen? Sollte ich tolerant und nachgiebig weite Grenzen stecken, damit mein Kind das Gefühl der verstehenden Liebe spürt – oder sollte ich es doch lieber konsequent und klar in engere Schranken weisen, damit es Halt und Orientierung erfährt?

Was schließlich bei all den Fragen und all den Antworten herauskommt, ist nur eines: Verunsicherung! Erst lassen sich die Eltern verunsichern, dann verunsichert das die Kinder. Und verunsicherte Kinder sind schwierige Kinder. Und für schwierige Kindern sollte man sich Rat holen. Dann kauft man sich einen Ratgeber. Nur welchen? Und so dreht sich der Teufelskreis der Verunsicherung weiter. Es gibt (fast) nichts Schlimmeres für Kinder als verunsicherte Eltern. Und es gibt nichts Besseres für Kinder als Liebe. Alles andere, alle Erziehungsstile und -regeln, sind dagegen zweitrangig. Das entscheidende Gefühl für ein Kind ist, dass es sich individuell erkannt fühlt. Dass es (vielleicht auch nur unbewusst) merkt: Meine Eltern spulen nicht irgendwelche Regeln ab, sondern sie erkennen mich in meiner Einzigartigkeit und reagieren entsprechend auf mich. Das kann auch bedeuten, dass Geschwister unterschiedlich erzogen werden, weil sie unterschiedliche Menschen sind.

Auch bei der Partnersuche und bei den ersten Begegnungen zwischen Männern und Frauen herrscht oft statt Emotionalität, Offenheit, Individualität und Spontanität vor allem eines vor: Verunsicherung, und zwar auf beiden Seiten. Im Klartext und in der alltäglichen emotionalen Ausformulierung bedeutet das: Unverständnis, Arroganz, Abwertung, Verletzlichkeit und Verletzungen, Rückzug, Verschlossenheit und letztlich Einsamkeit, ebenfalls auf beiden Seiten.

Begonnen hat das alles – wie bei der Erziehungsdebatte – mit der Auflösung alter, sicherlich überkommener Rollen. Der Fehler ist nur, dass wir an die Stelle der alten starren Rollen neue starre Rollen stellen wollen und dafür noch viel starrere Regeln aufstellen. Ein kleines Beispiel: Sie kennen sicher auch diesen Grundsatz, dass in einer gut funktionierenden Beziehung auf *eine* Kritik am Partner *fünf* Lobesworte kommen müssen. Ich kenne keine Beziehung, in der dieses Verhältnis so eingehalten wird. Wenn die Regel so gelten würde, dürfte es kaum noch eine intakte Beziehung geben. Das Einzige, was diese komplett unrealistische Regel bewirkt, ist, dass man mit diesem Anspruch eine an sich gute Stimmung in der Partnerschaft jederzeit ruinieren kann.

Anstatt auf neue Regeln zu starren, sollten wir auf das schauen und das wertschätzen, was war, ist und was immer sein wird: unsere Einzigartigkeit. Dafür könnte, vielleicht erstmals in der Geschichte der Menschheit und der Paarbeziehungen, wirklich Platz sein. Das neue Rollenmodell ist, dass es kein vorherrschendes Rollenmodell mehr gibt. Die neue Vorgabe ist, dass es keine allgemein gültigen Vorgaben mehr gibt. Und die neue Regel ist, dass nur die Regel zählt, die ich selbst (eventuell gemeinsam mit meinem Partner) für richtig und stimmig empfinde. Das gilt für bestehende Beziehungen, aber auch und insbesondere für die Partnersuche.

Dafür muss ich aber erst einmal wissen, was für mich richtig und stimmig ist, was mir liegt und was nicht, was mich glücklich und was mir Angst macht, was ich in einer Partnerschaft brauche und was nicht. Ich benötige einen inneren Wegweiser, der mir die Richtung meiner Wünsche und Bedürfnisse vorgibt. Denn diese Richtung kann sehr individuell sein. Sie kann sich von dem, was für meine Freundinnen, für meine Mutter oder für die meisten Frauen auf dieser Welt stimmig und richtig ist, stark unterscheiden.

Das Besondere an Ihnen, Ihre Einzigartigkeit, sollte aber nicht erst in einer Partnerschaft ans Tageslicht kommen. Sie sollte schon bei der Partnersuche und bei der Partnerwahl Ihr ständiger Begleiter, Ihr bester Ratgeber und Ihr innerer Kompass sein.

Dabei soll Ihnen dieses Buch helfen. Es ist ein Begleiter bei der Partnersuche, aber auch eine kleine Anleitung zum Sich-selber-besser-Kennenlernen.

1 Die magische Anziehung

Die vier Grundtypen des Charakters

Bei aller Vielfältigkeit der menschlichen Charaktere lassen sich doch vier unterschiedliche emotionale Grundtypen beschreiben. Diese vier Grundtypen muss man sich wie die vier Ecken eines Quadrats vorstellen. Sie beschreiben Extremausprägungen. Jeder Mensch befindet sich irgendwo in diesem Quadrat, und er ist eine ganz eigene und individuelle Mischung aus den vier Grundtypen. Er kann sich aber auch darin bewegen, das heißt, seinen Charakter weiterentwickeln oder in der Begegnung mit verschiedenen Menschen jeweils unterschiedliche Seiten von sich mehr oder weniger stark ausleben.

Der bekannte Psychotherapeut Fritz Riemann hat in seinem Buch *Grundformen der Angst* diese vier Grundtypen der menschlichen Psyche ausführlich und spannend beschrieben. Dieses Buch ist inzwischen ein Klassiker in der Literatur der Psychotherapie. Jeweils zwei der vier Grundtypen sind in ihrer Charakterstruktur gegensätzlich, aber zugleich auch das Spiegelbild des anderen. Sie ergänzen sich also komplementär.

Die Ängste, die diesen Gegensatzpaaren eigen sind, sind ebenso entgegengesetzt wie komplementär, sie ergänzen sich also auch in gewisser Weise: Der eine hat Angst vor Nähe, der andere genau vor dem Gegenteil, also vor der Vereinzelung. Der Dritte hat Angst vor Veränderung, der Vierte wiederum genau vor dem Gegenteil, also davor, dass alles so bleiben könnte, wie es ist.

Fritz Riemann hat in seinem Buch eher die Extremvarianten jedes Charaktertypus beschrieben und seinen Schwerpunkt auf die schon ins Krankhafte reichenden Eigenschaften jedes Typus gelegt. Daher belegt er die vier charakterlichen Grundtypen mit Adjektiven, die sich schon wie eine psychiatrische Diagnose anhören: schizoid, depressiv, zwanghaft und hysterisch. In unserer Grafik sind das die Bereiche in den vier Ecken außerhalb des Kreises, also Bereiche, die kaum Ausgleich durch Anteile anderer Grundtypen erhalten.

Die meisten Menschen bewegen sich aber innerhalb des Kreises in unserer Grafik, gehören also nicht ausschließlich einem Grundtypus an, sondern ergänzen ihren Charakter durch Eigenschaften anderer Typen. Trotzdem können sich die allermeisten Menschen einem Grundtypus zuordnen, der ihren Charakter überwiegend bestimmt. Sie befinden sich also in unserer Grafik innerhalb des Kreises, aber mehr oder weniger zentral in einem der vier Quadranten.

schiziod	hysterisch
distanziert	Grenzen sprengend
schillernd und geheimnisvoll	unterhaltsam und abenteuerlustig
strukturiert und zuverlässig	einfühlsam und verständnisvoll
ordnend-kontrolliert	Nähe suchend
zwanghaft	depressiv

Julia Onken hat in ihrem Buch *Spiegelbilder* diese Grundtypen der menschlichen Psyche übernommen und mit eher neutralen Eigenschaften beschrieben. Sie nennt diese Grundtypen: Grenzen sprengend (hysterisch), ordnend-kontrolliert (zwanghaft), distanziert (schizoid) und Nähe suchend (depressiv). (In Klammern jeweils die Bezeichnungen, die Fritz Riemann in seinem Buch verwendet hat.)

Ich möchte diesen Grundtypen weitere wichtige und eindeutig positive Eigenschaften hinzufügen, die Ihnen helfen sollen, den Typ zu finden, der Ihrer Charakterstruktur am nächsten ist:

distanziert	- schillernd und geheimnisvoll
Nähe suchend	- einfühlsam und verständnisvoll
ordnend-kontrolliert	- strukturiert und zuverlässig
Grenzen sprengend	- unterhaltsam und abenteuerlustig

Alle Beschreibungen (von Fritz Riemann, Julia Onken und mir) treffen auf diese vier Grundtypen zu, nur in unterschiedlicher Weise und Wahrnehmung. Ich nenne diese Zustände »Grundausrichtung«, »Potenzial« und »Gefahr« .

Grundausrichtung:	distanziert
Potenzial:	schillernd und geheimnisvoll
Gefahr:	schizoid

Grundausrichtung:	Nähe suchend
Potenzial:	einfühlsam und verständnisvoll
Gefahr:	depressiv

Grundausrichtung:	ordnend-kontrolliert
Potenzial:	strukturiert und zuverlässig
Gefahr:	zwanghaft

Grundausrichtung:	Grenzen sprengend
Potenzial:	unterhaltsam und abenteuerlustig
Gefahr:	hysterisch

Das Entscheidende für uns ist: Menschen mit jeweils komplementären Charakterstrukturen (die sich also in unserer Grafik gegenüberstehen) haben eine besondere Affinität zueinander und ziehen sich an, so wie sich Plus- und Minuspol anziehen. Daher werden sie häufig, wenn alles gut geht, auch ein Paar. Zum Beispiel ist der Vielredner mit einer Zuhörerin verbunden, die Lebenslustige mit einem Schwermütigen, der Genaue mit einer Chaotin, die Einfühlsame mit einem Unnahbaren etc. Aber auch bei Freundschaften unter Frauen oder Männern gehören die zwei Freunde beziehungsweise Freundinnen häufig komplementären charakterlichen Grundtypen an. Wir treffen bei Paaren ja meist auf unterschiedliche Typen.

Auch Riemann geht in seinem Buch kurz auf die Anziehung der jeweils gegensätzlichen Charaktertypen ein:

> Es sei noch angedeutet, dass je zwei sich antinomisch ergänzende Persönlichkeitsstrukturen oft eine instinktive Anziehung aufeinander ausüben, eine Faszination – denn nichts pflegt uns stärker zu faszinieren, als wenn ein anderer überzeugend das vorlebt, was wir selbst auch als Möglichkeit in uns ahnen, aber vielleicht unterdrückt oder nicht zu leben gelernt haben bzw. nicht leben durften. Es scheint so zu sein, dass wir durch den jeweiligen Gegentyp zur »Ganzheit« kommen möchten, zu einer Vollständigkeit, die uns aus unserer individuellen Begrenztheit und Einseitigkeit befreien soll, was ja auch einen wesentlichen Teil der geschlechtlichen Faszination ausmacht.[1]

In Julia Onkens sehr interessantem Buch *Spiegelbilder* können Sie nachlesen, was eine Frau und ein Mann mit jeweils

---

1   Fritz Riemann, *Grundformen der Angst,* S. 243

komplementären Charaktertypen voneinander lernen können, wenn sie sich als Paar gefunden und bereits eine Zeit
lang zusammengelebt haben.

Erstaunlich ist, dass dieses Wissen um die vier Charakterstrukturen und ihre gegenseitige Anziehungskraft schon
seit Jahrzehnten in der Einzel- und Paartherapie eingesetzt
wird, aber noch nie systematisch für die Partnersuche genutzt wurde.

Das will ich in diesem Buch nachholen. Hier geht es um
die Faszination und um die gegenseitige Anziehung zu Beginn einer Liebe. Und darum, wie Sie Ihre individuelle Charakterstruktur erkennen können und so herausfinden, welcher Stil bei der Partnersuche zu Ihnen passt und welche
Stärken Sie bei der Partnersuche haben – und welche nicht.

Erkenne dich selbst – und der Richtige kommt von allein

Was für die eine das Richtige ist, kann für die andere genau
das Falsche sein – und sie zieht damit entweder niemanden
oder genau den Falschen an.

Die Einfühlsame kann gut zuhören und sich in den anderen hineinversetzen. Für sie wäre zum Beispiel die Diva-
Masche oder der Ratschlag, sie solle doch weniger nett und
deutlich unverschämter auftreten, wie es in vielen Ratgebern empfohlen wird, völlig unpassend. Die Abenteuerlus-
tige fasziniert mit immer neuen und bunten Einfällen. Tipps
wie der, sie solle geduldig und beständig ihrem Mr Right
ihre Liebe verdeutlichen, gehen da komplett ins Leere. Die

Diva-Taktik passt am besten für die geheimnisvoll Schillernde. Dafür muss sie sich aber trauen, ihrem wahren Charakter freien Lauf zu lassen. Und eine Grenzen sprengende Frau hat vielerlei Möglichkeiten, ihren Auserwählten zu becircen. Konstanz und Durchhaltevermögen gehören allerdings nicht dazu.

Erst muss eine Frau sich selbst erkennen, das heißt ihren Grundtypus kennen und damit auch ihre Stärken und Schwächen, um sich dann in der Partnerwerbung auf ihre Kernkompetenzen stützen zu können. Das ist meist das, was ihr leichtfällt und was sie gerade deshalb wenig schätzt und an sich selbst für wenig attraktiv hält. Genau hier liegt aber der Fehler, denn der komplementäre Partner bewundert gerade die Leichtigkeit und Echtheit dieser Charaktereigenschaften, die für ihn so fern, verschlossen und vielleicht auch angstbesetzt sind.

Nicht selten aber versuchen Frauen bei ihrer Suche nach einem Partner, sich ein Verhalten anzutrainieren, das für sie schwierig und »artfremd« ist. Dann wirken sie nicht authentisch und ziehen, wenn überhaupt, nur die falschen Männer an.

Übrigens repräsentieren – nicht ganz zufällig – die vier Freundinnen aus der bekannten Fernsehserie *Sex and the City* diese vier Grundtypen. Das ist sicherlich einer der Gründe, warum diese Serie weltweit so überaus erfolgreich war. Jede Frau kann sich zumindest mit einer der vier Protagonistinnen identifizieren, weil sie sich in ihr wiedererkennt: Carrie, die Grenzen sprengende, (»Schlussmachen ist schlecht fürs Herz und gut für die Wirtschaft.«), Samantha, die Distanzierte (»Ich habe genug von großer Liebe. Ich will wieder große

Liebhaber.«), Miranda, die Ordnend-Kontrollierte (»Ich arbeite daran, dass die Männer mich für sexy halten … nachdem ich sie von meiner Persönlichkeit überzeugt habe!«) und Charlotte, die Nähe Suchende (»Ich will doch nur einen netten, liebenswerten, gut aussehenden, witzigen, wahnsinnig tollen Typen!«). Jede hat ihre individuelle Strategie und ihre spezielle »Kernkompetenz« bei der Partnersuche, und jede hat letztendlich genau den Mann beziehungsweise die Männer angezogen, die ihrem Charakter entsprechen. Wenn also eine Frau ihren Grundtypus kennt und sich authentisch, also entsprechend ihren Eigenschaften und Kompetenzen verhält, dann fasziniert sie genau die Typen, die auch längerfristig zu ihr passen.

Dann kommt genau so ein Paar heraus, von dem ich oben geredet habe. Wenn es gut geht, lernt jeder vom anderen genau das, wovor er eigentlich einmal Angst hatte.

2 Welcher Typ Frau sind Sie?

Das Erste und Wichtigste bei der Partnersuche und Partnerwahl ist, dass Sie Ihre Individualität, also Ihre Eigenarten und Besonderheiten, aber auch Ihre Schwächen und Ängste, akzeptieren und dazu stehen. Das heißt, dass Sie nicht irgendjemand anders sein wollen, sondern dass Sie aus sich selbst das Bestmögliche machen wollen. Egal, zu welchem Typus Sie tendieren, jeder hat seine Vor- und Nachteile, seine Highlights und seine dunklen Seiten.

Der positive Blick auf Sie selbst

Ich versuche in diesem Buch bei den Beschreibungen eher die positiven Seiten jedes Typs herauszuarbeiten. Und genau das sollten Sie bei sich selbst auch tun. Ich weiß, das haben Sie alles schon tausendmal gehört: »Liebe dich selbst, und es ist egal …« oder so ähnlich heißen all diese Ratgeber, die Sie sicherlich auch kennen.

Aber vergessen Sie bitte nicht: Bevor Sie sich bemühen, »Ja« zu sich selbst zu sagen, sollten Sie sich überlegen, was genau Ihre guten und schlechten Eigenschaften sind, was genau Ihre Individualität ausmacht. Und noch viel wichtiger, was Ihnen leichtfällt und was Ihnen schwerfällt, wovor Sie Angst haben und wovor nicht. Nicht umsonst stand in Delphi auf dem Tempel Apollos, des Gottes der Weisheit, »Erkenne dich selbst«. Das ist und bleibt die erste und wichtigste Übung. Dann erst können Sie sich bemühen, das, was Sie da erkannt haben, auch zu akzeptieren und eventuell sogar zu lieben.

Vorher möchte ich aber noch einmal betonen, dass jeder Mensch Eigenschaften verschiedener, ja sogar entgegengesetzter Charaktertypen in sich vereinen kann. Üblicherweise überwiegt jedoch eine der vier Grundformen bei einem Charakter, und ein weiteres Psychogramm erweitert ihn dann meist noch. So kann zum Beispiel eine Frau mit Nähe suchender Grundstruktur eine Grenzen sprengende oder aber auch eine ordnend-kontrollierte Seite haben. Oder bei einem Mann kann sich sein ordnend-kontrolliertes Psychogramm mit Eigenschaften aus der distanzierten oder auch aus der Nähe suchenden Ecke verbinden.

Gute Beispiele dafür sind wiederum die vier Freundinnen aus *Sex and the City:* Fangen wir mit Carrie an. Sie gehört eindeutig zu den Grenzen sprengenden Frauen: Sie fasziniert die Männer mit ihrem Charme, ihrem Witz und ihrem Sexappeal. Sie weiß mit Männern umzugehen, und die Männer sind begeistert von ihr, ganz egal, wie viele hysterische Anfälle sie auch hat. Sie liebt es zu flirten und hat ein Date nach dem anderen. Sie trägt ständig andere Klamotten und wechselt ihre Launen so wie ihre Schuhe, nämlich mehrmals täglich. In ihrem kreativen Beruf muss Carrie sich jede Woche etwas Lustiges, Spannendes oder Unerwartetes für ihre Kolumne einfallen lassen. Dabei hat sie aber auch eine Nähe suchende Komponente: Sie hofft ganz romantisch, dass ihre große Liebe Mr Big sie irgendwann findet, rettet und mit ihr für immer und ewig zusammenbleibt. Ihre langjährigen Freundinnen bedeuten Carrie alles, für sie und mit ihnen geht sie durch dick und dünn. Genau wegen dieser Komponente ist Carrie nicht nur oberflächlich beliebt, sondern wird auch tief und ehrlich gemocht und geliebt.

Samantha dagegen gehört zu den Distanzierten: Sie ist überzeugter Single, will (oder kann) sich nicht fest binden und ist sehr auf sich und ihre eigenen Bedürfnisse konzentriert. Einfühlsamkeit und Aufopferungsbereitschaft sind nicht unbedingt ihre Stärke. Ihre (sexuelle) Ausstrahlung ist faszinierend, sodass kaum ein Mann ihr widerstehen kann. Ihre zweite, Grenzen sprengende Seite lässt Samantha lebens- und abenteuerlustig durch die Welt schweifen und einen Liebhaber nach dem anderen haben. Sie bleibt nicht deswegen allein, weil sie sich in niemanden verliebt, sondern weil sie sich ständig in jemand anderen verknallt. So ist diese zweite Seite Samanthas kein Widerspruch zu ihrer distanzierten Grundstruktur, sondern die Ergänzung und Ausformulierung.

Carries und Samanthas Freundin Charlotte hat als Grundtypus ein Nähe suchendes Psychogramm: Sie ist sehr romantisch und träumt von einem gut situierten und gut aussehenden Mann, der gleichzeitig auch ihr Seelenverwandter sein soll. Sie wünscht sich ein Leben in der Geborgenheit einer Familie, als liebende Ehefrau und sorgende Mutter. Das Ganze sollte sich möglichst in einem festen, eher konservativen Rahmen abspielen: Ihr Traummann ist ein wahrer Gentleman, von dem sie sich ganz altmodisch erobern lässt. Charlotte schätzt traditionelle Werte, die sie auch in einer klassischen Rollenverteilung in der Familie verwirklicht sieht. Insofern hat Charlotte auch eine ausgeprägt ordnend-kontrollierte Seite, die gut zu ihrem Nähe suchenden Grundtypus passt.

Die Letzte im Bund der vier Freundinnen ist Miranda. Sie hat einen ordnend-kontrollierten Grundcharakter. Als erfolgreiche und selbstbewusste Businessfrau legt sie sehr großen Wert auf eine berufliche Karriere. Ihre Ziele verfolgt sie in allen Lebensbereichen mit Ausdauer und Beharrlichkeit. Die Männer, die Miranda datet, will sie eher mit ihrer Persönlichkeit als mit Sexappeal für sich gewinnen, wie sie selbst betont. Weil sie so viel arbeitet, bleibt kaum Zeit für die Liebe. Wenn aber doch Sinnlichkeit und Erotik angesagt sind, dann soll es bitte schnell, effizient und ohne viel romantischen Klimbim passieren. In ihrer Beziehung zu Steve und in ihrer Rolle als Mutter kommt aber auch Mirandas Nähe suchende Seite zum Tragen: Die starke Karrierefrau tritt dann in den Hintergrund, und eine liebende Frau und eine fürsorgliche Mama kommen zum Vorschein.

Die Verbindung zweier Charaktertypen bei einem Menschen kommt also sehr häufig vor. Auch das gängige Geschlechterklischee weist den Männern einen kombiniert distanzierten und ordnend-kontrollierten Charakter zu (in unterschiedlicher Ausprägung) und den Frauen die Eigenschaften, die Nähe suchende und Grenzen sprengende Menschen haben. Entsprechend werden Männer oft als eigenständig und kontrolliert wahrgenommen, Frauen dagegen als einfühlend und unterhaltsam.

Diese Verteilung auf die Geschlechter entspringt aber mehr den gesellschaftlich erwünschten Rollenzuschreibungen als den tatsächlichen Charakteren von Männern und Frauen. Ich glaube, dass die vier Psychogramme mehr oder weniger gleichmäßig auf die Geschlechter verteilt sind. Nur wollen Männer wie Frauen auch den Rollenerwartungen der Gesellschaft und den Ansprüchen des anderen Geschlechts entsprechen. Manche müssen sich dafür mehr oder weniger verbiegen.

Wundern Sie sich also bitte nicht, falls Sie sich zum Teil in allen vier beschriebenen Psychogrammen wiedererkennen. Zum einen entwickeln wir uns und unseren Charakter stetig weiter, und zum anderen hängen die Art, wie wir uns geben, und die Eigenschaften, die wir leben und zeigen, auch stark von unserem jeweiligen Gegenüber ab. Bei dem einen Mann können Sie zum Beispiel entspannt und ausgelassen Ihre humoristische Seite zum Besten geben, während Sie bei einem anderen Mann eher zurückhaltend und schweigsam werden, je nachdem, wie er auf Sie wirkt und was er bei Ihnen auslöst. Diesen Effekt kennen Sie sicher.

Nach Fritz Riemann ist es sogar Ziel jeder menschlichen Entwicklung, in sich Eigenschaften von jedem Grundtypus zu vereinen, am besten noch in ausgewogener Weise. In unserer Grafik würden Sie dann einen Punkt ziemlich in der Mitte des Kreises besetzen. Riemann drückt es so aus:

> Wir haben prinzipiell immer vier Möglichkeiten, auf eine Lebenssituation zu antworten. Wir können uns erkennend von ihr distanzieren oder uns mit ihr liebend identifizieren, wir können sie wie ein Gesetz auf uns nehmen oder sie unseren Wünschen gemäß umzuwandeln versuchen.[2]

---

2   Fritz Riemann, *Grundformen der Angst,* S. 232

Kurz: Love it, leave it or change it. Or accept it as a given rule! Wer alle vier Möglichkeiten, auf Situationen oder Menschen zu reagieren, zur Verfügung hat, keine ausklammert und vor keiner prinzipiell Angst hat, der ist auf dem besten Weg, ein freier, ausgeglichener und in sich ruhender Mensch zu werden.

»Solche ›Vollständigkeit‹ ist aber dem Einzelnen immer nur begrenzt möglich, da wir als Menschen unvollkommen und unvollständig sind«, bemerkt allerdings Fritz Riemann richtigerweise[3]. Vielleicht auch deswegen bedürfen wir eines Partners, der uns ergänzt und mit dem zusammen wir uns dann zumindest etwas vollständiger fühlen.

Introvertiert – extrovertiert

Vielleicht werden Sie sich fragen, warum in den Beschreibungen der vier Psychogramme eine wichtige Eigenschaft nicht explizit vorkommt, die sonst in fast jedem Charaktertest abgefragt wird oder sogar gesuchtes Ziel vieler Tests ist: die Intro- beziehungsweise Extrovertiertheit. Tatsächlich kommt in Fritz Riemanns Buch *Grundformen der Angst* diese Eigenschaft nicht vor und wird allenfalls bei der Beschreibung der einzelnen Psychogramme erwähnt.

Eine schöne und für mich passende Erklärung für Intro- beziehungsweise Extrovertiertheit stammt von der amerikanischen Charakterforscherin Isabel Briggs Myers. Sie definiert Introvertiertheit als die Eigenschaft, sich lieber nach

---

3   Fritz Riemann, *Grundformen der Angst*, S. 233

innen zu kehren und genau dort, also in seiner eigenen Innenwelt, Energie und Kraft schöpfen zu können. Hingegen sind die Extrovertierten lieber nach außen gerichtet und schöpfen ihre Energie aus der Außenwelt und aus dem Kontakt mit anderen Menschen. Diese unterschiedlichen Eigenschaften sind aber nur die beiden Endpunkte einer Linie, auf der sich alle Menschen mehr oder weniger nahe an dem einen oder dem anderen Endpunkt verorten lassen. Jeder hat schon erlebt, wie bereichernd und energiespendend eine Begegnung mit einem anderen Menschen sein kann, aber auch, wie entspannend und Kraft schöpfend die innere Einkehr, die Ruhe und das Sein mit sich selbst ist. Jeder Mensch tendiert jedoch zu einer Seite und ist daher eher introvertiert oder eher extrovertiert, in Abhängigkeit von seinem persönlichen Entwicklungsstand, seiner Umgebung (zum Beispiel zu Hause oder bei der Arbeit) und der aktuellen Situation.

Ich sehe die Intro- beziehungsweise Extrovertiertheit als eine dritte Dimension zu unserem zweidimensionalen Viereck der Charaktertypen. Jedes Psychogramm kann also intro- oder extrovertiert ausgelebt werden. Zwar wird dem distanzierten und dem ordnend-kontrollierten Charaktertypus am ehesten auch Introvertiertheit als Eigenschaft zugerechnet, während die Merkmale Grenzen sprengend und Nähe suchend eher mit extrovertiert assoziiert werden. Als Gegenbeispiel mögen aber zwei der oben beschriebenen Freundinnen aus *Sex and the City* dienen: Samantha ist trotz ihrer distanzierten Art sehr extrovertiert, während zum Beispiel Charlotte ihre Nähe suchende Art mehr introvertiert auslebt. Der Grad der Intro- beziehungsweise

Extrovertiertheit beeinflusst also nicht die prinzipielle Zuordnung zu einem der vier Charaktertypen, sondern nur die Art und Weise, wie dieser Charaktertypus ausgelebt wird. So kommt diese Eigenschaft auch nicht explizit in dem späteren Test vor.

Im Folgenden umreiße ich zuerst das Lebensgefühl der jeweiligen Psychogramme aus Frauensicht und seine Vor- und Nachteile. Dann versuche ich darzulegen, wie, womit und warum Frauen des jeweiligen Typus auf Männer wirken. Wo also ihre Stärken und Möglichkeiten liegen, die sie bei der Partnersuche nutzen sollten. Ergänzend folgen noch typische Fallstricke und wie man sie am besten vermeidet. Zum Schluss soll ein Fallbeispiel dabei helfen, jeden Typus lebendig werden zu lassen. Er soll aber auch verdeutlichen, wie individuell und einzigartig der Lebenslauf eines Menschen ist, auch wenn er die eine oder andere charakterliche Grundstruktur mit anderen gemeinsam hat.

Ich bitte Sie, sich aus den Beschreibungen, Fallbeispielen und Tipps jeweils das herauszusuchen, was für Sie am nützlichsten ist und Ihnen am besten für Sie tauglich erscheint. Vermutlich werden Sie sich nur in einem oder auch in zwei der vier Psychogramme am ehesten wiedererkennen. Lesen Sie aber ruhig alle vier Charaktertypen durch, vielleicht ist ja auch in den anderen für Sie etwas dabei.

Die distanzierte Frau: schillernd und geheimnisvoll

Ihr Lebensgefühl

Alle Menschen haben das Bedürfnis, einzigartig und unverwechselbar zu sein, gerade in unserer Zeit der Individualisierung und Vereinzelung, aber auch der Massengesellschaft und Globalisierung. Andererseits ist der Mensch ein soziales Wesen, das gerne Gruppen bildet und sich in Gemeinschaften zusammenschließt. Die Frage ist nur, welches Bedürfnis überwiegt: der Wunsch, die eigenen individuellen Interessen auszuleben, ohne allzu viel Rücksicht auf andere zu nehmen, oder das Bedürfnis, sich in mitmenschlicher Verbundenheit und partnerschaftlichem Austausch wohl zu fühlen, auch wenn das Rücksichtnahme und Kompromisse verlangt.

Wenn Ihnen der distanzierte Charaktertypus zu eigen ist, dann wird Ihr Handeln stärker von dem ersten Wunsch geleitet. Dann werden Sie durch zwei grundlegende Impulse bestimmt: zum einen durch das Bedürfnis, sich von anderen abzugrenzen und Ihr eigenes Ich zu bewahren, und zum anderen durch eine gewisse Angst davor, sich ganz hinzugeben und so Gefahr zu laufen, sich zu verlieren und aufzugeben. Ihren eigenen Interessen nachzugehen und Ihre persönlichen Bedürfnisse zu äußern fällt Ihnen dabei nicht schwer. Sie sind der Mittelpunkt Ihrer eigenen Welt, und die Welt da draußen erschließen und verstehen Sie mehr durch Erkennen als durch Erfühlen.

Für Sie ist es wichtig, nicht von jemandem abhängig, niemandem allzu sehr verpflichtet und auf niemanden angewiesen zu sein. Sie benötigen Distanz zu anderen Menschen. Das ist keine Unfreundlichkeit anderen gegenüber, das ist Ihr Schutz, den Sie dringend benötigen. Sie haben sonst Angst, sich zu verlieren oder auf elementare Weise eingeschränkt zu werden. So ist jede mitmenschliche Nähe für Sie auch immer ein wenig mit Angst besetzt. Es ist zwar auch die Angst, verletzt zu werden, noch mehr aber die Angst vor einer Einschränkung Ihrer Entfaltungsmöglichkeiten, Ihrer Freiheit und Ihres Aktionsraums.

Bevor Sie sich auf einen nahen und emotionalen Kontakt mit einem anderen Menschen einlassen, wägen Sie das Für und Wider sorgfältig ab. Spontane Verbrüderungen beziehungsweise Verschwesterungen, allzu schnelles Einlassen auf Freundschaften und wärmende Gruppengefühle liegen Ihnen gar nicht. Dafür sind Sie eine sehr treue und dauerhafte Freundin, wenn Sie sich einem Menschen emotional geöffnet haben.

Fritz Riemann weist diesem Charaktertypus die Angst vor der Selbsthingabe zu, die als Ich-Verlust und Abhängigkeit erlebt wird[4]. Befördert wird diese Angst durch die mangelnde Fähigkeit dieses Typus, sich in den anderen hineinzuversetzen. Er bleibt fremd, unbegreiflich und angstbesetzt. Die einzige Möglichkeit, ihm emotional wirklich nahe zu sein, wäre die totale Hingabe und damit Selbstaufgabe. Die Angst resultiert daher einerseits aus dem Gefühl, den anderen nie wirklich zu kennen und auch nicht erspüren zu können, aber auch daraus, in einer übergroßen Sehnsucht nach Nähe sich selbst zu verlieren und in der Hingabe das

---

4   Fritz Riemann, *Grundformen der Angst,* S. 17

Ich aufzugeben. Hintergrund dieser Furcht kann eine sehr hohe Sensibilität und Verletzbarkeit sein, die man nicht ungeschützt der Außenwelt und den anderen Menschen aussetzen kann und will.

Ihre Stärken und Schwächen

Sie wirken selbstbewusst, bewahren sich Ihre Eigenarten, gehen ungern Kompromisse ein und faszinieren Ihre Mitmenschen durch eine sehr phantasiereiche und individuelle Eigenwelt. Sie haben es nicht nötig, Gefühle vorzuspielen und sich theatralisch in Szene zu setzen. Das ist Ihnen unangenehm bis peinlich. Gerade wegen Ihrer intensiven Gefühle, gepaart mit Ihrer hohen Sensibilität, haben Sie gelernt, Ihre Emotionen zu beherrschen.

Sie spüren, wie sehr andere Menschen und die Welt da draußen an Ihnen ziehen, Sie in Richtungen zu drängen versuchen, in die Sie nicht wollen. Sie sind bereit, für Ihre innere Einheit und Ihre Identität auch zwischenmenschliche Harmonie zu opfern. Sie verschließen Ihre Sensibilität und Sensitivität in Ihrem Inneren, um nicht verletzt zu werden. So drehen Sie sich lieber um sich selbst und vertiefen sich gerne in Bereiche, in denen Sie sachlich, rational und logisch handeln können. Sie mögen erklärbare und begreifbare Dinge wie zum Beispiel Zahlen, Geld und Technik. Die Beschäftigung mit emotionslosen und sachlichen Themen gibt Ihnen Sicherheit. Hier können Sie Ihre innere emotionale Unsicherheit hinter einer äußeren, selbstbewussten Fassade gut verstecken. So schaffen Sie sich Ihre eigene kleine Welt, in der Sie sich geschützt fühlen. Die Gefahr ist jedoch, dass Sie dabei den Kontakt zu anderen Menschen und zur Außenwelt allgemein verlieren. In der Konsequenz werden Sie dann als distanziert oder eigen wahrgenommen.

Sie sind weder die werbend-erobernde wie die Grenzen sprengende noch die verführend-hingebende wie die Nähe suchende Frau. Der verbale oder emotionale Ausdruck von Zuneigung fällt Ihnen nicht leicht. Dafür spricht der Ausdruck Ihrer Augen Bände, wenn man darin zu lesen weiß. Auch Ihre Mundregion kann mit kleinen Gesten viel Gefühl ausdrücken, im Guten wie im Schlechten. Ihr Gegenüber muss aber die Aufmerksamkeit und das Gespür haben, Ihre Mimik wahrzunehmen und zu deuten. Typisch für Ihr Psychogramm ist eine leise Freude, die mehr aus einem Gedanken oder einer Erkenntnis gespeist wird als aus einem emotional bewegenden Ereignis. Insgesamt ist Ihre Mimik wie auch Ihre ganze Körperhaltung eher ruhig und bedacht.

Insgesamt tun Sie sich also schwer, Ihre Liebesfähigkeit auch nach außen zu leben und zu zeigen. Umso dankbarer sind Sie einem Partner gegenüber, der aus Ihren manchmal kargen und unauffälligen Blicken, Gesten und Worten Ihre tiefen Emotionen und Ihre hohe Empfindsamkeit herauslesen kann; der Ihnen mit Liebe und Zuneigung Geborgenheit und Wohlbehagen bereitet, ohne Sie einzuschränken; der Ihnen eine Zuflucht bietet, die aber einen jederzeit offenen Ausgang hat. Denn Sie sind sehr empfindlich gegen alles, was Ihre Freiheit und Unabhängigkeit einzuschränken droht. Der Partner, der das verstanden hat und Ihnen diese Eigenart gerne lässt (weil er sie im Grunde bewundert), den belohnen Sie mit einer tiefen Liebe, inniger Verbundenheit und Dankbarkeit, auch wenn Sie vielleicht Probleme haben, das alles Ihrem Partner zu sagen oder zu zeigen.

So gewinnen Sie Männer für sich

Sie ziehen die Männer in allererster Linie durch *eine* Eigenschaft an: durch Ihr Strahlen, durch Ihr Leuchten, durch Ihr pures Sein. Sie werben nicht, Sie werden umworben. Sie erobern nicht, Sie lassen sich erobern. Sie verführen nicht, Sie lassen sich verführen. Sie geben sich nicht hin, Sie bringen die Männer dazu, sich Ihnen hinzugeben. Und Sie erfühlen nicht den anderen, sondern Sie lassen sich erfühlen.

Sie sind die Sonne, um die die Männer kreisen, Sie verkörpern den Sinn, der den Männern ihr Leben sinnvoll erscheinen lässt, Sie sind das Licht, das den Männern Orientierung gibt. Sie sind die Frau schlechthin. Nicht Mutter, nicht Krankenschwester, nicht Hausfrau, nicht Gouvernante. Sie kreisen um sich und ruhen in sich.

Sie sind die Ferne und die Nahe. Die, die man glaubt zu haben, aber doch nie wirklich besitzt. Sie sind frei. Das spüren die Männer und bewundern es über die Maßen. Sie haben das, was auch alle Männer wollen: innere Freiheit. Sie sind die Frau, die immer einen letzten Rest für sich behält, einen letzten Teil ihres Selbst bewahrt und schützt.

Das treibt so manchen Mann in die Verzweiflung oder in den Wahnsinn, aber den Richtigen in die Liebe zu Ihnen. Hier hat er endlich das, was er sich schon immer gewünscht hat: Sein Jagdinstinkt erlischt nie, er kommt nie wirklich zur Ruhe an Ihrer Seite, er ist immer angeregt und neugierig.

Sie sind die Frau mit dem Silberblick, auch wenn Sie gar keinen haben. Ein Silberblick, also ein minimales Schielen, wirkt auf manche Männer überaus anziehend und aufreizend. Diese Frau scheint nicht zu fassen, man ist sich nie sicher, ob sie auf einen blickt oder doch auf einen anderen oder in sich hinein. Die Beziehung zu ihr ist immer ganz leicht gestört. Sie erscheint dadurch etwas distanziert und damit schillernd und geheimnisvoll, ganz egal wie groß die körperliche Nähe auch sein mag. Für manche Männer ist es ein ewiger Reiz, diese Distanz zu überwinden. Die bekannteste Frau mit Silberblick ist die »Mona Lisa« von Leonardo da Vinci. Vielleicht ist das Faszinierende an ihr nicht nur ihr unergründliches Lächeln, sondern auch ihr Silberblick.

Ganz im Gegensatz dazu gab es in früheren Zeiten Frauen, die sich Belladonna (= »schöne Frau«), den Extrakt der Tollkirsche, in die Augen geträufelt haben. Dies bewirkt, dass sich die Pupillen maximal weiten. Genau das passiert tatsächlich und ohne Hilfsmittel bei einer Frau, wenn sie ihr Gegenüber sehr sympathisch findet und von ihm sinnlich angeregt ist. Und genau so eine Frau findet wiederum der Mann, der in diese geweiteten Augen schaut, angenehm und schön. Die Frau mit Belladonna in den Augen wollte also ihrem Gegenüber signalisieren, dass er bei ihr gut ankommt. Sie wollte ihm gefallen. Das ist der (künstlich hervorgerufene) Effekt, mit dem das Gegenpsychogramm der Distanzierten, die Nähe suchende Frau, die Männer für sich gewinnt.

Hochsensibel und (fast) unerreichbar

In größeren Gruppen, zum Beispiel auf Partys und anderen Events, wirkt die unsichtbare Schutzhülle, die Sie um sich legen, nicht selten wie ein geheimnisvoller, strahlender Glanz und lässt Sie für Männer zur fernen, aber begehrten Partyqueen werden. Sie sind dann die unnahbare Schwarze, die kühle Blonde, die unerreichbare Brünette. Sie haben etwas von der Faszination, die unerreichbar erscheinende Models auf Männer ausüben.

Durch Ihr ganz eigenes (und zum Teil sogar unbewusstes) Spiel zwischen professioneller Freundlichkeit, coolem Flirten und durchschimmernder Sensibilität, gepaart mit einer gewissen Scheu und Zurückhaltung, können Sie manche Männer ganz in Ihren Bann ziehen. Auch offen gezeigtes sexuelles Interesse kann für Sie ein Schutz vor allzu großer emotionaler Nähe sein. Andererseits muss Ihr Gegenüber auch mal eine brüske Zurückweisung verkraften, wenn es Ihnen zu nah, zu emotional wird. Das erhöht aber eher Ihre Ausstrahlung, als dass Sie den anderen damit abschrecken. Sie werden dann wegen Ihres selbstbewussten Auftretens bewundert und beneidet.

Erotische Ausstrahlung pur

Sie können das, was alle Männer fasziniert: Sex und Gefühl voneinander trennen. Wenn ein Mann Ihnen erzählt, dass Sex eben nur Sex sein kann und auch ohne tiefe Emotionen geht, dann können Sie nur müde lächeln. Das wissen Sie nämlich aus eigener Erfahrung, aber Sie wissen auch, wie schmerzlich diese Trennung, dieses Abspalten des Gefühls sein kann und wie sehr Sie sich manchmal wünschen, einmal Liebe und Sex zusammen in einem einzigen großen Sich-Hingeben erleben zu dürfen. Aber das lässt Ihre Angst vor Verschmelzung und damit vor dem Ich-Verlust meist nicht zu. Doch auch in diesem Schmerz fühlen Sie sich stark und den Männern überlegen.

Die nackten Frauen auf den Fotos von Helmut Newton, die groß- und gutgewachsen, nur mit High Heels bewaffnet, auf den Betrachter zumarschieren oder sich breitbeinig zur Schau stellen, die erotisch, unnahbar und einschüchternd zugleich wirken, strahlen diese kühle und distanzierte Sexualität aus, die Ihrem Typus eigen sein kann. Es ist die Erotik, die auch Samantha aus *Sex and the City* verbreitet. Aber auch die mittelalterliche Minne, die sich in der sehnsüchtigen Liebe eines Ritters zu einem fernen Burgfräulein ausdrückte, ist aus dem Gefühl gemacht, das Sie bei Männern auslösen können: Für seine Angebetete, deren Seidentuch er mit auf den Kreuzzug ins Heilige Land nahm, wäre er jederzeit in den Tod gegangen. Sie war es, für die er kämpfte, litt und starb. Sie war das Ziel seiner Sehnsüchte und blieb doch unerreichbar.

Wie sehr die Angst vor emotionaler Nähe die Sexualität beziehungsweise sexuelle Phantasien beeinflussen kann, wurde in dem Traum einer 33-jährigen Patientin von mir deutlich:

Sabine W. hatte immer denselben erotischen Traum: Sie liegt auf dem Bauch am Strand in weichem, warmen Sand. Sie liest etwas, hört Musik und träumt vor sich hin. Fast schon im Halb-

schlaf spürt sie, wie ein Mann von hinten näher kommt und sich schließlich sehr sanft, aber doch sehr muskulös auf sie legt. Sie sieht ihn nicht, will ihn auch gar nicht sehen. Sie spürt nur die überaus sinnliche und erotische Berührung seines Körpers auf ihrem. Von hinten dringt er schließlich ohne viel Vorspiel in sie ein. Sie genießt seine starken, rhythmischen Bewegungen, ihre Lust steigert sich langsam und unaufhaltsam bis zu einem wunderbaren Höhepunkt, den sie über die Maßen genießt. Ohne dass ihr der Fremde emotional nahekommt, geht er; ohne Gruß und ohne, dass sie ihn gesehen hat.

Nur wenn Sie zu Ihrer Art stehen, wenn Sie Ihre Bedürfnisse und Wünsche, aber auch Ihre Ängste leben und nicht verstecken, haben Sie die Ausstrahlung, die die richtigen, zu Ihnen passenden Männer anzieht. Dann wirken Ihre Strahlkraft und Ihre enorme Anziehungskraft. Dann werden Sie von den richtigen Männern geliebt und bewundert.

Männer, die Sie anziehend finden

Auf Nähe suchende und einfühlsame Männer, von denen derzeit sehr viele herumlaufen, üben Sie eine unglaubliche Faszination aus, weil Sie genau das können, was diesen fehlt: Ohne sich groß Gedanken über den anderen zu machen, können Sie klar, offen und mutig Ihre Bedürfnisse und Wünsche formulieren. Sie können aber auch erbarmungslos Grenzen setzen. Sie lassen die Männer kommen und schicken Sie wieder weg, gerade wie es Ihnen beliebt.

Hinter Ihrer schillernden Unnahbarkeit und Ihrer faszinierenden emotionalen Autarkie, mit der Sie auftreten und mit der Sie viele Männer anziehen, erkennt gerade ein sensibler und einfühlsamer Mann, wie verletzlich und einsam Sie eigentlich sind. Er spürt Ihre innere Zerrissenheit zwischen Ihrem Bedürfnis nach Nähe, Zärtlichkeit und Liebe und Ihrer Unfähigkeit, diese Bedürftigkeit auch zu zeigen und zuzulassen. Ihre Zurückhaltung, Ihre Zurückweisung interpretiert er als Angst und Unsicherheit – und hat damit häufig auch Recht.

Er will Sie erlösen, Sie mit seiner brennenden Liebe, seiner Fähigkeit, Nähe herzustellen und auszuhalten, befreien. Doch nur, wenn er Ihnen dabei Ihre Freiheit, Ihre emotionalen Rückzugsgebiete und Ihre Selbstbestimmung freiwillig und gerne lässt, können Sie auf sein Liebesangebot eingehen. Er fühlt, dass er die Lücke zwischen Ihnen und der Welt schließen kann, dass er das Bindeglied sein kann zwischen Ihnen und der reichen Vielfalt und der Sinnesfülle der Welt, vor der Sie sich schützen müssen, weil sie Sie sonst wie eine (Reiz-)Überflutung wegspült. Der Nähe suchende Mann spürt, dass Sie Gefahr laufen, sich mehr und mehr von der Welt zu entfernen und sich zu entfremden, weil Sie die Menschen nicht durchschauen und sich nicht in ihre Gefühle hineinversetzen können.

Genau das ist die Aufgabe, der ein Mann dieses Typs sich gewachsen fühlt, auf die er geradezu wartet. Er reicht Ihnen und der Welt die Hand und verbindet Sie wieder mit ihr. Dafür zeigen Sie ihm, wie man stark und unabhängig sein Ich und sein Wesen bewahrt. Er bewundert an Ihnen die Stärke, lieber einsam zu sein, als sich untreu zu werden nur für ein paar Streicheleinheiten und ein wenig Nähe.

Gerade etwas reifere, väterliche Männer sind fasziniert von Ihnen. Diese Männer spüren, dass sie Ihnen die Wärme und Geborgenheit geben können, die Sie benötigen. Aber nur, wenn diese Männer nicht zu große eigene Ansprüche an Sie haben. Nur wenn sie gerne geben, ohne dafür viel zu verlangen, können diese Männer Ihr Herz erobern. Nur wenn diese Männer keine allzu große Nähe und Hingabe von Ihnen erwarten, verlieben Sie sich in sie, ohne dass Ihre Angst vor Selbstaufgabe Sie daran hindert.

Lassen wir Riemann noch einmal zu Wort kommen, der die Gründe für die gegenseitige Anziehung von distanzierten und Nähe suchenden Menschen sehr eindrücklich auf den Punkt gebracht hat:

> Wenn sich schizoide (distanzierte, Anm. d. Verf.) und depressive (Nähe suchende, Anm. d. Verf.) Partner instinktiv anziehen, hat das meist folgende Grundlage: Der Schizoide (Distanzierte) ahnt die Liebesbereitschaft und Liebesfähigkeit des Depressiven (Nähe suchenden), seine Opferbereitschaft, sein einfühlendes Sich-Bemühen und Sich-selbst-Zurückstellen; er ahnt hier, wenn überhaupt, die Chance der Erlösung aus seiner Isolierung, die Möglichkeit, am Partner etwas nachzuholen, was er nie erleben durfte: vertrauen und sich aufgehoben fühlen. Hier bestände die Faszination darin, dass der Schizoide (Distanzierte) im Depressiven (Nähe Suchenden) Möglichkeiten spürt, die auch in seinem Wesen angelegt sind, aber nicht ausgesprochen wurden in seiner Entwicklung. Und andererseits fasziniert den Depressiven (Nähe Suchenden) am Schizoiden (Distanzierten),

dass dieser etwas lebt, was er nicht zu leben gewagt hat
bzw. nicht leben durfte: unabhängiges Individuum zu
sein, ohne Verlustangst und Schuldgefühle. Zugleich
spürt er, dass hier jemand ist, der seine Liebesbereit-
schaft dringend braucht.[5]

Fallstricke und wie Sie sie vermeiden

Verstecken Sie sich nicht in der Opferrolle

Manche Frauen mit einer distanzierten Persönlichkeitsstruk-
tur suchen sich Männer, die sie quasi rechts überholen. Diese Männer benötigen noch mehr Abstand, sie kreisen noch
mehr um sich selbst und haben noch mehr Angst vor Nähe.
Das ermöglicht diesen Frauen, in eine ganz andere Rolle zu
schlüpfen. Es ist eine Rolle, die allgemein akzeptiert ist und
über die man gut mit Freundinnen reden kann: die der unglücklich und sehnsuchtsvoll Liebenden, die gerne mehr
Nähe und mehr Liebe von dem kühlen und schwierigen
Mann haben möchte.

Dass dies eine typische und auch irgendwie begehrte
Frauenrolle ist, brauche ich nicht zu betonen. In dieser Rolle
hat man als Frau das gute Gefühl, nicht allein zu sein, sondern gemeinsam mit vielen anderen Frauen zu leiden. Es ist
die weibliche Opferrolle. Alle Sympathien fließen dieser ar-
men Frau zu, jede Freundin weiß gleich mehrere Geschichten und hat meist auch eigene Erlebnisse zu diesem Thema.
Alle Frauen sind sich einig darüber, wie gefühlskalt, unnah-

---

5   Fritz Riemann, *Grundformen der Angst,* S. 235

bar und ausnutzend, wie egoistisch und unerwachsen diese Männer sind. Eben typisch männlich. Und tatsächlich gibt es viele Männer, die bei dieser Rollenverteilung sehr gut mitspielen.

Für manche Frauen, die mit einem gefühlskalten Mann zusammen sind, mag diese Rolle zu den notwendigen Erfahrungen auf dem Weg zu ihrem Liebesglück gehören, weil sie wirklich Nähe und Geborgenheit, Bezogenheit und Harmonie brauchen. Für die distanzierten Frauen ist diese Rolle aber nicht gemacht. Es ist eine Flucht vor der eigenen Wahrheit, selbst nicht allzu viel Nähe ertragen zu können, selbst viel Distanz zu benötigen und selbst auch mal sehr kühl und abweisend sein zu müssen, falls einen der liebende Partner zu sehr bedrängt und vereinnahmt. Die Geschichte einer Patientin soll das verdeutlichen:

Eine beruflich erfolgreiche, attraktive 36-jährige Patientin kam in meine Praxis, weil sie von einem Mann verlassen wurde, der fast autistisch nur um sich und seine Angst vor Nähe kreiste. Sie war etwa eineinhalb Jahre mit ihm zusammen. In dieser Zeit haben sie kein einziges Wochenende miteinander verbracht, sich maximal einmal die Woche gesehen, waren nie zusammen im Urlaub und hatten nur ein einziges Mal (!) wirklichen Sex miteinander. In den ganzen achtzehn Leidensmonaten verzehrte sich die Frau vor Sehnsucht und Liebe nach diesem Mann, der sie über die Zeit immer noch mehr auf Abstand hielt und sie schließlich verließ, weil sie seiner Ansicht nach zu viele Ansprüche an ihn gestellt hatte.

Als die Patientin Monate nach der Trennung einen netten Mann im Internet kennen lernte, der ihr bereits online viele Komplimente machte und offen über seine beginnenden Gefühle zu ihr schrieb, wollte sie diesen Mann erst gar nicht treffen. Es war ihr jetzt schon alles zu viel, zu nah, mit viel zu vielen Gefühlen behaftet. Ich versuchte ihr zu erklären, dass auch sie in einer Beziehung diejenige sein kann, die den Abstand bestimmt, wenn es ihr zu nah wird. Die ein Wochenende ohne Freund einfordern könne, wenn ihr danach ist. Sie könne sich ruhig erlauben, in der nächsten Beziehung diejenige zu sein, die den Mann kommen lässt und wieder wegschickt, auch wenn sie dann die »unsympathischere« Rolle übernimmt. Zumindest habe sie dann die Chance, mit einem Mann zusammen zu sein, der sie begehrt und liebt – und ihre Eigenart vielleicht mit einem Lächeln erträgt.

Ein Mann erlöst Sie nicht aus den Frustrationen Ihrer Kindheit

Die Hinwendung zu einem noch distanzierteren Mann kann auch tiefere Gründe haben: Möglicherweise haben Sie in Ihrer Kindheit und Jugend zu viel Einsamkeit erlebt, sind zu viel allein gelassen worden, tatsächlich oder auch nur emotional. Vielleicht waren Sie aber auch nur ein überaus sensibles Kind, das jede negative Emotion der Eltern, jede Kritik und jede Ablehnung sehr tief getroffen hat. Deshalb haben Sie sich innerlich verschlossen, um sich zu schützen.

Fatalerweise kann ein Mann, der Ihnen genau dieses Gefühl der Einsamkeit aus der Kindheit wiedergibt, bei dem Sie sich also allein gelassen und nicht wirklich geliebt fühlen, Sie gerade deswegen anziehen. Er erinnert Sie unbewusst an Ihren Vater oder Ihre Mutter, aber diesmal glauben Sie, Ihr Gegenüber »knacken« zu können, sodass Sie endlich die Liebe und Anerkennung erhalten, die Sie als Kind nicht bekommen haben. Sie hoffen also, mit diesem fremden Menschen das zu schaffen, was Ihnen als Kind mit Ihren eigenen Eltern nicht gelungen ist. Doch dieser Versuch ist zum Scheitern verurteilt.

Nehmen Sie den Mann, der Ihnen guttut

Lassen Sie sich lieber auf einen Menschen ein, der Ihnen genau das gibt, was Sie damals nicht bekommen haben: Liebe, Bewunderung und Hingabe. Er ist der Richtige für Ihre Empfindsamkeit und für Ihre Verletzungen aus der Kinder- und Jugendzeit.

Aber: Dieser Mann wird Sie nur dann finden und auf Sie aufmerksam werden, wenn er Ihrer Distanziertheit begegnet – und Ihre Empfindsamkeit dahinter spürt; wenn er unter Ihrer Menschenscheu leidet – und Ihr Bedürfnis nach Liebe dahinter entdeckt; wenn er Ihre Freiheitsliebe bewundert – und dahinter Ihre tiefe Sehnsucht nach Geborgenheit erkennt und erfüllen will. Dazu müssen Sie aber erst einmal Ihre Distanziertheit, Ihre Menschenscheu und Ihr Freiheitsbedürfnis zulassen und zeigen. Das fasziniert ihn, das ist der Reiz, der seine Liebe zu Ihnen weckt. Dann sind Sie es, deren Herz er erobern will.

Prinzessinnen-Typ: Dornröschen

Wenn man an einer Frau kratzt, dann kommt die Prinzessin zum Vorschein. So höre ich häufig von Patientinnen, wenn es um Partnersuche und Beziehungen geht – üblicherweise mit einem leicht entschuldigenden Unterton –, dass sie eben doch Prinzessinnen seien, die sich ihren Prinzen auf dem weißen Pferd wünschen. Ich bin die bekanntesten Märchen einmal nach diesem Bild durchgegangen, habe es aber zu meiner Verwunderung so nirgends gefunden. Es existiert wohl nur in den Träumen der heutigen Frauen.

Dafür habe ich aber sehr interessante Geschichten von Prinzessinnen und solchen, die es noch werden wollen, in den deutschen Märchen gefunden. Die Art und Weise, wie sie sich benehmen und wie sie letztlich ihren Prinzen kriegen, passt sehr gut zu unseren vier Psychogrammen. Der distanzierte Frauen-Typ wird dabei von Dornröschen verkörpert.

Dornröschen ist bereits eine Prinzessin, sie muss nicht erst zu einer gemacht werden wie zum Beispiel Aschenputtel. Dass sie als Prinzessin einen Prinzen als Partner bekommt, versteht sich von selbst, das ist nicht das Wunderbare an diesem Märchen. Dornröschen wird durch den Prinzen auch nicht aus einem unwürdigen Leben befreit, sondern aus einer fast unüberwindlichen Ferne und Distanz erlöst, doppelt symbolisiert durch den hundertjährigen Schlaf und die hohe Dornenhecke.

Dornröschen liegt einfach nur da in ihrer unfassbaren Schönheit. Selbst nach hundert Jahren ist ihre Strahlkraft noch nicht versiegt. Viele Prinzen verbluten in der Rosenhecke, ohne dass es Dornröschen in seinem Schlaf überhaupt bemerkt, geschweige denn emotional berührt. Man fühlt sich erinnert an den Liedertext der ewig unnahbaren und distanzierten Marlene Dietrich: »Männer umschwirren mich wie Motten das Licht, doch wenn sie verbrennen, ja, dafür kann ich nichts.«

Dornröschen hat in dem Märchen nichts weiter zu tun, als sich dem Schicksal zu fügen und sich von der Spindel stechen zu lassen. So wird der Fluch der bösen Fee zu ihrem Segen. Denn die große Schwierigkeit, zu ihr zu gelangen, fordert die Prinzen erst heraus, dieses Abenteuer mutig und todesverachtend zu bestehen. Gerade dadurch erscheint die Prinzessin noch attraktiver und begehrenswerter.

Die Prinzen tun alles, um Dornröschen zu retten und so für sich als Frau zu gewinnen. Sie wollen sich ihr nähern, zu ihr vordringen. Viele riskieren und verlieren dabei ihr Leben in der Dornenhecke. Diese Prinzen sind opferbereit und hingebungsvoll, sie sind ganz auf Dornröschen bezogen und willens, alle Distanz zu ihr zu überwinden. In unserer kleinen Charakterkunde zählen sie zu den Nähe suchenden Männern.

Wenn Sie dem distanzierten Psychogramm angehören, dann sind Sie Dornröschen. Sie sind für Ihren Prinzen umso begehrenswerter, je höher die Dornenhecke gewachsen ist. Sie müssen erst einmal nichts tun, Ihre Strahlkraft reicht aus, um die Männer auf den Weg zu Ihnen zu bringen. So mancher ist an der Dornenhecke gescheitert, aber all diese Männer waren die falschen. Zur richtigen Zeit ist der lange Schlaf vorbei, und die undurchdringliche Rosenhecke öffnet sich wie durch ein Wunder. Wenn also der Richtige zur richtigen Zeit zu Ihnen findet, dann sollten Sie sich finden, küssen und erlösen lassen.

Auch im wirklichen Leben sollten Sie dem Mann, der Ihnen gefällt, Ihre Rosenhecke öffnen und ihn nicht darin verbluten lassen. Stellen Sie ihn nicht zu sehr auf die Probe, ob er Ihre Liebe verdient hat, unterziehen Sie ihn keiner mörderischen Prüfung, um herauszufinden, ob er Sie wirklich liebt. Der Richtige sollte unverletzt bis zu Ihrem Innersten vordringen dürfen. Nur dann kann er Sie entdecken und wachküssen.

Fallbeispiel

Eine kurze Bemerkung vorab: Mit den Fallbeispielen, die nach jedem Psychogramm folgen, will ich versuchen, den allgemeinen Beschreibungen mit der Lebens- und Liebesgeschichte einer Frau noch mehr Lebensnähe zu geben. Diese Frauen stehen mit ihrer Geschichte zwar exemplarisch für ein Psychogramm, aber sie zeigen natürlich nur eine von unendlich vielen Möglichkeiten, mit diesen Charaktereigenschaften seinen Lebensweg zu gehen und sein Liebesglück zu finden. Vielleicht werden Sie sich in einem der Psychogramme wiedererkennen. Das heißt aber nicht, dass Ihr Leben und Ihr Weg zum Liebesglück dem vorgestellten Beispiel entsprechen müssen.

Katja S., 37 Jahre

Mit ihren stahlblauen Augen, ihren langen blonden Haaren und ihrem durchtrainierten, schlanken Körper schafft sie es spielend, alle Männerblicke auf sich zu ziehen. Ihr Lachen ist so ehrlich und natürlich, dass es mit seinem kindlichen Charme schnell ansteckt. Sie scheint die gute Laune gepachtet zu haben und gibt sie großzügig weiter. Diese Frau kann kein Problem haben. Diese Frau kann keinen Partner suchen.

Diese Frau muss glücklich und zufrieden sein. So wirkt sie auf den ersten und auch auf den zweiten Blick.

So kam Katja S. auch zu mir in meine Praxis. Und doch: Hinter dieser Fassade wurde irgendwann das tief verunsicherte kleine Mädchen sichtbar, das sich in der Erwachsenenwelt überfordert und in seiner Frauenrolle nicht wirklich wohl fühlte.

Aufgewachsen in einem kleinen Dorf auf dem Land wurde dem intelligenten und hübschen Mädchen die Beschränktheit der kleinbürgerlichen Lebensverhältnisse bald zu eng. Sie träumte sich in die große weite Welt, bewunderte Menschen, die aus großen Städten zu Besuch in ihr kleines Nest kamen, und sah sich mit Begeisterung Filme an, die in New York, London oder Berlin spielten. Katja war gerne allein, auch weil sie dann niemand beim Träumen stören konnte. Sie hatte mal Freundinnen, dann mal wieder keine. Sie spielte viel für sich, später las sie viel, dann war eine Zeit lang ihre jüngere Schwester ihre beste Spielkameradin. Jungs interessierten sie lange nicht, auch dann noch nicht, als sich schon die meisten ihrer Klassenkameradinnen verliebt und zumindest einen Zungenkuss hinter sich gebracht hatten.

Später wurde Katja von vielen Jungs zwar aus der Ferne angehimmelt, aber als kühl und unnahbar empfunden. Doch dann verliebte sie sich in Peter. So sehr, dass sie stark abnahm, ohne es zu wollen, so heftig, dass ihre guten Noten in der Schule rasant abstürzten, so absolut, dass sie alles aufgegeben hätte nur für diesen einen Jungen. Er sah blendend aus, war charmant, sportlich und zwei Klassen über ihr im Gymnasium. Und er war noch unnahbarer, noch kühler, noch unerreichbarer, als Katja selbst es für andere Jungs je gewesen war. Das merkte sie aber erst, als sie Peter näherkam. Und Katja wollte ihm näherkommen.

Eigentlich interessierte Katja sich nur für ihn, weil er der Einzige war, der sich so lässig und natürlich, ja so gleichgültig ihr gegenüber verhielt. Es schien, als sei sie ihm zwar sympathisch, aber im Grunde völlig egal. Das reizte sie. Viel später erfuhr Katja, dass Peter sich nicht nur von ihr, sondern von Frauen allgemein nicht angezogen fühlte. Er war homosexuell. Aber das wusste er damals noch nicht, zumindest nicht richtig. Und Katja natürlich auch nicht.

Sie kamen sich zwar näher, auch körperlich, sie küssten sich, und einmal schliefen sie auch miteinander, aber das alles erzeugte keine wirkliche Nähe. Peter war es, der immer wieder floh, sobald so etwas wie Intimität hätte entstehen können. Offiziell und für alle anderen waren die beiden sogar für ein paar Monate ein Paar. »Eisprinz und Eisprinzessin« wurden sie genannt. Aber das stimmte nicht. Katja war nicht aus Eis, sie war aus zerflossener Butter. Sie sehnte sich verzehrend nach Peter, der sie umso mehr auf Abstand hielt, je näher sie ihm sein wollte. Schließlich wies er sie immer öfter ab, bis er eines Tages ganz mit Katja Schluss machte. Er stehe nicht mehr auf sie, war die Begründung, die er ihr immerhin persönlich, aber sehr formell überbrachte.

Katja stürzte in ein tiefes Loch. Sie schlug aber nie auf dem Grund dieses Loches auf, sie löste sich vorher auf. So war zumindest ihr Gefühl: nicht mehr zu existieren, nicht mehr da zu sein. Nur ganz, ganz langsam verdichtete sie sich wieder zu einer zusammenhängenden Person, zu dem schönen und unnahbaren Mädchen, das sie einmal gewesen war. Peter hatte Abitur gemacht und die Schule verlassen. Sie sah ihn nie wieder, wollte ihn auch nie wiedersehen. Über Umwege erfuhr sie dann irgendwann, dass er jetzt mit einem Mann zusammen war.

Nach dieser schlimmen Erfahrung wollte Katja sich nie wieder verlieben. Sie wollte sich nie wieder auflösen, nie wieder so unglücklich sein und nie wieder so unerfüllt begehren. Jetzt wusste sie, warum sie früher immer alle auf Abstand gehalten hatte: Liebe war für sie gefährlich. Sie ersehnte sie zwar, aber sie verlor sich auch in ihr. Sie hatte Angst vor der Liebe, Angst, in der Liebe verlorenzugehen. Und Liebe bedeutet Nähe. Die galt es also zu vermeiden, koste es, was es wolle.

Katja studierte Betriebswirtschaft und arbeitet bis heute in einem großen Geldinstitut. Sie hat Karriere gemacht, aber das war und ist es nicht, was sie interessiert. Heute ist sie 37 Jahre alt – und glücklich verliebt. Was ist seither passiert?

Nach Peter mied Katja lange das andere Geschlecht, wurde aber für die Männer immer attraktiver und immer begehrenswerter. Jetzt war sie es, die reihenweise die Männer unglücklich machte, ohne auch nur mit der Wimper zu zucken. Sie lagen ihr zu Füßen, und sie schritt über sie hinweg. Sie ließ niemanden mehr an sich heran. Außer ein paar Miniaffären im Urlaub und ein paar One-Night-Stands mit klarem, vorhersehbarem und schnellem Ende ließ sie keine Beziehung mehr zu.

Erst Ende zwanzig veränderte sich etwas in ihr. Katja wollte nicht ihr ganzes Leben lang so weitermachen, ihre Jugend so vergeuden, wie sie jetzt selbst erkannte. Aber als ob es nur zwei Schalterstellungen in ihrem Herzen geben würde, waren es jetzt wieder die Peter-Typen, die Unnahbaren, die, die selbst keine Nähe ertrugen, die Wegläufer und Abtaucher, die »Leicht zu kriegen, schwer zu halten«-Männer, von denen Katja sich angezogen fühlte. Und von denen sie sich wieder unglücklich machen ließ. Aber nicht mehr so sehr wie damals als Siebzehnjährige von Peter. Die Männer, die Katja begehrten, die sich mit ihr das vorstellen konnten, was sie ja auch wollte, nämlich Kinder, eine Familie, einen ruhigen Blick aufs Älterwerden, Geborgenheit und Wärme – all diese Männer ließ sie links liegen. Die interessierten sie nicht, in die verliebte sie sich nicht, die waren und blieben irgendwie reizlos für sie. So gaben es ihre Freundinnen bald auf, sie mit einem netten Kollegen verkuppeln zu wollen, wenn Katja sich mal wieder wegen eines liebes- und beziehungsunfähigen Typen bei ihnen ausheulte. Es half alles nichts.

Die Jahre vergingen, und die Rolle, die Katja in ihren Beziehungen spielte, war immer die gleiche: Sie wünschte sich mehr Aufmerksamkeit, mehr Zeit und mehr Liebe von einem Mann, der das nicht geben wollte oder konnte. Katja war die unglücklich Liebende, die warmherzig Begehrende, die selbstlos Verstehende, die heroisch Leidende. Dass sie einmal selbst Angst vor Nähe und Liebe gehabt hatte, das hatte sie fast vergessen. Denn dazu kam es ja nie. Dafür sorgten schon die Typen, die sich Katja mit einer traumwandlerischen Sicherheit immer wieder von Neuem aussuchte. Immer wieder das gleiche Spiel. Jahrelang.

Das war der Zeitpunkt, an dem Katja beschloss, sich therapeutische Hilfe zu suchen, und schließlich in meine Praxis kam. Bald darauf erzählte sie mir von Ralf, ihrem Nachbarn. Sie fand ihn nett, eben wie einen netten Nachbarn, den man mal um zwei Eier bitten oder bei dem man sich einen Bohrer ausleihen kann. Dass sie ihm gefiel, und zwar sehr, war nicht zu übersehen. Er warb um sie, wollte mit ihr ausgehen, lud sie zum Essen ein, erst zu sich nach Hause (das wollte sie gar nicht), dann immer wieder in neue Restaurants, die er ausfindig machte. Katja lehnte jedes Mal ab, ohne große Ausreden. Sie fand ihn zwar sympathisch, aber da war dieses Desinteresse, wie sie meinte, diese Sperre, dieses »Ich kann nicht und weiß auch nicht warum«-Gefühl.

Schließlich ging Katja doch mit Ralf aus. Es wurde ein sehr netter Abend, und sie küssten sich zum Schluss vor dem Restaurant. Auch der Kuss schmeckte ihr, sie war ein bisschen benommen und fühlte sich so wohl wie schon sehr lange nicht mehr. Fast im Scherz sagte sie, dass alles gut werden könnte mit ihnen beiden, wenn er irgendwo auf der Welt, am besten weit weg und fast unerreichbar wohnen würde, oder wenigstens dauernd unterwegs wäre und nie Zeit hätte. Oder wenn er zumindest irgendeinen schrecklich gefährlichen Beruf hätte, damit sie dauernd Angst haben müsste, er käme von der Arbeit nicht wieder.

Ralf grinste etwas betroffen und meinte nur, dass er mit alldem nicht dienen könne außer mit einem: Er könne wegziehen. Katja war so verdutzt, dass sie zu lachen anfing und sich entschuldigte. Nein, das könne sie nicht verlangen, er hätte doch eine so schöne Wohnung. Aber er beharrte darauf. Je mehr sie das alles wieder zurücknehmen wollte, desto entschlossener war er wegzuziehen, in den entlegensten Stadtteil.

Sie verbrachten gleich die erste Nacht miteinander, nicht bei ihr und auch nicht bei ihm. Das hätte Katja nicht ausgehalten. Viel zu viel Nähe. Sie lud ihn in ein Hotel ein. Ralf musste ihr vorher allerdings versprechen, dass er irgendwann gehen und sie in dem Hotel allein lassen würde, am besten ohne viele Worte. Sie würde im Hotel übernachten und erst am nächsten Morgen nach Hause fahren. Und wenn sie sich vielleicht in den nächsten Tagen im Treppenhaus begegnen würden, dann solle alles so sein wie vorher, zwischen zwei ganz normalen Nachbarn. Ralf willigte schweigend ein.

Er hielt sich auch an alle Verabredungen. Erst Tage nach der ersten gemeinsamen Liebesnacht sahen sie sich zufällig im Lift. Katja erschrak und versuchte verzweifelt, dieses unheimliche Gefühl in ihrem Bauch zu unterdrücken, dieses Gefühl irgendwo zwischen Angst und Liebe. Peter bemerkte ihren inneren Aufruhr und blieb ganz ruhig und freundlich. Er erkundigte sich nach Katjas Befinden, erzählte ihr, dass er ein neues Restaurant entdeckt habe, das er ihr gerne zeigen würde, und dass er vor ein paar Tagen ein so überaus schönes Erlebnis hatte, dass er immer noch den ganzen Tag nur tanzen könnte. Was für ein Erlebnis das gewesen sei, das könne er ihr aber leider nicht sagen. Er habe Stillschweigen darüber versprochen. Dann verabschiedete er sich und ging zu seiner Wohnung. Vor seiner Tür stehend wandte Ralf sich noch einmal an Katja. Da sei noch etwas, was er ihr sage wolle: Er werde hier bald ausziehen. Er habe eine neue Wohnung gefunden, in einem anderen Stadtviertel. Er werde ihr aber seine neue Adresse vorher noch sagen.

Katja war wie vom Donner gerührt. Es war, als würde sich ihr Inneres nach außen stülpen, als würden ihre Probleme mit Menschen und insbesondere mit Männern, die sie schon längst erkannt, aber nicht überwunden hatte, ihr jetzt als Theaterstück vorgespielt werden. Sie fühlte sich ertappt, aber auch erkannt. Da gab es jemanden, der hatte sie durchschaut, durchleuchtet wie ein Röntgenarzt. Sie fühlte sich nackt. Aber es prickelte, weil sie sich zwar nackt fühlte, aber gar nicht schämte, gar keine Angst hatte.

Es war kein Vorwurf und kein Selbstmitleid in diesen Worten von Ralf gewesen. Er war ganz sachlich geblieben. Keinerlei Zweifel. Er hatte all das, was sie nicht hatte und nicht konnte. Er hatte sie erfühlt und war sich sicher damit. Sie glaubte, sie träume. Das kann er doch nicht machen: Ihretwegen hier auszuziehen. Wegen einer Nacht!

In Katja begann es heftig zu glühen, so, als hätte sie einen heißen Backstein verschluckt. Allerdings war er irgendwo auf halber Strecke stecken geblieben, denn er glühte in ihrer Brust, nicht im Bauch. Sie zwang sich, Ralf nicht nachzulaufen, ihm nicht die Kleider vom Leib zu reißen, ihn nicht zu umarmen, zu liebkosen und zu küssen von oben bis unten. Es war wie ein Dammbruch, und all die ungelebte Lust und Liebe ihres bisherigen Lebens fluteten ihre ausgedörrte und brachliegende Gefühlslandschaft und ließ sie endlich aufblühen. Sie spürte die Liebe in sich und ihr brennendes Bedürfnis nach Nähe, und zum ersten Mal seit dem Drama mit Peter war es viel stärker als die Angst davor.

Das Spiel mit dem Restaurant und dem Hotel danach spielten sie noch einige Male durch. Ralf schien es sogar zu genießen, es irgendwie lustig zu finden. Er schmunzelte darüber, so wie man über die Angst eines Kindes vor dem bösen Wolf schmunzelt. Katja konnte sich endlich erlauben, so zu sein, wie sie war: panisch ängstlich vor Nähe und gleichzeitig sehnsüchtig nach Liebe und Umarmung. Ralf hatte das erkannt, erfühlt. Wie er das konnte, wie so etwas geht, davon hatte Katja keine Ahnung. Die Nähe, die er herstellen konnte, war unaufdringlich und respektvoll. Er bedrängte Katja nicht, er beeinflusste und belästigte sie nicht mit dieser Nähe. Er ließ Katja so, wie sie war.

Nach einem Jahr zogen sie zusammen in eine neue Wohnung mit viel Platz für sie beide. Schon bei den Wohnungsbesichtigungen betonte Ralf immer wieder, dass dies einmal Katjas Zimmer, dies sein Zimmer und dieses ihr gemeinsames Wohnzimmer werden könnte. Kein »unser Schlafzimmer, unser Wohnzimmer und unser Gäste- oder Kinderzimmer«. Das tat Katja gut. Sehr gut. Obwohl sie eines ganz sicher gemeinsam mit ihm wollte: ein Kind.

Bemerkungen zum Fallbeispiel

Ich glaube, an der Geschichte von Katja S. wird deutlich, dass es keinen Sinn hat, seine Grundängste und Eigenarten komplett überwinden oder irgendwie wegtherapieren zu wollen. Das funktioniert nicht. Viel wichtiger ist zu lernen, mit ihnen umzugehen und ihnen auch so weit nachzugeben, wie es nötig ist, um in seinem Leben nicht blockiert zu sein. Wenn Katja nicht akzeptiert hätte, dass sie nun mal ganz besondere Wünsche und Bedürfnisse hat, hätte sie vermutlich nie den Mann gefunden, der ihr genau diese Wünsche auch erfüllen kann und will. Ich persönlich kann mit dem Wort »Selbstliebe« nichts anfangen. Dasselbe Gefühl, das ich habe, wenn ich jemand anderen liebe, kann ich unmöglich auch mir selbst gegenüber aufbringen. Es ist aber wichtig, sich zu akzeptieren und zu mögen, sich also nicht unsympathisch zu finden und ständig selbst zu kritisieren. Auch Katja mag es nicht bis zur Selbstliebe gebracht haben, unabhängig davon, ob das überhaupt möglich oder erstrebenswert ist. Sie hat aber ihren Charakter erkannt und akzeptiert – auch, wenn diese Einsicht zeitweise sehr unangenehm für sie war. Sie hatte aber den Mut, dies alles auch zu leben. Und so hat sie schließlich den Richtigen für sich gefunden.

Die Nähe suchende Frau: einfühlsam und verständnisvoll

Ihr Lebensgefühl

Der Wunsch, Liebe zu geben und Liebe zu empfangen, gehört zu den menschlichen Grundbedürfnissen. Wenn in früheren Zeiten die Erhaltung der Sippe, der Glaube an Gott, der gesellschaftliche Aufstieg, der berufliche Erfolg und anderes dem Leben Sinn gaben, so ist es heute in erster Linie die Liebe. Die Liebe zu einem vertrauten Menschen, der uns seelisch und auch körperlich nah ist, gehört bei fast jedem Menschen zur Vorstellung des eigenen Glücks dazu. Und nach persönlichem Glück streben wir alle.

»Nur die Liebe läßt uns leben« – dieser Titel eines Schlagers von Mary Roos aus den 70er Jahren könnte Ihr Lebensmotto sein, falls Sie zum Nähe suchenden Charaktertypus gehören. Sie tragen Liebe im Überfluss in sich, und Sie können und wollen Ihre Liebe gerne und freizügig verschenken. Natürlich benötigen Sie dazu jemanden, der Ihr Geschenk auch annimmt und der es aushält, von Ihnen so selbstlos und stark geliebt zu werden. Einen solchen Mann zu finden ist gar nicht so einfach. Denn nicht wenige Männer sehnen sich lieber nach dem Glas Wasser in der Wüste und interessieren sich nicht für einen überreich gedeckten Gabentisch, der ihnen angeboten wird. Und Sie sind für den anderen nicht das Glas Wasser, Sie sind der überreiche Gabentisch!

Mit Ihrer Liebesfähigkeit eng verbunden ist Ihr Bedürfnis, von anderen gebraucht zu werden und für andere da sein zu können. Das beflügelt Sie, motiviert Sie und gibt Ihnen Kraft und Lebensfreude. Auch ohne große Dankbarkeit und Gegenliebe können Sie viel aushalten, weil die sorgende und helfende Tätigkeit an sich Ihnen schon eine tiefe innere Befriedigung gibt. Wenn Sie aber darüber hinaus auch noch echte Dankbarkeit oder sogar Liebe empfangen, dann sind Ihre emotionalen Grundbedürfnisse erfüllt. Dann ist Ihr persönliches Glück vollkommen.

Natürlich sind Sie auch sonst ein überaus gefühlvoller und warmherziger Mensch. Sie haben das Herz auf dem rechten Fleck und verstehen es, Ihren Mitmenschen Geborgenheit zu vermitteln. Lieber passen Sie sich an und stellen eigene Bedürfnisse zurück, als dass Sie die zwischenmenschliche Harmonie oder ein gutes Klima gefährden. Sie sorgen sich sehr um andere und sind ein hervorragender Teamplayer, der extrem kooperationsfähig ist und seine Eigeninteressen dem Wohl der Gruppe unterordnet. Sie können sich gut einfügen, und in Führungspositionen sind Sie die fürsorgliche und mütterliche Chefin, die hinter ihren Mitarbeitern steht, sie behütet und verteidigt. Auch im Beruf ist Ihnen der mitmenschliche Kontakt sehr wichtig. Eine gute Arbeitsatmosphäre und das Arbeiten im Team sind Ihnen sogar wichtiger als eine gute Bezahlung.

Fritz Riemann beschreibt die Grundangst des Nähe suchenden Charaktertypus mit der Angst vor der Selbstwerdung, die als Ungeborgenheit und Isolierung erlebt wird[6]. Es ist die Angst, mit sich selbst konfrontiert zu werden, sich selbst zu entdecken, aber auch, mit sich allein zu sein. Um von sich selber abzulenken, sucht man sich einen anderen Menschen, der zum Mittelpunkt des eigenen Lebens wird. Daher findet man viele Menschen dieses Charaktertypus in helfenden Berufen. *Hilflose Helfer,* der Bestseller von Wolfgang Schmidbauer, beschäftigt sich mit diesem Phänomen. Diese Menschen sind aber ein Segen für bedürftige Menschen, und sie haben viel Gutes und Bewundernswertes in die Welt gebracht. Ohne diesen Charaktertypus gäbe es keinen Albert Schweitzer, keine Mutter Teresa, keinen Mahatma Gandhi.

Ihre Stärken und Schwächen

Ihre größten Fähigkeiten liegen im zwischenmenschlichen Bereich. Sie können sich sehr gut in die Gefühlswelt anderer hineinversetzen. Sie haben Ihr Gegenüber schon lange erfühlt, bevor Sie es intellektuell erfasst und verstanden haben. Das bewirkt aber, dass Sie manchmal Ihre Interessen nur schlecht durchsetzen können, weil Sie immer zugleich auch die Position Ihres Gegenübers verstehen und berücksichtigen wollen. So schwächen Sie Ihre eigene Position, noch bevor der andere überhaupt ein Wort gesagt hat.

---

6   Fritz Riemann, *Grundformen der Angst,* S. 17

Zärtlichkeit, Lieben und Geliebtwerden stehen für Sie im Leben an zentraler Stelle. Zuneigung und emotionale Nähe sind für Sie noch wichtiger als Sexualität. Zwar genießen Sie die körperliche Begegnung mit dem Partner sehr, Sie können sich ganz öffnen, hingeben und überaus leidenschaftlich sein, aber nur wenn beim Sex auch Ihr Bedürfnis nach Zärtlichkeit und emotionaler Nähe befriedigt wird.

Ihr Wunsch nach zwischenmenschlicher Nähe und Geborgenheit macht Sie zu einem Menschen, der gerne in Gemeinschaft lebt. Sie haben aber auch ein Händchen für Blumen, sind tierlieb, hegen und pflegen alles Lebendige, das Sie umgibt. Für eine gute Sache können Sie sich jederzeit begeistern und auch praktisch engagieren. Altruismus ist für Sie nicht nur selbstverständlich, sondern ein Bedürfnis. Insbesondere Kindern und anderen Schutzbefohlenen gegenüber haben Sie eine fürsorgliche Art, sind geduldig und rücksichtsvoll, warmherzig und hilfsbereit.

Im Streit sind Sie eher nachsichtig und auch nachgiebig, und Sie sind die geborene Vermittlerin zwischen Streithähnen. Sie lieben es, auszugleichen und zu versöhnen, weil Sie Disharmonie nur schwer ertragen können, auch wenn Sie selbst gar nicht unmittelbar betroffen sind.

Ihre Warmherzigkeit spiegelt sich auch in Ihrem Gesichtsausdruck wider. Ihr Mitgefühl, insbesondere Ihr echtes und ehrliches Mitleiden, drückt sich in Ihrer Mimik ebenso aus wie Ihre Fürsorglichkeit, Freundlichkeit und Anteilnahme. Ihre Authentizität bewirkt, dass man sich in Ihrer Nähe wohl fühlt und sich Ihnen gerne anvertraut. So eignen Sie sich in besonderem Maße für Tätigkeiten im sozialen und karitativen Bereich. Hier können Sie Ihre Fähigkeiten auch beruflich einsetzen, wobei Sie sich als emotional belastbar und sozial kompetent erweisen.

Wenn Sie etwas nicht mögen, dann sind das Hektik und Ungemütlichkeit. Sie streben nach innerer Ruhe und Gelassenheit, die Sie auch erreichen, wenn Sie in einem liebevollen und harmonischen Umfeld leben. Insgesamt durchdringen Sie die Welt und das, was »die Welt im Innersten zusammenhält«, eher mit dem Fühlen, eventuell auch mit dem Glauben und weniger mit dem Wissen.

Während andere Menschen nach Unabhängigkeit streben, allein glücklicher werden wollen, um dann erst einen Partner zu suchen, von dem ihr Glück nicht (mehr) abhängt, sind Sie bereit, sich ganz auf einen Partner einzulassen. Sie akzeptieren, dass lieben auch bedeutet, abhängig zu sein.

Die meisten Frauen hoffen, einen Mann zu finden, von dem sie geliebt werden. Bei Ihnen ist es genau umgekehrt: Ihnen ist es wichtiger zu lieben, als geliebt zu werden. Das bedingt Ihre menschliche Größe, kann aber auch zu Ihrem Verhängnis werden.

Sie wollen den Mann, in den Sie sich verliebt haben, glücklich machen. Sie vergessen sich selbst in Ihrer Hingabe, erspüren seine Wünsche und erfüllen sie, ohne auf Ihre eigenen Bedürfnisse zu achten. Sein Glück ist Ihr Glück. Es ist mehr das Geben als das Nehmen, das Sie erfüllt. Das können Sie auch viel besser. Sie lesen dem anderen tatsächlich seine Wünsche von den Augen ab. Das erfüllt ihn mit dem Gefühl, wirklich verstanden zu werden. Und dieses Glück in den Augen Ihres Gegenübers macht wiederum Sie glücklich.

So gewinnen Sie Männer für sich

Mangelware ist begehrte Ware

Sie vereinen in sich die klassischen weiblichen Eigenschaften: warmherzig und einfühlsam, nachgiebig und verständnisvoll, weich und anschmiegsam, hingebungsvoll und fürsorglich, liebevoll und liebesbedürftig. Frauen, die sich heutzutage trauen, diese Eigenschaften auch Männern gegenüber zu zeigen und zu leben, sind absolute Mangelware. Das rührt daher, dass diese Eigenschaften so sehr dem traditionellen Frauenbild der 1950er Jahre entsprechen. Man assoziiert damit gleich die Mutter, die im Heim und am Herd schaltet und waltet und für die Kinder, Küche und Kirche die Erfüllung sind. Man sieht die Ehefrau, die aufopfernd alles für die Karriere ihres Mannes und das Wohl ihrer Kinder tut. Das entspricht ganz dem Klischee der Frau, deren Glück darin besteht, für das Glück der Familie zu sorgen. Die ihre eigenen Bedürfnisse hintanstellt oder gar nicht erst wahrnimmt.

Viele modernen Frauen empfinden für dieses Frauenbild Gefühle irgendwo zwischen Verachtung, Wut und Ablehnung sowohl gegen die Frauen, die sich so ein Leben haben gefallen lassen, als auch und vor allem gegenüber den Männern, die ihren Frauen so ein Leben zugemutet und abverlangt haben.

Lassen Sie sich davon nicht abhalten, so zu sein, wie Sie nun mal sind. Das heißt natürlich noch lange nicht, dass Sie die Zeit zurückdrehen sollen. Aber verstecken Sie diese weiblichen Eigenschaften nicht, denn Mangelware ist begehrte Ware. Nach wie vor suchen die meisten Männer genau diese Eigenschaften bei einer Frau. Das hat einen sehr einfachen Grund: Sie wollen sich mit ihrer Partnerin wohl fühlen. Und in Beziehungen mit Frauen des Nähe suchenden Charaktertypus ist der Wohlfühlfaktor praktisch mit inbegriffen. Das spüren Männer sehr genau, vor allem die Männer, die eher unter einem natürlichen Mangel an Wohlfühlfaktor leiden, also die mit einem distanzierten Psychogramm.

Sie haben wunderbare Eigenschaften

Ein weiterer Grund dafür, dass diese typisch weiblichen Charaktermerkmale heute nicht so hoch im Kurs stehen, ist, dass es nur die »Teamfähigkeit« auf die erste Seite in Bewerbungsunterlagen geschafft hat. Alle anderen typischen Eigenschaften der Nähe suchenden Frau zeugen nicht unbedingt von einer zielstrebigen, ehrgeizigen und mobilen Mitarbeiterin. In unserer Karrieregesellschaft wird man damit eher nicht nach oben kommen. So lautet zumindest die gängige Meinung: zu lieb, zu weich, zu nachgiebig, zu harmoniebedürftig, zu wenig Ellenbogen. Darum werden diese Eigenschaften auch von Frauen allerorten bekämpft. In erster Linie natürlich bei sich selbst. Moderne, emanzipierte Frauen verwirklichen sich selbst, brauchen Zeit für sich, müssen Forderungen stellen, müssen sich abgrenzen lernen, sollen ihre eigenen Ziele formulieren und auch durchsetzen etc. Diese Aufforderungen von Frauen an Frauen kennen Sie alle, und die Liste ließe sich seitenlang weiterführen.

Dies alles sind Gründe, warum wir es bei den klassischen weiblichen Eigenschaften und Begabungen mit einer absoluten Mangelware zu tun haben, die inzwischen auf dem Partnermarkt zu den begehrtesten Eigenschaften einer Frau überhaupt zählen. Wenn Sie also diese Wünsche, diese

Empfindungen und Eigenschaften in sich spüren, dann lassen Sie sie – wenigstens in der Phase der Partnerwerbung – hervortreten und verstecken Sie sie nicht!

Ganz konkret: Wenn der junge Mann, den Sie gerade kennen gelernt haben, immer nur am Wochenende Zeit hat, sich mit Ihnen zu verabreden, weil er unter der Woche zwölf bis 14 Stunden am Tag arbeitet, dann:

- können Sie sich in seiner Rangordnung der Wichtigkeiten an vorletzter Stelle sehen und es ihm sagen;
- können Sie behaupten, dass es die nächsten drei Wochenenden bei Ihnen gar nicht geht, um ihm zu zeigen, dass Sie nicht springen, nur weil er gerade mal Zeit hat;
- können Sie ihm Kaltherzigkeit vorwerfen, weil er es aushält, Sie so lange nicht zu sehen;
- können Sie all seine Telefonnummern und seine E-Mail-Adressen löschen, weil Sie so einen Workaholic sowieso nicht wollen.

Sie können aber auch verständnisvoll reagieren und ihm sagen, dass Sie sich dann umso mehr auf Ihr Treffen mit ihm am Samstag freuen. Er wird so erstaunt, verblüfft und erfreut sein über Ihre Reaktion, dass er sich schon allein dafür in Sie verlieben wird.

Lassen Sie Ihr Taschentuch fallen

Noch eine kleine Geschichte, in der es letztlich auch um gegenseitiges Verständnis geht: Jeder kennt die Szene aus alten Filmen, in der die junge Frau genau in dem Moment ihr Taschentuch fallen lässt, in dem der junge Mann, den sie sich als ihren Bräutigam ausgesucht hat, genau hinter ihr steht oder geht. Er hebt es auf, bringt es ihr, lernt sie dadurch kennen und macht ihr selbstverständlich in Kürze einen Heiratsantrag. So war es in der guten alten Zeit. Die junge Frau wusste, dass kein Mann sich trauen würde, sie einfach so anzusprechen. Das verbot die Moral, aber auch seine Angst vor Ablehnung. Es bedurfte also des Taschentuchs als Vorwand und dezente Einladung.

Die Moral verbietet es heute nicht mehr, eine Frau mit eindeutigen Absichten anzusprechen, aber die Angst vor Ablehnung plagt die Männer nach wie vor. Und auch die Spielregeln des Kennenlernens gelten heute wie damals. Für dieses zeitlose »Spiel« braucht es zwei Komponenten: das Verständnis des Mannes für die Frau, die ihm gefällt, und das Verständnis der Frau für den Mann, der ihr gefällt.

Der Spielverlauf ist einfach: Eine Frau sucht sich einen Mann aus, der ihr gefällt. (So ging und geht es fast immer los.) Die Frau macht dem Mann subtil und mit kleinen Gesten klar, dass er ihr gefällt. Das kann das fallen gelassene Stofftaschentuch (falls Sie so etwas überhaupt noch besitzen) in der U-Bahn sein oder das liegen gelassene Handtuch beim Laufband im Fitnessstudio. Es kann aber auch einfach ein freundliches Lächeln sein. In jedem Fall muss das Zeichen auffällig genug sein, um vom Mann erkannt zu werden, aber unauffällig und subtil genug, damit sich die Frau nichts vergibt, wenn es nicht klappt. Es soll dem Mann den Weg zur Frau ebnen, ihm die Angst vor Zurückweisung nehmen und ihn freundlich auffordern, die Eroberung zu wagen. Es setzt aber das Verständnis der Frau für die Angst und Unsicherheit des Mannes beim Erobern voraus. Wenn der Mann dieses kleine Zeichen erkannt hat, kann er ganz selbstbewusst, offen und aktiv auf die Frau zugehen, sie ansprechen, einladen etc. Hinterher kann er dann allen erzählen, dass er sie erobert hat. Stimmt aber gar nicht. Er war schon lange vorher von ihr erlegt worden, aber eben mit den Waffen einer Frau.

Ich weiß nicht, wie oft ich diese kleine Geschichte schon jungen Patientinnen erzählt habe, für die dieses Spiel völlig unbekannt und neu war. Sie haben die Rolle der Frau verloren, aber die Rolle des Mannes natürlich auch nicht angenommen (»Ich kann als Frau doch nicht zu ihm hingehen und ihn zu einem Glas Wein einladen!«). Es hat aber auch damit zu tun, dass keine Frau mehr die heutigen Männer versteht. Zugegeben, das ist auch nicht immer leicht. Aber wenn Sie auf Ihre Gabe des Einfühlens hören, dann können Sie in ganz konkreten Situationen dem Mann, der Ihnen gefällt, genau das richtige, subtile Zeichen geben, das ihm die Angst nimmt, auf Sie zuzugehen. Eine kleine und alltäglich anmutende Geschichte, die mir eine Patientin sehr stolz erzählt hat, mag das verdeutlichen:

Sonja S. ist schon seit einiger Zeit auf Partnersuche. Aber weder in der freien Wildbahn noch im Internet hat sich bisher der Richtige eingestellt. Inzwischen ist sie etwas frustriert und lässt sich im Kreis der Freundinnen immer mehr dazu hinreißen, über Männer zu lästern. Das tut irgendwie gut und entspannt. Mit genau diesen Freundinnen ist sie an einem Freitagabend wieder unterwegs, diesmal nicht auf der Lieblingskneipen-Tour, sondern auf neuen

Pfaden in unbekannten Lokalitäten. In der zweiten Kneipe trifft sie fast der Schlag: Da steht er, genau der, den der liebe Gott für sie geschaffen und noch frei gehalten hat! Er steht mit einem Freund in einer Ecke, plaudert mit ihm und schaut immer wieder ruhig und entspannt in die Runde. Sonjas Herz klopft bis zum Hals, sie kann sich auf nichts konzentrieren und erntet nur fragende Blicke von ihren Freundinnen, die sich besorgt nach ihrem Wohlbefinden erkundigen. Sie bekommen schnell raus, dass es der große Dunkle in der Ecke ist, der für Sonjas Zustand verantwortlich ist. Rücksichtsvoll sparen sie ihn bei ihren üblichen Bemerkungen und Lästereien über die anwesenden und durchweg untauglichen Männer aus, aber sein Freund bekommt es dafür umso mehr ab.

Mehrfach schaut der Auserwählte in ihre Richtung, und Sonja möchte sich irgendwie bemerkbar machen, weiß aber nicht, wie. »Lad ihn doch zu einem Drink ein«, frotzelt eine Freundin. »Wir legen alle zusammen für dich.« Sonja winkt ab. Das kann sie nicht, das geht einfach nicht. »Ach, der will sich doch nur unterhalten«, bemerkt eine Freundin. »Nein, er sucht so wie ich, das spüre ich genau. Sein Freund will sich nur unterhalten, der hat eine Freundin.« »Woher weißt du das?«, fragt die Freundin. »Ich weiß es halt«, kontert Sonja.

Irgendwie spürt sie jetzt eine Wärme in sich aufsteigen, ein ganz starkes Gefühl der Nähe zu diesem fremden Mann, der ihr so gut gefällt. Sie weiß nur nicht, wie sie den räumlichen Abstand überbrücken soll. Und sie schämt sich ein wenig vor ihren Freundinnen.

Jetzt schaut er wieder zu Sonja rüber, und es brodelt in ihr drinnen. Auf ihrem Gesicht erscheint aber nur ein einladendes Lächeln, das sie ihm rüberschickt. Er ist so überrascht, dass er erst einmal wegschaut, dann aber gleich wieder zurückschaut. Sie

lächelt ihn wieder ganz klar und auffordernd an. »Ja, du bist ge-
meint!«, versucht sie mit ihren Augen zu sagen. Ein drittes Mal
schaut er rüber, lächelt jetzt auch und schaut ihr in die Augen.
Ihre Blicke treffen sich, und das Lächeln wird zu einem Strahlen
auf beiden Seiten. Wie von Geisterhand geführt kommt er jetzt auf
Sonja zu und sagt nur: »Ich heiße Felix, und du?«

Niemand hört so zu wie Sie

Sie haben eine weitere seltene Begabung: Sie können wirklich zuhören. Sie fragen interessiert nach und warten nicht
nur auf ein Stichwort vom anderen, damit Sie endlich Ihre
eigenen Geschichten loswerden können. Wer mit Ihnen re-
det, hat das Gefühl, interessant zu sein. Für Sie – und für die
ganze Welt. Das Gefühl haben Männer nicht häufig, ganz im
Gegenteil. Aber Sie vermitteln es ihnen. Und während bei
anderen Frauen die Männer immer mehr angeben und immer größere Heldentaten von sich zum Besten geben, spürt
Ihr Gegenüber, dass er das bei Ihnen alles nicht braucht. Sie
mögen ihn auch so, sogar noch lieber.

Sie brauchen keinen Helden zum Bewundern, Sie brauchen einen Menschen zum Gernhaben. Der darf, kann und
soll seine Fehler haben, seine Probleme, seine Brüche im
Leben. So ein Gefühl ist Männern eher fremd, denn in der
Männerhorde kommt es gar nicht vor. Niemand zeigt da
ohne allergrößte Not seine Schwächen. Bei Ihnen kann ein
Mann auch mal über seine Wehwehchen reden, erst über die
kleinen, dann auch über die großen.

Männer, die Sie anziehend finden

Nett findet Sie jeder, sympathisch wirken Sie auf fast alle, interessant jedoch erscheinen Sie nicht jedem. Das liegt nicht daran, dass Sie nichts Interessantes zu bieten hätten. Das liegt daran, dass Sie auf der Suche nach interessanten Männern ihre eigenen interessanten und spannenden Seiten häufig vergessen. Und so werden Sie nicht selten von den anderen übersehen.

Jedoch sind genau die Männer von Ihnen fasziniert, die all das, was Ihnen so leichtfällt, was Ihnen in die Wiege gelegt wurde und für Sie ganz selbstverständlich ist, nicht haben. Es sind die Männer, die in unserer kleinen Charakterkunde im Land der Distanzierten wohnen. Diese Menschen empfinden sich selbst wie der Karpfen im Haifischbecken, der glaubt, dass er am besten schnellstmöglich auch ein Haifisch werden sollte, und Sie plötzlich sieht, wie Sie wie ein fröhlicher Karpfen inmitten vieler Karpfen schwimmen und sich wohl fühlen dabei. Er spürt, dass Sie – im Gegensatz zu ihm – keine Angst vor anderen Menschen haben, und das zieht ihn magisch an. Genau das möchte er auch können.

Sie eröffnen ihm eine emotionale Tiefe, in die er noch nie vorgedrungen ist. Er kann Ihnen zwar technische Details irgendwelcher Maschinen, Computer oder anderer Systeme erklären, Sie dagegen enträtseln ihm die anderen Menschen, erklären ihm, was jemand wirklich gemeint hat, warum er so schaut und weshalb jemand zum Beispiel schon früher von der Party gegangen ist. Sie haben kurz den Gesichtsausdruck des Aufbrechenden gesehen und darin gelesen wie in einem offenen Buch. Sie haben ihn erfühlt. Das kann ein distanzierter Mann nicht. Es ist für ihn so, als hätten Sie eine Nachtsichtbrille auf. Er sieht nichts als Dunkelheit, während Sie noch interessante Details erkennen.

Ärgern Sie sich nicht über seine scheinbare Gefühlsarmut, sein mangelndes Interesse an Menschen und deren Gefühlen, erzählen Sie ihm lieber über die Welt der Gefühle. Über eine Welt, die ihm weitgehend verschlossen ist. Wie fremd und unzugänglich Männern mit einem distanzierten Psychogramm ihre eigenen Gefühle sein können, verdeutlicht folgende Übung, die ich mit Patienten dieses Charaktertyps gerne mache:

Übung mit distanzierten Männern:

Wir stehen uns beide gegenüber, jeweils mit dem einen Bein auf einem Teppich, mit dem anderen auf dem Holzparkett. Ich bitte meinen Patienten dann, mir die Erlebnisse der letzten Woche zu erzählen. Teppich steht für Gefühle, Holzparkett für Fakten. Berichtet mir mein Patient nur von aneinandergereihten Fakten, neige ich mich stark auf die Seite mit dem Holzparkett, und mein Patient muss diese Bewegung nachmachen. Je mehr er dann über seine Gefühle spricht, desto gerader und entspannter werde ich – und dann auch er. Bei ganz hoffnungslosen Fällen, bei denen ich eigentlich sofort aufs Holzparkett fallen müsste, bitte ich den Patienten, statt Gefühlen wenigstens Sinneseindrücke zu beschreiben. Also was er gehört, gesehen, auf der Haut gespürt und gerochen hat. Dann soll er noch diese Sinneseindrücke bewerten, also ob es angenehme oder unangenehme Sinneseindrücke waren etc. So üben wir, Gefühle überhaupt

wahrzunehmen und dann auch verbal auszudrücken. So dringt
der Patient langsam in eine ihm fremde Welt vor: in seine ei-
gene Gefühlswelt.

Auch Julia Onken kommt in ihrem Buch *Spiegelbilder* zu fol-
gender Erkenntnis: Für einen Distanzierten ist die Nähe
Suchende die Idealbesetzung. Mit einer solchen Partnerin
ist die Welt intakt, und er ist komplett. Seine Kopflastigkeit
wird durch ihren stark ausgelebten Gefühlsbereich wunderbar ergänzt. Und sie fühlt sich wiederum von ihm komplet-
tiert, ist fasziniert von seiner scheinbaren Autonomie.

Zugleich spürt die Nähe suchende Frau hinter all den
dicken Schutzmauern des distanzierten Mannes seine große Sensibilität. Sie fühlt sich geradezu berufen, ihn aus der
Einsamkeit seines Elfenbeinturmes zu erlösen. Sie setzt alles
daran, die Distanz, die ihn von der Welt trennt, zu durch-
brechen. Interessant ist dabei, dass die distanzierte und die
Nähe suchende Persönlichkeit etwas Wesentliches verbindet: ihre hohe Sensibilität. Sie ist quasi der gemeinsame
Ausgangspunkt, doch die Wege, die sie beschreiten, verlau-
fen entgegengesetzt. Dort, wo der Distanzierte motorisch-
expansives Verhalten zeigt, wird sich die Nähe suchende
Persönlichkeit abwartend zurücklehnen. Wo der Distanzierte angriffslustig kämpft, bleibt der Nähe suchende Typ geduldig und friedfertig[7].

Weiter schreibt Julia Onken, was eine Frau von einem distanzierten Partner lernen kann:

---

7   Julia Onken, *Spiegelbilder,* S. 94 f.

> Sie können von ihm lernen, Eigendrehungen zu
> machen; lernen, in sich hineinzuhorchen, um eigenen
> Wünschen und Impulsen nachzuspüren: lernen, sich
> treu zu bleiben; lernen, Autonomie zu leben. Sie kön-
> nen von ihm lernen, wie ein Mensch, der nicht unent-
> wegt andere zum Lebensmittelpunkt wählt und um sie
> kreist, sich selbst zum Zentrum macht. Dieses schützt
> und verteidigt und, wenn es sein muss, auch kämpfe-
> risch und angriffslustig gegen Störungen angeht. Und
> alles ohne irgendwelche Anwandlungen von Schuld-
> gefühlen.[8]

Insgesamt wird hier noch einmal deutlich, dass die Anziehung und Faszination, die ein distanzierter Mann auf eine
Nähe suchende Frau ausübt, darin liegt, dass er keine Angst
davor hat, all das zu leben, wovor sie Angst hat und was sie
nicht wagt: unabhängig und autonom zu leben, auch um den
möglichen Preis des Alleinseins und der Einsamkeit. Und
der distanzierte Mann fühlt sich von der Nähe suchenden
Frau angezogen, weil sie wiederum genau das kann, was er
sich nicht traut: Nähe herstellen und genießen, sich hingeben und eins werden mit dem anderen, auch mit dem Risiko der Selbstaufgabe.

---

8 Julia Onken, *Spiegelbilder,* S. 113.

Fallstricke und wie Sie sie vermeiden

Retten Sie keinen Mann, selbst wenn Sie es könnten

Ihr Problem ist, dass Sie jemanden brauchen, dem Sie helfen können. Sie benötigen einen Menschen, der Sie von sich selbst ablenkt. Dessen Probleme so groß, so bedeutend und so erkennbar sind, dass es Ihrer Hilfe und Ihrer Selbstaufgabe bedarf. Daher ziehen Sie Problemfälle, schwierige Typen und verschlossene Männer an, die lonesome Cowboys, die Steppenwölfe und die Beziehungsgestörten, deren Verletzlichkeit und Verletzungen Sie hinter der rauen Schale erfühlen. Ihre Befriedigung liegt dann in der Entschlüsselung der männlichen Black Box. Nur hier können Sie Ihre besonderen Fähigkeiten wirklich beweisen, beim unnahbaren Mann, beim gefühlskalten Kerl, beim Egoisten, in dem Sie den weichen Kern ahnen. Sicherlich mit Recht.

Das befähigt Sie, die kompliziertesten und verschlossensten Männer zu erfühlen und zu lieben. Das empfinden Sie als Ihre Aufgabe, es kann aber zu Ihrem Verhängnis werden: Versuchen Sie bitte nicht, den Mann, in den Sie sich verliebt haben, zu erlösen und ihn dahin zu führen, wo Sie ihn haben wollen, nämlich zu seinen eigenen Gefühlen. Er wird sie Ihnen vermutlich irgendwann freiwillig zeigen. Aber bestimmt nicht, wenn er merkt, wie interessant und anziehend Sie seine Verschlossenheit finden. Je mehr er das wahrnimmt, umso verschlossener wird er bleiben. Er will ja schließlich Ihr Interesse nicht verlieren. Zeigen Sie ihm bloß nicht, dass Sie ihn retten wollen oder sogar glauben, ihn retten zu müssen.

Nehmen Sie's mit Humor

Es gibt ein Mittel, mit dem Sie Ihre Fähigkeit, den anderen zu durchschauen, wirklich gewinnbringend und beziehungsfördernd bei Ihrem (zukünftigen) Partner einsetzen können: Humor! Wenn sich Ihr Auserwählter aus dem Land der Distanzierten mal wieder zurückzieht, weil er die Nähe, die Sie mit Leichtigkeit aufbauen und mit Empathie genießen, einfach nicht aushält, dann lächeln Sie innerlich und lassen Sie ihn in seine Höhle kriechen.

Er kommt zurück.

Je mehr er das Gefühl hat, frei zu sein, und auch in der Liebe zu Ihnen immer wieder seine Freiheit und Autarkie spüren kann, desto bereitwilliger wird er sich mit Ihnen in eine feste Beziehung wagen. Bleiben Sie also stehen, wenn er einen Schritt zurückmacht, und gehen Sie ihm nicht zwei Schritte hinterher.

Wenn Sie ihn ziehen lassen, kommt er zurück

Sie suchen und brauchen Nähe. Es ist schwer für Sie, die Distanz zu ertragen, wenn er sich mal wieder verkriecht. Das löst bei Ihnen Verlustangst aus. Aber für Sie entfernt er sich ja gar nicht wirklich, Sie erfühlen ihn doch auch noch auf 100 km Entfernung. Sie können ihn also getrost ziehen lassen. Hören Sie auf sich und in sich hinein und bitte, bitte nur auf die Freundinnen, die Ihre emotionalen Fähigkeiten auch haben.

Sie haben Angst, verlassen zu werden und allein zu sein. Er will Sie aber gar nicht verlassen. Und wenn er es wirk-

lich tun sollte und wollte, dann haben Sie schon längst er-
spürt, dass es vorbei ist. Also, lassen Sie ihn ziehen, er kommt
zurück. Laufen Sie ihm nicht hinterher, erpressen Sie ihn
nicht emotional, und zwingen Sie ihm keine Nähe auf, die
er (noch) nicht ertragen kann – nicht weil er Sie nicht liebt,
sondern weil er Angst hat, sich in dieser Liebe zu Ihnen zu
verlieren. Bleiben Sie einfach stehen, wenn er sich von Ihnen wegzubewegen scheint. Bestrafen Sie ihn auch nicht
damit, dass Sie sich auch zurückzuziehen. Das wird er womöglich falsch verstehen und sich noch mehr abkapseln, bis
der Kontakt dann wirklich abreißt. Erst wenn Sie ihn nicht
mehr erfühlen können, wenn er für Sie emotional nicht
mehr erreichbar ist, fragen Sie ihn klar und offen, was er will
oder nicht will. Sagen Sie ihm auch ohne Umschweife, was
Sie wollen und brauchen, was Sie nicht wollen und nicht
brauchen können.

Sex ist kein Ersatz für emotionale Nähe

Ihre herzliche und einfühlsame Art schafft schnell Nähe, die
Sie ja auch suchen. Ihnen ist emotionale Nähe und Wärme
wichtig, die brauchen und ersehnen Sie. Bitte verwechseln
Sie körperliche Nähe aber nicht damit. Die Gefahr besteht,
dass Sie körperliche Nähe herstellen oder zulassen, um emotionale Nähe zu erhalten. Das funktioniert aber nicht. Im
Klartext: Wenn Sie einem Mann emotional nahe sein wollen, es aber (aus welchen Gründen auch immer) nicht klappt,
dann gehen Sie bitte nicht als Ersatz dafür mit ihm ins Bett.
Dann werden Sie die Nähe, die Sie eigentlich suchen, erst
recht nicht bekommen. Sie sind außerdem der Typ Frau, der

sich hinterher ausgenutzt fühlt, wenn Sie Sex bekommen, aber eigentlich Nähe, Geborgenheit und vor allem Liebe erhofft haben.

Wenn Sie aber ganz bewusst nur Sex haben wollen, dann lassen Sie sich bitte nicht davon abhalten. Es wird sicherlich ein schönes Erlebnis, weil Sie die Portion Wärme und Innigkeit, die auch beim coolsten One-Night-Stand die Sache noch schöner macht, mitbringen.

Geben Sie sich nur dem hin, der es wert ist

Auch in der Phase des Kennenlernens filtern Sie aus dem abweisendsten und kühlsten Benehmen eines Mannes noch ein paar Tropfen Zuneigung heraus und reden sich die Begegnung damit schön. Und es gibt viele Männer, die versuchen, das auszunutzen. Denn Sie sind sehr gut im Bett, hingebungsvoll und anschmiegsam. Der Mann lässt sich von Ihrer Wärme verwöhnen, genießt Ihre Art, auf seine Wünsche einzugehen, und hat das Gefühl, dass er Sie jederzeit in sich verliebt machen könnte. Das stimmt aber gar nicht. Was er als »Verliebtsein« interpretiert, ist Ihre ganz natürliche Art, sich in einer intimen und nahen Situation zu bewegen. Sie fremdeln nicht, Sie stellen Vertrautheit her und können unglaublich zugewandt sein, ohne sich anstrengen zu müssen. Das ist eine Ihrer vielen Begabungen. Verschenken Sie diese Begabung nicht allzu leichtfertig und offenherzig, sondern nur an den, der Sie verdient hat! Also an den Mann, der selbst auch die Nähe zu Ihnen sucht, der sich in Sie verliebt hat oder sich noch verlieben will, der mit Ihnen nicht nur ins Bett, sondern überallhin gehen will.

Die 29-jährige Julia, eine sehr engagierte Erzieherin, führte fast drei Jahre lang eine Beziehung mit dem fünf Jahre älteren Kai, einem Architekten, der es in der gesamten Zeit nicht schaffte, ganz zu Julia zu stehen. Den entscheidenden Satz »Ich liebe dich« bekam er nie über die Lippen, obwohl ihm klar war, dass Julia aus diesem Satz kein Heiratsversprechen machen würde. Sie hätte es einfach nur gerne hören und spüren wollen. Kai wollte auch nicht mit ihr zusammenziehen und behielt sich vor, die meiste Zeit seines Urlaubs allein oder mit Freunden zu verbringen – und nicht mit Julia. Sie nahm alles geduldig hin, obwohl sie im Grunde sehr unzufrieden war. Diese Beziehung ruinierte scheibchenweise ihr weibliches Selbstbewusstsein. Schließlich glaubte Julia sogar, dass sie es wohl gar nicht wert sei, den Satz »Ich liebe dich« von einem Mann zu hören. Andere Frauen könnten ja schließlich auch darauf verzichten, tröstete sich Julia, obwohl sie mit Recht von ihren Freundinnen und anderen Männern hörte, wie attraktiv sie sei und wie apart sie wirke. Julia redete sich ein, die Beziehung zu Kai sei trotzdem gut, irgendwann werde er schon seine Gefühle ihr gegenüber über die Lippen bringen. Die Stunden, die sie mit ihrem Kai verbrachte, waren auch immer schön. Auch der Sex war gut. Julia fühlte sich wohl und geborgen, wenn er sie umarmte. Was sie nicht realisierte, war, dass es ihre *Wärme war, die die Geborgenheit bewirkte, dass es* ihre *Liebe war, die die Nähe herstellte, und dass es* ihr *hingebungsvolles Liebesspiel war, das den Sex mit ihm so gut erscheinen ließ.*

Als Julia schließlich ungewollt schwanger wurde, verließ Kai sie. Sie hätte das Kind auch allein bekommen und hatte ihre Liebe auch schon ganz auf ihr zukünftiges Kind fokussiert, als sie im vierten Monat leider eine Fehlgeburt erlitt. Jetzt erst realisierte Julia die Trennung von Kai, jetzt erst fühlte sie sich richtig verlassen und auch ausgenutzt. Sie stürzte in eine tiefe seelische Krise, aus der sie nur langsam wieder herausfand. In dieser Situation kam Julia in meine Praxis.

Etwa ein halbes Jahr später traf sie Thomas, den besten Freund von Kai, den sie gut kannte und gern mochte. Er warb sehr um sie – und schließlich ging Julia mit ihm ins Bett. Nicht um sich an Kai zu rächen, sondern weil sie Nähe und Wärme suchte. Es war ein schönes, aber auch wichtiges Erlebnis für Julia. Sie konnte einerseits ihr angeschlagenes Selbstbewusstsein wieder etwas aufbauen, und andererseits half es ihr, sich von Kai zu lösen, weil sie nicht in Thomas verliebt war, er aber drauf und dran war, sich in sie zu verlieben. Schon lange hatte er Julia heimlich begehrt, was er ihr jetzt auch gestand.

Thomas gab und sagte ihr all das, was sie nie von Kai bekommen und gehört hatte, aber es berührte sie nicht wirklich. Sie kam sich schon fast wie in Kais Rolle vor, wie er sich ihr gegenüber benommen hatte. Julia genoss zwar die Nähe und auch Thomas' Komplimente, aber sie merkte, dass ohne ihre Liebe die Nähe und auch der gute Sex irgendwie schal waren. Und sie war nun mal nicht in Thomas verliebt. Hier konnte sie sehr deutlich den Unterschied zwischen ihrem Bedürfnis nach Nähe und ihrer Sehnsucht nach Liebe erkennen. Julia spürte noch einmal tief und schmerzlich, wie sehr sie Kai geliebt hatte und wie wenig er sie geliebt hatte. Dass sie diese ganzen langen Jahre mit ihm nur durch ihre eigene Liebe überleben konnte und er sich zwar in ihrer Liebe gesonnt hatte, aber nicht zurücklieben konnte oder wollte. Julia nahm sich fest vor, dass sie so eine Beziehung nie wieder haben wollte. Es sollte noch eine Zeit dauern, bis sie den fand, den sie so liebte wie Kai und der sie so liebte wie Thomas.

Sie meinen Zärtlichkeit, er versteht nur Sex

Es gibt ein sehr häufiges Missverständnis, das im Grunde jeder kennt und meist auf den einfachen Nenner gebracht wird: Die Frau will Zärtlichkeit, der Mann will Sex.

Mit Ihrer warmherzigen Art können Sie problemlos zärtliche körperliche Nähe herstellen, die aber die Ebene der Sinnlichkeit und der beginnenden Erotik nicht überschreitet – und auch nicht überschreiten soll. So erfüllen Sie sich Ihr Bedürfnis nach Nähe, Berührung und Sinnlichkeit. Der Mann allerdings fehlinterpretiert Ihr Verhalten als pures Vorspiel und als Aufforderung zum Sex. Er genießt nicht einfach Ihre Zärtlichkeit, sondern hört darin den Startschuss zu mehr. Wenn er dann die Grenze zwischen Erotik und Sexualität überschreiten will, fühlen Sie sich missverstanden. Das männliche emotionale Schaltbrett kennt meist nur zwei Einstellungen: »on« und »off«. Bei Ihnen dagegen gibt es eine Unzahl von Schiebereglern, Drehknöpfen und Hebeln, die Sie auf jeden möglichen Zustand zwischen entspannter Sinnlichkeit über prickelnde Erotik bis hin zum leidenschaftlichen Sex feinjustieren können.

So eine Situation kann in mehrere falsche Richtungen laufen. Die häufigste: Sie machen mit, obwohl Sie eigentlich nicht wirklich wollen, und fühlen sich hinterher nicht gut – und der Mann auch nicht, weil er gemerkt hat, dass Sie nicht bei der Sache waren. Die zweithäufigste: Sie wollen schon lange »Nein« oder »Bis hierher und nicht weiter« sagen, tun es aber erst zu einem Zeitpunkt, an dem der Mann den gefühlten »Point of no Return« schon lange überschritten hat. Entweder wird er Sie dann weiter bedrängen – oder er fühlt sich gegängelt und gedemütigt. So kurz vor dem Ziel abzubrechen ist für ihn schwer verständlich. In seinen Augen haben Sie ja angefangen und stoßen ihn jetzt plötzlich zurück.

Gerade für Frauen des Nähe suchenden Typus ist es wichtig, ein kleines Wort mit vier Buchstaben rechtzeitig auszusprechen: NEIN. Und zwar genau dann, wenn Sie es fühlen. Gerne auch mal früher als Warnung und Klarstellung. Bitte überwinden Sie die Angst, dadurch den anderen zu vergraulen und die Nähe zu zerstören, die Sie ja gerade suchen. Häufig tritt genau das Gegenteil ein: Der Mann weiß dann, dass es sich jetzt um keinen Sprint zum Koitus handelt, sondern um ein entspanntes Erotik- und Sinnlichkeits-Jogging. Er erkennt: »Der Weg ist das Ziel«, und nicht: »Sein Ziel (der Sex) ist im Weg.«

Achtung vor der Opferrolle

Eigentlich gehören Sie zu denen, die lieber »Ja« sagen als »Nein«. Das ist eine wunderbare Eigenschaft, sie ist das Öl in der Beziehung und die ideale Voraussetzung für jede Unternehmung, vom kleinen Ausflug bis zur großen Abenteuerreise. Es ist auch Ausdruck Ihres Mutes und Ihrer Fähigkeit, einem lieb gewonnen Menschen zu vertrauen. Wenn Sie es aber nicht schaffen, sich hin und wieder abzugrenzen und Ihren Willen durchzusetzen, dann laufen Sie Gefahr, in eine Opferrolle in der Beziehung zu rutschen. Ihre Angst vor Einsamkeit und Ihre große Bereitschaft, sich hinzugeben, können bewirken, dass Sie sich viel zu lange ausnutzen und mit Ihren Bedürfnissen unterdrücken lassen.

Klare Ansagen zu machen, konsequente Verweigerung zu zeigen und eindeutige Grenzen zu setzen fällt Ihnen zwar schwer, wäre aber hilfreich und manchmal notwendig. Ein deutliches »Nein« zur richtigen Zeit ist besser für die Beziehung als die Verharmlosung eines Konfliktes.

Idealisieren Sie Ihren Partner nicht

Ihre Grundangst, auf sich selbst zurückzufallen, wenn Sie verlassen werden, kann auch dazu führen, dass Sie negative Realitäten wie zum Beispiel gegen Sie gerichtete, ablehnende oder sogar abwertende Verhaltensweisen Ihres Partners ignorieren oder schönreden nach dem Motto »So hat er es nicht gemeint« oder »Das ist ihm nur so rausgerutscht«. Sie schaffen es, selektiv seine guten Seiten zu betonen, und ertragen und tolerieren ihn, obwohl er Ihnen vielleicht schon lange nicht mehr guttut. Gerne idealisieren Sie auch Ihren Partner, um ihn und sein Verhalten durch die rosarote Brille sehen zu können. Diese Überhöhung des Partners strahlt natürlich auch auf Sie zurück, die Sie diesen Mann lieben und von ihm geliebt werden, wobei dabei gerne unangenehme, frustrierende oder verletzende Realitäten ausgeblendet werden.

Bleiben Sie ein eigenständiger Mensch

Die Frauen, die in einer langjährigen Partnerschaft praktisch aufhören, als eigenständige Menschen zu existieren, weil sie sich so stark ihrem Partner angepasst haben, gehören leider auch zu diesem Charaktertypus, nur in Extremform gelebt.

Weil hier die Persönlichkeitsgrenzen zwischen dem Ich und dem Du derart verschwimmen, wird jede Abwendung des Partners, jeder Blick in eine andere Richtung mit Verlustangst und starker Eifersucht beantwortet. Die Angst der Frau bezieht sich dann nicht nur darauf, den Partner verlieren zu können, sondern auch auf den Verlust der eigenen Persönlichkeit, die ganz mit dem anderen verschmolzen ist.

In dieser extremen Ausprägung geht die Liebe bis zur kompletten Selbstaufgabe: Meinungen, Einstellungen, Vorlieben und Abneigungen werden vom Partner übernommen, Gewohnheiten und Eigenarten kopiert. Man wird zum Spiegel des anderen, der in einem nicht mehr ein eigenständiges Individuum erblickt, sondern nur noch sein eigenes Abbild sieht.

Sie müssen aber auch aufpassen, einen Mann mit Ihrer überbordenden und nach Einheit strebenden Liebe nicht zu erdrücken. *Sie* haben keine Angst vor Verschmelzung, aber höchstwahrscheinlich Ihr Partner. So besteht die Gefahr, dass Sie ihn gerade damit in die Flucht schlagen.

Prinzessinnen-Typ: Aschenputtel

Der Klassiker des Prinzessinnentraums ist die Rolle des Aschenputtels, wunderbar wiederauferstanden in dem inzwischen ebenfalls schon zum Klassiker avancierten Hollywoodstreifen *Pretty Woman* mit Julia Roberts und Richard Gere. Der Prinz verliebt sich in das einfache, aber besondere (und natürlich auch besonders schöne) Mädchen und erlöst es so aus seinem unwürdigen Leben. Natürlich heiratet er dann sein Aschenputtel und macht sie zu seiner Frau und Königin.

In unserer kleinen Charakterkunde gehört das Aschenputtel am ehesten zu dem gerade beschriebenen Psychogramm der Nähe suchenden Frau. Es fügt sich lieb und ergeben erst einmal in sein Schicksal, ist anspruchslos und ordnet sich unter. Als es seine Chance sieht, sucht Aschenputtel von sich aus die Nähe des Prinzen (es geht drei Mal auf den Ball im Schloss), der sich natürlich prompt verliebt. Das Märchenhafte ist der Aufstieg des Aschenputtels zur Prinzessin durch die Liebe des Prinzen, romantisch begleitet von den wundersamen Kräften der Natur (Tauben, Haselnussbaum), die sowohl Helfer als auch Rächer des Aschenputtels sind. Aggression ist dem Aschenputtel selbst gänzlich fremd.

Um an sein Ziel zu gelangen und den Prinzen zu erobern, hat Aschenputtel einiges zu tun: Es muss sich von der Asche befreien, sich schön machen und gegen alle Widerstände die Nähe des Prinzen suchen. Dabei muss es all seine irdischen und überirdischen Kräfte und Helfer aktivieren und einspannen. Die Tauben helfen beim Linsensortieren (»Die guten ins Töpfchen, die schlechten ins Kröpfchen!«), der Haselnussbaum schenkt ihm dreimal schöne Kleider (»Bäumchen, rüttel dich und schüttel dich, wirf Gold und Silber über mich!«). Es tanzt drei ganze Nächte nur mit dem Prinzen, wobei Aschenputtel jede Nacht immer noch schöner auftritt und die Neugier und den Jagdtrieb des Prinzen reizt, indem es ihm immer wieder davonläuft und sich nicht zu erkennen gibt. Das zurückhaltende Aschenputtel weiß nämlich ganz genau, wie man einen Mann für sich gewinnt!

Dieses Märchen ist also keinesfalls eine Geschichte, in der ein Prinz auf einem weißen Pferd ein einfaches Mädchen zu sich emporhebt, ohne großes Zutun der Braut. Das ist allerdings ein Traumbild, das in vielen Frauenköpfen spukt. Der Buchtitel *Wann kommt denn endlich der blöde Prinz mit seinem dämlichen Gaul* von Oliver Stöwing drückt dieses Traumbild ebenso witzig wie treffend aus. Dieses Märchen existiert aber nicht, und in der Realität funktioniert so etwas natürlich erst recht nicht. In jedem Märchen hat die zukünftige Braut etwas für das Happy End zu tun, und wenn sie nur 100 Jahre schlafen muss. Die aktivste Prinzessin ist dabei Aschenputtel.

Der Prinz ist der begehrte, unerreichbar erscheinende Mann, zu dem es Aschenputtel hinzieht. Er ist umschwärmt von vielen anderen Frauen, die ihn sich als Mann wünschen und alle Raffinessen und Waffen der Frauen anwenden, um ihr Ziel zu erreichen. Aschenputtel kommt immer wieder auf sein Fest, sucht seine Nähe und präsentiert ihm so ihre Schönheit. Der Prinz (der anfangs eigentlich gar nicht heiraten will) kreist jedoch so um sich, dass er, als er sich auf die Suche nach Aschenputtel macht, zwei Mal die Falsche mit nach Hause nimmt, ohne es zu merken. Ein großer Dank an die Tauben, die ihn aufklären. Dieser Prinz ist eher von der distanzierten Art, und es bedarf eines Hilfsmittels, diese Distanz zu überbrücken: des goldenen Schuhs, anhand dessen er seine Braut endlich erkennen kann.

Neben der Schönheit des Mädchens, die in allen Märchen den größten Liebreiz ausmacht, ist hier Aschenputtels Suche nach Nähe der entscheidende Faktor, der zur Beziehung führt. Wenn Sie Aschenputtel sind, dann suchen Sie auch die Nähe zu Ihrem Auserwählten. Und wenn Sie sich dafür anstrengen oder andere einspannen müssen, dann tun Sie das. Sie vergeben sich dadurch nichts. Machen Sie sich schön – und beim zweiten und dritten Date noch schöner. Aber geben Sie sich ihm nicht zu schnell hin. Er kann Sie ruhig vermissen und suchen müssen. Das erhöht sein Begehren und seine Liebe zu Ihnen. Und wenn er erst einmal die Falsche auswählt, dann behalten Sie die Nerven. Letztlich wird er doch erkennen, dass Sie die Richtige sind und er nur mit Ihnen zusammen glücklich sein kann.

Fallbeispiel

Bettina S., 35 Jahre

Im Mittelalter wäre Bettina wahrscheinlich als Hexe verbrannt worden. Ihre leuchtend roten Haare, die sich lang und lockig über Kopf, Schultern und weite Teile ihres Rückens ergießen, lassen ängstliche Männerherzen verzagen, mutige jedoch schneller schlagen. Bettinas weibliche Kurven und ihr aufrechter, stolzer Gang unterstreichen diesen Eindruck noch. Ein Blick in ihr Gesicht offenbart aber einen ganz anderen Charakter: Keine Femme fatale und keine rätselhafte Sibylle fixieren einen da gerade durch ihre brennende Lockenpracht hindurch, hier schaut eine warmherzige und freundliche Frau mit graublauen Augen auf eine Welt, in der sie gerne lebt. Auch den neugierigen und begehrlichen Männerblicken begegnet Bettina offen, interessiert und entwaffnend. Sie mag die Männer, sie mag die Menschen – und sie mag sich. Sie hat so freundliche Gesichtszüge, dass einem warm ums Herz wird, wenn man sie ansieht.

Das ist umso erstaunlicher, weil das Leben es nicht immer gut mit Bettina gemeint hat, von außen betrachtet. Sie sieht das aber anders. Als drittes von vier Kindern bekam sie von der chronisch überforderten und psychisch kranken Mutter wenig Liebe geschenkt und immer mehr Aufgaben aufgebürdet. Als auch ihre ältere Schwester schwer krank wurde, übernahm Bettina die Rolle der Mutter komplett, sorgte für alle und wurde zum Dreh- und Angelpunkt die Familie. Damals war sie 18 Jahre alt. Sie genoss diese Rolle, so anstrengend sie auch war. Ihren Vater liebte sie sehr, und ein bisschen war sie auch stolz, dass sie jetzt für ihn sorgen durfte. Während ihre Brüder jetzt sie, die Schwester, als Versorgungseinheit betrachteten, ihr Vater sich eine Geliebte suchte und ihre Mutter und ihre Schwester ihre psychischen und körperlichen Krankheiten pflegten, ging Bettina ganz in ihrer Rolle als Familienoberhaupt auf. Sie verlor sich fast darin. Nur ihrer hohen Intelligenz ist es zu verdanken, dass sie nebenher noch ihr Abitur schaffte.

Bettina hatte zu dieser Zeit einen Freund, der alles für sie tat und den sie ständig betrog. Er kreiste um sie und bewunderte sie. Er ließ sich von ihr und ihrer Schönheit beeindrucken und bescheinen. Eigentlich war er so gar nicht das, wonach Bettina suchte, aber sie suchte ja gar nicht wirklich. Sie hatte das, wofür sie da sein wollte und musste, das, wofür sie ihr Herz opfern konnte, ja schon gefunden: ihre Familie. So war ihr dieser Freund gerade recht. Er bereitete keinerlei Probleme, und bei ihm konnte sie tun und lassen, was sie wollte.

Als ihr Vater zu seiner neuen Freundin zog, wurde Bettina für mehrere Wochen ernsthaft krank. Jetzt erst merkte sie, dass sie das alles vor allem für ihn getan hatte. Dass sie sich eigentlich nur für ihn geopfert, nur für ihn so hatte ausnutzen lassen. Diese ganze Motivation brach jetzt in sich zusammen. Bettina fiel als Arbeitskraft für die Familie vollkommen aus. Doch auf einmal »funktionierte« ihre Mutter wieder und sorgte sich sogar sehr um sie. Sosehr Bettina es auch genoss, endlich einmal die Liebe ihrer Mutter in vollen Zügen zu empfangen, so unangenehm, ja fast schon peinlich war es ihr auch. Sie kam sich schwach und irgendwie unnütz vor. Bettina hatte sich in ihrer Rolle als Ersatzfrau und -mutter für unentbehrlich gehalten. Aber das war sie nicht, wie sie jetzt erkannte. Sobald sie wieder gesund war, zog sie von zu Hause aus.

Sie schrieb sich für einen Sozialpädagogik-Studiengang ein und verliebte sich gleich im ersten Semester in einen der Dozenten. Er war knapp zwanzig Jahre älter als sie, lehrte Entwicklungspsychologie und umgab sich mit dem Flair eines Intellektuellen. Er diskutierte engagiert mit seinen jungen Studentinnen, gerne auch mal abends in seiner Lieblingskneipe, rauchte und trank viel und konnte wunderbar traurig schauen. Bettina war begeistert von ihm – und er von ihr. So eine kluge und geistig reife Studentin habe er noch nie gehabt, versicherte er ihr. Bettina wusste sehr genau, was er eigentlich sagen wollte, aber das störte sie nicht, das freute sie. Sie strahlte ihn an, fragte ihm Löcher in den Bauch und wollte alles über ihn wissen. Aus einem fadenscheinigen Grund lud er Bettina in seine Wohnung ein, wobei beide wussten, was dort passieren sollte. So kam es dann auch. Ein bisschen enttäuscht war Bettina schon, als er sie hinterher nach nur einer Stunde wieder nach Hause schickte. Er brauche jetzt seine Ruhe, wolle für sich sein.

Sie backte ihm seinen Lieblingskuchen, sie probierte seine Zigarettenmarke aus, sie besorgte sich Bücher über seinen Lieblingsmaler und versäumte keine Minute seiner Vorlesungen. Sie wollte ihm so nah sein wie nur möglich. Doch er hielt sie gekonnt auf Abstand. Natürlich musste alles geheim bleiben, und so hatte er gute Argumente, sie nur ein, höchstens zweimal die Woche zu sehen und dann auch nur für ein bis zwei Stunden. Bettina wäre am liebsten ganz bei ihm eingezogen, hätte für ihn gekocht, ihm die Wäsche gemacht und seine verdreckte Wohnung geputzt. Sie lebte mit ihm, für ihn und von ihm. Wenn sie morgens aufwachte, ihre Augen waren noch geschlossen, war er schon da.

Sosehr er sich ihr entzog, so sehr wollte sie ihn durchdringen, mit ihm verwoben sein. Er aber blieb distanziert. Der Sex war gut, aber kurz. Meistens kam auch Bettina zum Höhepunkt, aber trotzdem ging sie immer irgendwie unbefriedigt, nicht wirklich erfüllt wieder nach Hause. Dies steigerte aber nur ihre Hoffnung, dass es das nächste Mal besser sein würde. Es war wie bei einem Spieler: Die Frustration über die Verluste steigerte nur die Hoffnung auf die Gewinne im nächsten Spiel. Dass nichts anderes als ein gigantischer Verlust und eine furchtbare Frustration das Ende aller Spiele markieren würden, das sollte Bettina bald lernen.

Zu Beginn des dritten Semesters – ihre heimliche Liebe dauerte jetzt schon fast ein Jahr – wurde er immer komischer. Erst wollte er sie kaum noch sehen, dann gar nicht mehr. Es wäre ihm alles zu gefährlich geworden, wenn es herauskäme, dann könne er seinen Job verlieren, sie müssten Schluss machen oder zumindest eine längere Pause einlegen. Bettina spürte, dass er nicht ehrlich zu ihr war und dass etwas anderes dahintersteckte, *jemand* anders. Sie sprach ihn darauf an. Sie sagte, dass sie das akzeptieren könne, er solle sie nur nicht verlassen, nicht vergessen, nicht aus seinem Leben werfen. Er schwieg einfach nur. Bettina versuchte es noch einmal: Dann solle er von ihr aus nebenher noch jemand anders haben, eine Zeit lang, sie könne das akzeptieren, wenn es denn sein müsse, sie werde ihm aber treu bleiben. Er schwieg weiter. Dann schlief er noch einmal mit ihr. Bettina spürte, dass es das letzte Mal war, der Abschied.

Sie weinte stundenlang, tagelang. Sie hoffte, dass er sich melden würde. Sie hätte alles, wirklich alles dafür getan, dass er zurückkommen würde. Doch er meldete sich nicht und hielt wie gewohnt seine Vorlesungen. Bettina konnte es nicht fassen, dass bei ihm das Leben einfach so weiterging, während für sie gerade die Welt einstürzte. Er hatte eine neue Geliebte, das spürte sie.

Monate später, als Bettina das Schlimmste hinter sich hatte, erfuhr sie auch, wer es war. Wieder ein Erstsemester, wieder gut aussehend, diesmal blond. Es gab ihr nur noch einen kleinen Stich, mehr nicht, keine Eifersucht, keine Missgunst. Eher hatte sie Mitleid mit der anderen und überlegte sich, ob sie mit ihr reden und sie über ihn aufklären sollte, damit sie vorgewarnt war. Aber dann erinnerte sie sich an sich selbst, als sie so verliebt in ihn gewesen war. Hätte sie sich von einer Vorgängerin abschrecken lassen? Bestimmt nicht! Hätte es was genutzt? Nein! Sie wäre sich sicher gewesen, dass bei ihr alles anders laufen würde, dass er seine wahre Liebe zu ihr entdecken und immer bei ihr bleiben würde. Sie musste die ganze bittere Erfahrung selbst machen so wie jetzt die Nächste.

Drei Jahre später lernte Bettina Paul kennen. Paul war Lektor in einem renommierten Verlag und ein echter Intellektueller. Das konnte Bettina jetzt klar unterscheiden. Er kannte sich in der Literatur aus wie kaum ein Zweiter, und er wusste auch sonst unheimlich gut Bescheid, obwohl er nur wenige Jahre älter war als sie. Paul schaute dabei gar nicht pseudo-intellektuell traurig, dabei hätte er wirklich Grund dazu gehabt: Seine Eltern waren früh gestorben, Geschwister hatte er keine.

Paul war allein auf dieser Welt. Trotzdem – oder gerade deswegen – lag etwas Freches und Spitzbübisches in seinem Gesichtsausdruck; er war immer auf der Suche nach einem Scherz, gerne auch auf eigene Kosten. Bettina hatte ihn sich im wahrsten Sinne des Wortes in einer Disco angelacht, und sie hätte ihn am liebsten schon am ersten Abend mit zu sich nach Hause genommen, so sehr gefiel er ihr. Ihm ging das aber viel zu schnell. Als Paul merkte, was Bettina wollte, meinte er nur, sie müsse doch etwas mehr Dornröschen spielen. Er hätte sich noch an keiner einzigen Rose gestochen, und hundert Jahre wären ja wohl auch noch nicht vorbei. Doch, sagte sie, die wären vorbei, nur er, der blöde Prinz, hätte es noch nicht gemerkt. Paul lachte sich halb tot darüber. Zumindest küssten sie sich heftig und tauschten zum Abschied ihre Handynummern.

Dass Paul nicht gleich mit zu ihr gekommen war, brachte ihm Plus- und Minuspunkte bei Bettina ein. Die Pluspunkte überwogen allerdings, als er sich am nächsten Vormittag mit einer kurzen SMS meldete: Er wolle sie wiedersehen, möglichst bald.

Körperlich ließ Paul es aber so betont langsam angehen,

dass Bettina halb verrückt wurde vor Begehren nach ihm. Er küsste perfekt und berührte sie, wo und wie es ihr gefiel – nur wollte er viel zu lange nicht mit ihr schlafen. Dass er sich auch in sie verliebt hatte, war nicht zu übersehen. Daran lag es offensichtlich nicht. Als es (und er) schließlich so weit war(en), schwebte Bettina im siebten Himmel. Sie spürte es ganz sicher: Er würde es sein, für immer!

Eine wirklich schlechte Eigenschaft hatte Paul jedoch: Er war extrem eifersüchtig. Als Bettina ihm von ihrem ersten langjährigen Freund erzählte, den sie nach Lust und Laune betrogen hatte, war er entsetzt. Sie bereute sofort ihre Offenheit, aber sie wollte ehrlich sein, nichts verschweigen müssen, einfach so sein, wie sie nun mal war. Das musste Paul aushalten.

Nach dem Liebeskummer mit ihrem Dozenten hatte Bettina sich geschworen, sich nie wieder so in eine Liebe hineinzustürzen, sich nie wieder so anzupassen, ihre eigenen Bedürfnisse nie wieder aufzugeben. Das hatte sie in den letzten Jahren auch so durchgehalten und war gut damit gefahren. Die meisten Beziehungen und Liebschaften seither hatte sie wieder beendet, und keiner der Typen war ihr wirklich gefährlich geworden.

Bei Paul war es etwas anderes. Sie war verliebt. Mehr noch: Sie liebte ihn. Bettina kämpfte weniger um ihn als mit sich. Sie kämpfte darum, bei sich und ihren Bedürfnissen zu bleiben, einfach sie selbst zu sein. Darum erzählte sie ihm einfach alles, egal, wie eifersüchtig ihn das machte und wie entsetzt er manchmal über sie war. Doch in einem Punkt passte sie sich ihm an: Er wollte unbedingte Treue, und die versprach sie ihm und hielt sie auch.

Ansonsten wollte Paul Bettina in keiner Weise verändern, er liebte sie so, wie sie war. Nur er war manchmal sehr eigen und distanziert. Dann zog er sich in sich zurück und war unerreichbar. Am liebsten hätte Bettina ihn dann umarmt und festgehalten wie ein kleines Kind, das Trost, Halt und Liebe braucht. Aber Paul brauchte einfach nur seine Freiheit. Das war sein Trost und sein Halt: ab und zu allein für sich zu sein. Es dauerte lange, bis Bettina das verstanden und akzeptiert hatte.

Bis Paul und Bettina zusammenzogen und ein Kind bekamen, dauerte es noch einige Jahre. Dafür überstanden sie noch gemeinsam einige Krisen. Bettina hatte wieder einen guten und regelmäßigen Kontakt zu ihrer Familie, und sie liebte Familienfeste. Paul hasste solche Feiern. Ihm war das fremd, er fühlte sich unsicher und deplatziert, so offen und freundlich ihm auch alle begegneten. Bettina hatte auch sehr viele Freundinnen, mit denen sie sich ständig traf und austauschte. Paul hatte gerade mal einen Freund, den er nur sporadisch sah. Wenn Bettina ausging, um sich mit anderen Leuten zu treffen, blieb Paul häufig allein zu Hause.

Er wurde nie ein Familienmensch, sie ließ sich ihre Familie aber auch nicht nehmen. Er trank nur hin und wieder ein Bier mit seinem einzigen Freund, sie traf sich weiterhin mit ihren vielen Freundinnen.

Sie verstand ihn oft nicht, aber sie liebte ihn. Mit ihren Gefühlen konnte Bettina Paul immer erreichen und ihn gerade deshalb so lassen, wie er ist. Ein bisschen litt sie darunter, aber das konnte sie gut aushalten.

Anmerkungen zu diesem Beispiel

Das Wichtigste, was Bettina im Laufe ihres Lebens und durch die Erfahrungen mit Männern gelernt hatte, war, *Nein* zu sagen. In ihrem Fall musste sie dieses kleine Wörtchen aber gar nicht anderen gegenüber äußern, um sich abzugrenzen oder zu schützen. Es war auch kein *Nein* gegenüber ihrem Freund. Sie konnte ihn so lassen, wie er war. Es war ein *Nein* gegenüber ihren eigenen zu starken Harmonie- und Verschmelzungsbedürfnissen: »Nein, du musst ihm nicht hinterherlaufen, wenn er sich zurückzieht.« »Nein, er muss nicht mit zu deiner Familie kommen, wenn er keine Lust dazu hat, auch wenn du dir das wünscht.« »Nein, du musst dich weder aufopfern noch dein eigenes Leben aufgeben, nur um ihm nah zu sein.« »Nein, passe dich nicht zu sehr an, sondern bleib, wie du bist, auch wenn dadurch manchmal die Harmonie nicht gefördert, sondern sogar verhindert wird.« Diese inneren Botschaften hatte Bettina verstanden, und damit ging es ihr gut – und Paul auch.

Die ordnend-kontrollierte Frau: strukturiert und zuverlässig

Ihr Lebensgefühl

Die Eigenschaften dieses Psychogramms haben ein viel zu schlechtes Image, gerade in Deutschland. Wahrscheinlich liegt es daran, dass wir Deutsche gerne mit einem Übermaß dieser Charaktereigenschaften karikiert werden: als zwanghafte, regelversessene Ordnungsfanatiker, deren Kommunikation sich auf Befehlen und Gehorchen beschränkt.

Tatsächlich vereinigt dieser Charaktertypus aber sehr wichtigste und evolutionsbiologisch auch sehr alte Eigenschaften: Erhalten und bewahren, Grenzen setzen und beschützen, ordnen und Maß halten sind Notwendigkeiten, ohne die ein Leben nicht gedeihen und nicht gelingen kann und ohne die auch kein Leben weitergegeben werden kann.

Wenn Sie zu diesem Charaktertypus neigen, dann versuchen Sie, die äußere, aber auch Ihre innere Welt stets in Ordnung zu halten. Für Sie ist Ordnung das halbe Leben, aber eben auch nur das halbe. Die andere Hälfte lässt sich umso leichter und freier leben, wenn ein guter und fester Rahmen Halt und Sicherheit gibt. Den brauchen Sie, um sich wohl zu fühlen. Sie sind aber auch bereit, viel Energie aufzuwenden, um diesen Rahmen aufzubauen und stabil zu halten. Dabei geht es Ihnen nicht nur um sich, sondern auch um andere Menschen. So sind Sie ein sehr sozialer Mensch, der anderen Halt und Stabilität geben kann. Am liebsten sorgen Sie für Ihren Partner, wenn Sie einen haben, und für Ihre Kinder.

Sie erreichen Ihre Ziele mit Ausdauer, Zähigkeit und einem bewundernswerten Durchhaltevermögen. Während Ihr Gegenpsychogramm, die Grenzen sprengende Frau, die Welt im Handstreich erobern will, bauen Sie sich Ihr Leben und Ihr Glück Stück für Stück auf. Dafür haben sie dann auch Bestand. Gut Ding will Weile haben.

Fritz Riemann weist diesem Charaktertypus die Angst vor Veränderung zu, die als Vergänglichkeit und Unsicherheit erlebt wird[9]. Menschen dieses Psychogramms würden am liebsten alles beim Alten lassen, sofern es sich als gut und stabil bewährt hat. Als Vertreterin des ordnend-kontrollierten Typus lieben Sie es, mit Gewohntem und Vertrautem umzugehen. Wenn sich eine Entwicklung, die ja immer auch Veränderung bedeutet, nicht vermeiden lässt, so wollen Sie alles genau planen und vorausberechnen können, um kein Risiko eingehen zu müssen.

Ihre Zukunft wünschen Sie sich vorhersehbar, stabil und verlässlich. Sie wollen Ihren festen Platz in dieser Welt einnehmen und sich häuslich niederlassen. Sie vertrauen sich auch gerne Autoritäten an, von denen Sie sich Stabilität und Sicherheit erhoffen. Chaos und jede Form von Unberechenbarkeit bereiten Ihnen Bauchweh bis hin zu elementaren Existenzängsten. Sie tun sich schwer mit Unvorhersehbarem, Irrationalem und Ungewissem, weil Sie weder die Gabe haben noch die Lust verspüren, damit zu jonglieren und sie für sich zu nutzen, so wie es die Grenzen sprengenden Menschen können.

Ihre Stärken und Schwächen

Sie sind das, was man im positivsten Sinn unter einer »starken Frau« versteht: selbstbewusst und verlässlich, mit einem guten Beruf und einem Leben, das in geordneten Bahnen verläuft. Den Halt, den Sie brauchen, haben Sie sich größtenteils selbst geschaffen. Insofern können Sie auch ande-

---

9 Fritz Riemann, *Grundformen der Angst,* S. 17.

ren Halt geben. Sie bieten Perspektiven und können sie auch weitervermitteln. Für den Typus des *neuen Mannes* sind Sie die ideale Partnerin. Denn Sie wären bereit, auch den finanziellen Teil Ihrer Verantwortung für eine Familie mitzutragen. Vielleicht können Sie sogar einen Hausmann an Ihrer Seite akzeptieren, wenn er Ihnen den Rücken frei hält und Sie dadurch auf Ihrem Karriereweg besser vorankommen.

Sie sind auch die Idealpartnerin für den Selbstständigen, der gerade seine Firma aufbaut oder ein spannendes, aber finanziell noch unsicheres Projekt vorantreibt. Während es bei ihm mal gut und mal miserabel läuft, bietet Ihre Ruhe die emotionale und Ihr Gehalt die finanzielle Grundsicherung Ihres gemeinsamen Lebens. Allerdings darf sich diese Aufbauphase bei Ihrem Partner nicht zum Dauerzustand einer labilen Gegenwart und unsicheren Zukunft ausweiten. Dann wird Ihre Bewunderung für den Mut und die Kreativität Ihres Partners in ängstliche Unzufriedenheit umschlagen. Auf Dauer brauchen Sie Ruhe und Sicherheit, insbesondere an der finanziellen Front. Eine Zeit lang darf Ihr Partner auf Ihre Hilfe angewiesen sein, aber nicht dauerhaft.

Auch wenn Sie selbst nicht unbedingt mit Witz und Ironie hervorstechen, so gehören Sie doch zu den Frauen, die gerne und bereitwillig über Scherze der Männer lachen. Manche Frauen Ihres Charaktertypus haben aber auch einen wunderbar trockenen und sarkastischen Humor, mit dem Sie jeden Mann verblüffen.

Ihr stabiles Selbstbewusstsein erspart Ihnen üblicherweise allzu langes Schmollen und Sauersein. Übertriebenes Nachtragen und übersteigerte Eifersucht sind für Sie Gefühle, die sich letztlich nicht auszahlen, unproduktiv und unpraktisch sind. Nur dürfen Sie Ihr Ordnungsbedürfnis nicht auch auf die Vergangenheit ausweiten. Sonst werden Sie Ihrem Partner und auch sich selbst unschöne vergangene Geschehnisse, die sich nun mal nicht mehr in Ordnung bringen lassen, ewig nachtragen. Sie sind aber die richtige Frau, wenn es darum geht, die Launen und die emotionalen Wellengänge eines Mannes auszuhalten. Stoisch warten Sie einfach ab, bis sich der Sturm gelegt hat und wieder besseres Wetter aufzieht.

Von Ihrem großen Freundeskreis, den Sie sich (wie alles in Ihrem Leben) über lange Jahre kontinuierlich aufgebaut haben, profitiert auch Ihr Partner. Er bewundert und beneidet Sie dafür, denn *er* muss sich, falls er Ihrem Gegenpsychogramm angehört, bei jedem Geburtstag eine neue Gästeliste einfallen lassen.

Sie werden nicht nur im Job wegen Ihrer fundierten und breit gefächerten Kenntnisse geschätzt, Sie haben auch eine gute Allgemeinbildung, auch wenn Ihnen das gar nicht so bewusst ist. Denn jede Schaumschlägerei, Hochstapelei und Prahlerei ist Ihnen fremd bis verhasst, ganz im Gegenteil: Sie müssen aufpassen, dass Sie Ihr Licht nicht allzu sehr unter den Scheffel stellen.

Auch Ihrem Körper merkt man Ihre Ausdauer und Ihre Selbstkontrolle an. Sie haben schon immer Sport getrieben, Sie sind schlank und werden es auch immer bleiben, egal, wie viele Kinder Sie bekommen. Das erreichen Sie dadurch, dass Sie nicht nur Ihre Gefühle, sondern auch Ihre Gelüste beherrschen können. Wenn's mal ein paar Kilo zu viel geworden sind, dann haben Sie die schnell wieder runter. Sie bleiben so schlank, sportlich, fleißig und zuverlässig wie eh

und je. Sie werden auch nicht zur Glucke oder zum Putz-
teufel, vor dem sich dann der Ehemann in die Arbeit, ins
Fitnessstudio, in den Hobbykeller oder in die Kneipe flüch-
tet. Die Frauen, die irgendwann ihren Mann und die Kinder
mit ordnungs- und sauberkeitsfanatischen Exzessen quälen,
die jedem Brösel auf dem Tisch und jedem Fußabdruck auf
dem Boden hinterherwischen, gehören nicht unbedingt zu
Ihrem Charaktertypus. Das sind häufig die Grenzen sprengenden, aber unzufriedenen Frauen, die hierin ein Mittel gefunden haben, Macht und Aggressionen auszuleben. Diese
Frauen hassen es, zu putzen und Ordnung zu halten, und
umso mehr terrorisieren sie andere damit.

Bei Ihnen ist es ganz anders: Sie putzen gerne, Ihnen gibt
es eine innere Befriedigung, Ihr Zuhause sauber und ordentlich zu halten. Wenn Ihnen jemand dabei hilft, ist das erfreu-
lich, wenn nicht, ist es auch nicht so schlimm. Sie können in
wenigen Minuten zu Hause eine Wohlfühlatmosphäre schaffen, ohne sich dafür besonders anstrengen zu müssen.

Ihr Mann kann sich auch darauf verlassen, dass Sie nicht
irgendwann durchdrehen, abheben oder Ihren Charakter ändern. Sie werden sich auch niemals neue, exotische Vornamen geben, bevor Sie sich schließlich einen anderen Mann
für einen neuen Nachnamen suchen. Auch Krisen, wie sie
gerade die Grenzen sprengenden Frauen angesichts der
Erkenntnis, dass auch sie dem Alterungsprozess nicht ent-
gehen können, regelmäßig durchmachen, muss kein Mann
bei Ihnen fürchten.

Für Sie bedeutet Altern nicht Veränderung, sondern Sie
sehen es als einen Beweis für Stabilität – für Ihre Stabilität.
Natürlich sorgen Sie finanziell gut für das Alter vor, Sie ha-

ben vielleicht sogar die seltene Gabe, sich tatsächlich auf das Alter zu freuen. Sie sehen sich dann im Kreise Ihrer Kinder und Enkel, als Hort der Tradition und Beständigkeit, geachtet und geliebt und selbst ebenso liebend und sorgend.

Gerade weil Gefühle für Sie aus einer unberechenbaren und unstrukturierten Welt zu stammen scheinen, bemühen Sie sich um eine ruhige und entspannte Art, mit Menschen umzugehen. So sind Sie eine sehr beliebte und geschätzte Freundin und Kameradin, eine geduldige Zuhörerin und eine zuverlässige Helferin in der Not. Sie lieben das gesellige Zusammensein, sofern es nicht in Besäufnisse oder Exzesse ausartet. Ihre Mädelsabende besuchen Sie gerne und regelmäßig. Sie lieben es auch, andere Menschen zu verkuppeln oder anderweitig zusammenzubringen. Eifersucht unter Freundinnen oder übertriebene Besitzansprüche kennen Sie gar nicht, ständig wechselnde Intimfreundinnen und -feindinnen zu haben ist Ihnen schlicht zu anstrengend. Dagegen sind Sie ein sozialer Mensch, der intensiv sein Netzwerk pflegt und es ständig weiter ausbaut.

So gewinnen Sie Männer für sich

Sie sind eine vorhersehbare Frau. Das ist keine Beleidigung, das ist ein Kompliment. Immer gepflegt und nie peinlich. Sie stellen sich nicht an, Sie packen zu. Für viele Männer sind Sie die absolute Entspannung. Sie sind pünktlich und lassen Ihren Partner nicht warten, Sie akzeptieren Verantwortung, tragen die Konsequenzen Ihres Handelns und machen keine Szenen.

Bei Ihnen darf man noch Gentleman sein

Frauen Ihres Charaktertypus können etwas sehr Kindliches an sich haben, auch wenn Ihr Psychogramm sehr erwachsen und vernunftbetont wirkt. Kinder lieben wiederkehrende Rituale, wollen Beständigkeit und Sicherheit – so wie Sie. Kinder wollen eine vertraute Umgebung, sind schnell verunsichert, wenn sich etwas unvorhergesehen verändert, und benötigen Autoritäten, an denen sie sich orientieren können – so wie Sie.

Während die Grenzen sprengende Frau die schutzbedürftige Kindfrau *spielt,* um die Männer zu verführen, ist Ihre kindliche und schutzbedürftige Ausstrahlung echt. Daher versuchen Sie ja auch, sich diesen Schutz selbst aufzubauen. Bei einem Mann, der Ihnen Sicherheit und eine starke Schulter bietet, können Sie endlich einmal entspannt ausatmen. Und das merkt er! Gerade weil Sie auf Ihre Selbstständigkeit pochen und immer die Hälfte der Rechnung selbst bezahlen wollen, reizen Sie den Mann dazu, Sie einladen und Ihnen seinen warmen Mantel umlegen zu wollen. Er spürt, dass Sie ihn nicht ausnützen wollen. Er merkt, dass Sie alles daransetzen, nicht auf ihn angewiesen zu sein. Umso bereitwilliger möchte er Ihnen all das bieten. Er spürt, dass Sie es nicht erwarten und schon gar nicht provozieren, dass Sie es aber ganz tief genießen können: getragen, beschützt und gehalten zu werden. Das macht Sie vertrauenswürdig und authentisch. Und genau das finden Männer überaus anziehend.

Sie sind keine Diva

Es ergibt für Sie keinen Sinn, die Diva zu spielen oder die Frau zu mimen, die nach Lust und Laune ihre Gunst gewährt, die mal gnädig und mal ungnädig ist. Das sind Sie nicht und sollen es auch nicht sein. Sie sind auch nicht die Drama-Queen oder eine Femme fatale. Sie berühren das Herz Ihres Auserwählten ganz anders: Schon beim ersten Gespräch waren Sie so aufmerksam, dass Sie ihn kurz darauf auf das neu erschienene Buch seines Lieblingsautors aufmerksam machen können – wenn Sie es ihm nicht gleich schenken. Er hat mal erwähnt, dass er gerne vegetarisch isst – beim nächsten Date haben Sie bereits in einem guten vegetarischen Lokal einen Tisch reserviert. Und weil sein Auto mal wieder in der Werkstatt steht, haben Sie für ihn auch gleich die Verbindung mit öffentlichen Verkehrsmitteln dorthin herausgesucht. Sie merken sich kleinste Details und speichern sie ab. Und wenn er bei Ihnen ist, dann nähen Sie ihm schon mal einen losen Knopf am Jackett an.

Für manche Männer mag das alles etwas viel sein, sie fühlen sich dann bevormundet und vereinnahmt. Aber gerade ein Grenzen sprengender Mann wird Sie mit großer Fassungslosigkeit bewundern. Denn Sie sind so ganz anders als er selbst. Ihre innere und äußere Ordnung ist für ihn eine Wohltat, ein Hafen der Entspannung. Sie vermitteln ihm eine Ahnung davon, dass ein gewisses Maß an Ordnung nicht der Tod, sondern der Anfang jeder Kreativität ist.

Wenn Sie Gefühle zeigen, dann sind sie echt

Ein Mann, der zum Grenzen sprengenden Psychogramm tendiert, wird auch Ihre kontrollierte Art, mit Ihren und mit seinen Gefühlen umzugehen, schätzen. Sie können eine unglaublich coole Seite an den Tag legen und sehr pragmatisch sein. Gerade deshalb wird es ihn reizen, Sie irgendwie außer Kontrolle zu bringen, Sie zu verführen, Sie zum Lachen oder Weinen zu bringen und Ihnen möglichst wilde und lautstark ausgelebte Gefühle zu entlocken. Und er wird, wenn er es geschafft hat, von der Echtheit und Tiefe Ihrer Emotionen berührt und beeindruckt sein. Bei sich selbst weiß er nie so genau, ob er nun spielt oder ernst ist, ob er gerade mit seinen Gefühlen nur jongliert oder sein Empfinden auch nachhaltig ist. Bei Ihnen ist alles echt. In so jemanden kann er sich verlieben. Nur eines müssen Sie in Ihrer ordnend-kontrollierten Art unbedingt vermeiden: Ihren Partner zu kontrollieren, denn das verkraftet er gar nicht.

Sie sind treu

Neben der Tiefe und Echtheit Ihrer Gefühle ist es die Konstanz Ihrer Liebe zu einem Mann, die Sie zu einer so begehrten Partnerin macht. Eine ordnend-kontrollierte Patientin, die sich eigentlich über ihren in jeder Hinsicht Grenzen sprengenden Mann bei mir beschwerte, brachte es so auf den Punkt: »Es ist bei mir nun mal so: Ich liebe ihn einfach immer weiter, fast egal, was passiert und was er so anstellt. Dagegen kann ich gar nichts machen.« Das ist eine große Charakterstärke, die allerdings auch ausgenutzt und missbraucht werden kann. Davor müssen Sie sich hüten. Wenn Sie merken, dass Ihr Partner Sie nicht mehr achtet, sondern nur noch ausnutzt, sollten Sie ihn verlassen. Auch wenn dann das eintritt, wovor Sie Angst haben: Veränderung.

Männer, die Sie anziehend finden

Mag er für Sie auch etwas anstrengend sein, so bringt ein Grenzen sprengender Mann doch genau das in Ihr Leben, was darin noch fehlt: Abwechslung und Unterhaltung, Spannung und Abenteuer, Risiko und Vitalität. Vor allem aber: Leichtigkeit! Was für Sie bitterer Ernst ist, kann für ihn ein Spiel sein. Das kann Sie abschrecken und verängstigen, aber auch entlasten und begeistern. Ein solcher Mann schafft es, Ihnen die unerträgliche Leichtigkeit des Seins nicht nur vorzuleben, sondern auch zu vermitteln. Mit ihm können Sie daran teilhaben. Das ist für Sie ein Ausflug in eine fremde Welt, der Sie anregt und unterhält. Natürlich kehren Sie danach wieder zu sich, an Ihren sicheren Ort zurück. Lassen Sie sich das ja nicht nehmen! Gerade in der Erotik und Sexualität hat der Grenzen sprengende Mann eine Art, Sie aufs Tanzparkett der Liebesspiele zu führen, die Ihnen den Atem raubt. Genießen Sie den leidenschaftlichen Tanz, solange es geht. Keine Angst. Aber wenn das Parkett für Sie zum Glatteis wird, wenn Sie sich unsicher und Ihre Werte missachtet fühlen, dann hören Sie auf. Lassen Sie niemals Ihre Werte von ihm lächerlich machen.

Lassen Sie sich auch nie finanziell ausnutzen, auch wenn er noch so charmant bittet, Ihnen eine noch so rührselige Geschichte auftischt und noch so mitleiderregend schaut. Eiserne Regel: Keinen Cent! Geben Sie nur Geld für ihn aus, wenn Sie auch etwas davon haben. Laden Sie ihn also zum Essen ein, wenn Sie auch gut essen wollen, oder legen Sie beim Urlaub nur dann etwas drauf, wenn Sie selbst in diesen Urlaubsort oder dieses Hotel wollen. Aber nie Bargeld übergeben oder für seine Schulden, seine Schwierigkeiten oder seine Altlasten überweisen! Versprochen? Nie!

Auch wenn er sich in guten Zeiten Ihnen gegenüber gerne überlegen fühlt, wenn er Sie neckt, Sie auf den Arm nimmt und verunsichern will, so weiß er doch, wie dringend er Sie in schlechten Zeiten braucht, weil Sie dann sein sicherer Hafen und seine Kraftquelle sein können. Wenn er auch gerne in der ersten Reihe tanzt, so braucht er doch einen Menschen, der in der zweiten Reihe die Stellung hält.

Gerade die Grenzen sprengenden Männer sind beeindruckt von Ihrer ruhigen und überlegten Art, von dem soliden Fundament, auf dem Sie stehen, während diese Männer sich selbst wie auf einer treibenden Eisscholle vorkommen. Bei Ihnen kann ein solcher Mann zur Ruhe kommen, Sie scheinen all das in sich zu tragen, was er immer vermeidet, weil er Angst davor hat, was er aber letztlich doch braucht: Heimat und Beständigkeit, Familie und Zukunft, Freunde und Geborgenheit. Er schaut zu Ihnen hinüber wie in eine heile, aber fremde Welt. Er bewundert Ihre Geduld, die Sie auch ihm gegenüber zeigen, Ihre emotionale Geradlinigkeit, die ihm zur Orientierung in seinen ständigen Gefühlsschwankungen wird, Ihre Zuverlässigkeit, die ihn entwaffnet, und Ihre Treue, die ihn tief berührt. Das alles machen Sie dabei gar nicht für ihn, sondern für sich selbst. Denn das brauchen Sie, um sich wohl und sicher zu fühlen.

In Ihrer pragmatischen Art haben Sie auch einen realistischen Blick auf Beziehungskrisen. Gerne sitzen Sie Krisen einfach aus. Andererseits kämpfen Sie mit Ausdauer, Ruhe und Augenmaß für Ihre Beziehung, wenn Sie sie ernsthaft bedroht sehen. Es muss schon viel passieren, bevor Sie eine Beziehung als verloren aufgeben. Diese Charakterstärke und Loyalität bewundern gerade Grenzen sprengende Männer, weil sie genau das nicht können. Diese Männer haben die Tendenz, bei der kleinsten Schwierigkeit davonzulaufen.

Nähe suchende Frauen neigen in so einer Situation dazu, angstvoll zu klammern und den Mann mit allen Mitteln halten zu wollen, womit sie ihn jedoch meist erst recht vertreiben. Sie aber machen es genau richtig: Sie warten einfach ab, bis er von allein wiederkommt.

Jeder Bergsteiger kennt die Regel: Wer ruhig und langsam, mit bedachten und gemessenen Schritten die Höhe erklimmt, kommt schließlich als Erster am Gipfel an. Die vielen anderen, die anfangs schnell und unvernünftig voranpreschen, fallen bald erschöpft zurück oder geben ganz auf.

Mit Ihrer integren Art und Ihrem ausdauernden Fleiß kommen Sie deshalb sehr weit, auch in kreativen Berufen. Das Klischee, dass Menschen Ihres Psychogramms nur Finanzbeamte oder Ordnungshüter werden können, ist falsch. Auch in künstlerischen Berufen überrunden Sie mit der Zeit so einige. »How to get to Carnegie Hall? Practice, practice, practice!« Nach diesem Motto schaffen es nicht wenige von Ihnen auf die großen Bühnen dieser Welt. Auch Thomas Mann schrieb seine Bücher täglich von acht bis zwölf Uhr.

Nur in dieser festen äußeren Form konnte er seine kreativen Fähigkeiten ausleben.

Wenn Sie es schaffen, in einem kreativen oder künstlerischen Beruf Erfolge zu verzeichnen, werden Sie gerade von den Grenzen sprengenden Männern ungemein bewundert. Der Grund ist, dass diese Männer zwar auch kreativ sind, ihnen aber häufig das nötige Sitzfleisch fehlt und sie nicht bereit sind, neben den zehn Prozent Inspiration (= Begabung) auch die 90 Prozent Transpiration (= Anstrengung) aufzubringen, die nötig sind, um wirklich erfolgreich zu werden.

Vielleicht arbeiten Sie aber auch in einem der vielen Berufe, die Ihrem Psychogramm assoziativ zugeordnet werden. Dann sind Sie Finanzbeamtin, Verwaltungsangestellte, Steueranwaltsfachangestellte, Juristin oder Bibliothekarin, um nur einige davon zu nennen. Sie erledigen Ihre Arbeit zuverlässig und fristgerecht, Ihr Schreibtisch ist immer aufgeräumt, Ihr Laune zwar nicht euphorisch, aber meist konstruktiv und ausgeglichen. Prokrastination, das heißt, alles immer auf den letzten Drücker zu erledigen, ist für Sie ein Fremdwort. Sie sind zufrieden, wenn abends alles erledigt und in Ordnung ist. Sie brauchen keine Katastrophen in der Arbeit, aber auch keinen Applaus, nur um sich wichtigzumachen und in den Mittelpunkt zu rücken. Auch hier werden Sie für Ihre Fähigkeit, Routine nicht nur zu ertragen, sondern sogar zu genießen, gerade von den Grenzen sprengenden Kollegen insgeheim bewundert und beneidet, denn genau das können die überhaupt nicht.

Fallstricke und wie Sie sie vermeiden

Haben Sie Mut zu einem unordentlichen Gefühl

Die Liebe ist, wie der Titel des Bestsellers von Richard David Precht richtig sagt, ein unordentliches Gefühl. Es gäbe nicht so viele Ratgeber in Sachen Liebe, wenn sie berechenbar und logisch wäre und sich an Regeln halten würde. Wenn man von außen beobachtend darauf schaut und Statistiken und Umfragen heranzieht, dann lassen sich allgemeine Tendenzen nachweisen und Wahrscheinlichkeiten ausrechnen. Dann ergeben sich gewisse Regelmäßigkeiten und Vorhersehbarkeiten im Rahmen statistischer Spielräume. Nur für den konkreten Fall, für den Einzelnen mit seinen Fragen und Befürchtungen, bringt das wenig. Denn bei ihm oder ihr kann es trotzdem ganz anders sein – oder sich zumindest ganz anders anfühlen.

Sich auf die Liebe einzulassen heißt immer, sich auch auf Unwägbarkeiten und Unsicherheiten einzulassen. Das ist der Preis, den man zu zahlen bereit sein muss. Falls Sie in der Grundtendenz dem Psychogramm der Ordnend-Kotrollierten angehören, ist das aber besonders schwer für Sie. Denn vor Unsicherheit und Unvorhersehbarkeit haben Sie Angst, und Sie tun sich schwer mit Veränderungen. Das alles tritt aber in Ihr Leben, wenn Sie sich in einen anderen Menschen verlieben. Das Wichtigste zuerst: Stehen Sie zu Ihren Ängsten; und nehmen Sie Ihr Bedürfnis nach Sicherheit und Kontrolle ernst. Es hat keinen Sinn, dass Sie sich überfordern. Die Gefahr besteht, dass Ihre Ängste dann noch größer werden oder gänzlich überhandnehmen. Die Folge kann sein, dass Sie letztlich als gebranntes Kind ganz die Finger vom Feuer der Liebe lassen.

Auch wenn sonst alles in Ordnung ist, brauchen auch Sie die Liebe

Leider gibt es nicht wenige Frauen Ihres Charaktertypus, die um alles, was mit Liebe oder Leidenschaften zu tun hat, einen großen Bogen machen, weil sie schlechte Erfahrungen mit Männern gemacht haben. Fall Sie auch dazugehören, dann verschenken Sie dadurch einen guten Teil Ihres Lebensglücks, das Ihnen genauso zusteht und für das Sie genauso geschaffen sind wie alle anderen Charaktertypen auch, nur eben mit anderen Akzenten.

Vergessen Sie nie: Auch wenn das Leben geordnet und finanziert ist, brauchen auch Sie die Liebe. Es geht nur darum, dass Sie Ihre Eigenarten, Bedürfnisse und Ängste erkennen und den Mut haben, sie auch anzusprechen und in gewissem Maß auch auszuleben, gerade in der Anfangsphase einer Beziehung. Tun Sie nicht so, als hätten Sie diese Ängste nicht.

Nehmen Sie sich die Zeit, die Sie brauchen

Schauen wir uns Ihre Angst vor Veränderung etwas genauer an: Jeder neue Mensch, den man kennen lernt, bringt Veränderung ins eigene Leben. Und je mehr Gefühle man für ihn entwickelt, je sympathischer, anziehender, faszinierender und begehrenswerter dieser Mensch erscheint, umso mehr Veränderung passiert. Wenn nicht äußerlich, so in jedem Fall innerlich.

Während andere Menschen genau diese Veränderung suchen und genießen, so ist sie für Menschen Ihres Psychogramms eher anstrengend bis unangenehm – sosehr Sie den neuen Menschen auch lieben mögen. Was Sie brauchen, ist Zeit. Zeit, um sich an das Neue und den Neuen in Ihrem Leben zu gewöhnen. Bitte nehmen Sie sich diese Zeit. Wie wichtig Zeit gerade zu Beginn einer Beziehung für Sie sein kann, verdeutlicht die folgende Geschichte einer Patientin:

Corinna, eine 37-jährige Pressesprecherin, fuhr mit einem Mann, in den sie sich verliebt hatte, schon nach wenigen Wochen in Urlaub. Danach schwebten beide auf Wolke sieben. Allerdings wurde Corinna schon in diesem Urlaub ungewollt schwanger. Sie konnte sich gut ein Kind mit ihrem neuen Partner vorstellen, und auch er war glücklich und sofort bereit, das Kind anzunehmen. Da er sowieso aus seiner Wohnung ausziehen musste, zog er kurzerhand zu ihr. In ihrem einwöchigen Urlaub hatte das Zusammenwohnen ja auch geklappt.

Doch das war ein Fehler. Corinna hat – neben anderen Seiten – auch eine ausgeprägte ordnend-kontrollierte Art. Ihre Wohnung war ein Kleinod an Schönheit, Geschmack und Ordnung. Sie war ihre heile Welt und ihr Rückzugsgebiet. Und groß war sie nicht. Die vielen Veränderungen in ihrem Leben, die neue Liebe und ihre Schwangerschaft forderten Corinna schon über die Maßen, obwohl sie das alles auch wollte und sie sehr glücklich war. Erst nahm sie alles hin. Sie sah zu, wie er mit seinen Kisten den Flur zustapelte, mit seinen Kleidern ihren Schrank vollstopfte und mit seinen Utensilien ihr Bad überschwemmte.

Corinna fühlte sich täglich unwohler und bedrängter. Sie blieb extra lange in der Arbeit, reihte einen Mädelsabend an den ande-

ren und besuchte häufig ihre Mutter, nur um ihm nicht in ihrer Wohnung begegnen zu müssen. Er bemühte sich rührend um sie, putzte, kaufte ein, kochte und machte das Frühstück. Als er eines Morgens beim Tischdecken die falsche Untertasse unter ihre Kaffeetasse stellte, lief das Fass bei Corinna über. Sie bekam einen Heulanfall, der einfach nicht mehr enden wollte. Sie verstand es selbst kaum, aber es sprudelte nur so aus ihr heraus: Sie bat ihn inständig, sofort auszuziehen und sich eine eigene Wohnung zu nehmen.

Er verstand die Welt nicht mehr, vermutete einen anderen oder zumindest den Verlust ihrer Liebe zu ihm. Corinna schwor ihm, dass sie ihn liebe, sich auf das Kind freue und sich auch auf ein gemeinsames Leben mit ihm gefreut habe – bis er bei ihr eingezogen sei. Danach wäre er irgendwie zum Eindringling geworden, der ihre kleine heile Welt in Unordnung gebracht habe. Er fragte Corinna, ob sie sich trennen wolle. Sie versuchte, ihm zu erklären, dass sie einfach Zeit benötige, sich an ihn zu gewöhnen, sosehr sie ihn auch liebe. Sie sollten einfach da weitermachen, wo sie nach dem Urlaub emotional angekommen wären, unabhängig davon, ob sie nun schwanger sei oder nicht. Für sie wäre es wichtig, sich ihm ganz langsam und behutsam nähern zu können, so langsam, wie auch das Kind in ihrem Bauch wachse. Sie könnten es mit dem Zusammenziehen gerne noch einmal probieren, wenn das Kind da sei.

Erfreulicherweise akzeptierte er Corinnas Bitte, obwohl er sie nicht wirklich verstand, und nahm sich eine eigene Wohnung. Kurz bevor ihr gemeinsames Kind auf die Welt kam, zogen sie wieder zusammen, in eine neue und größere Wohnung. Jetzt freute sich Corinna auf jeden kuscheligen Abend und auf jedes gemütliche Frühstück mit ihm. Und er hatte gelernt, welche Untertasse zu welcher Tasse gehört.

Unterwerfen Sie Ihre Gefühle keinen Klischees

Bitte lassen Sie sich nicht von den Klischees darüber, was man als frisch verliebter Mensch alles zu fühlen und zu tun hat, zu Handlungen drängen, die Ihnen nicht liegen. Diese Klischees gehen alle in die gleiche Richtung: Nicht nur Schmetterlinge, sondern ganze Jumbos fliegen da ständig im Bauch herum; ein Feuerwerk der Gefühle lässt den romantischen Liebeshimmel in immer neuen phantastischen Farben erstrahlen; jede Zelle des eigenen Körpers ersehnt pausenlos den Geliebten, dem es natürlich ebenso ergeht; jede Trennung, und sei sie auch noch so kurz, ist die reinste Qual; und jede Sekunde des Zusammenseins ist ein Augenblick, der doch ewig verweilen möge, weil er so unbeschreiblich schön ist. Kurz: Das Füllhorn der Liebe ergießt sich in einem unablässigen Glücksregen über die frisch Verliebten.

Vielleicht verspüren Sie das alles auch so oder so ähnlich. Vielleicht aber auch nicht. Vielleicht ist Ihre neue Liebe für Sie eher wie ein kleines, gerade aus der Erde herausgewachsenes Pflänzchen, das gepflegt werden will. Es braucht Wasser, aber nicht zu viel. Es braucht Licht, aber nicht zu prall. Und es braucht Wärme, aber nicht zu heiß. Ein Zuviel von allem würde den zarten Spross ertränken und versengen. Aber langsam wird er größer und stärker, seine Wurzeln fassen mit der Zeit tiefer ins Halt gebende und nährstoffreiche Erdreich. Schließlich ist aus dem Pflänzchen ein stattlicher Baum geworden, der vital und stabil die Jahre und Jahrzehnte überdauert. Das alles braucht aber Zeit.

Bitte sagen Sie das auch Ihrem neuen Schwarm. Es könnte sonst sein, dass er Sie für gefühlskalt und rein pragmatisch hält oder schlicht für nicht verliebt. Damit hat er aber nicht Recht. Sie brauchen einfach Zeit, um sich an ihn zu gewöhnen und aus ihm einen Vertrauten zu machen. Erst dann fühlen Sie sich sicher. Diese Zeit kann identisch sein mit der Zeit, die vergehen muss, bis Sie mit Ihrem Partner ins Bett gehen. Für manche Menschen Ihres Charaktertypus sind das allerdings zwei Paar Stiefel: Sie können schon bald intim mit jemandem werden und das auch genießen, können aber am Morgen danach »fremdeln« und sich dem nächtlichen Lover gegenüber irgendwie unwohl fühlen. Dann brauchen Sie Abstand zu ihm, um Ihre innere Ordnung und Sicherheit wiederherzustellen. Dieses Bedürfnis nach Abstand hält aber nur so lange an, bis der innere Knoten bei Ihnen geplatzt ist und sich die Vertrautheit dem anderen gegenüber eingestellt hat.

Ganz anders ist das übrigens bei den distanzierten Persönlichkeiten: Gerade bei großer Vertrautheit brauchen diese immer wieder Abstand vom anderen und Zeit für sich. Sie halten gerade in langen und engen Beziehungen zu viel Nähe nicht aus. Und bei einem Grenzen sprengenden Menschen kann das neue Liebesgefühl sogar bedroht sein, sobald die Gewöhnung an den anderen beginnt. Dann schweifen die Blicke schon zu neuen Ufern, die Abwechslung versprechen.

Für Sie als ordnend-kontrollierten Menschen beginnt mit der Gewöhnung eine Paarbeziehung dagegen erst so richtig. Dann ist der andere für Sie nicht mehr die Veränderung, das Neue und Unberechenbare, sondern Teil Ihres Lebens. Jetzt können Sie Nähe gut aushalten, jetzt genießen Sie die inzwischen gewohnten Begegnungen, Rituale und Zärtlichkeiten in Ihrer Partnerschaft und würden sie schmerzlich vermissen, falls sie ausbleiben sollten. Mit Ihrer Angst verhält es sich dann genau umgekehrt: Jetzt würde ein Zerbrechen der Beziehung Veränderung bedeuten, weshalb Sie alles daransetzen, dass es nicht dazu kommt.

Gleich und Gleich gesellt sich manchmal doch gern

Das ist vielleicht auch der Grund, warum ordnend-kontrollierte Menschen nicht selten Partnerschaften miteinander eingehen. Sie haben den gleichen Rhythmus bei der Beziehungs- und Lebensgestaltung. Sie ergänzen sich zwar nicht, sie gehen aber im Gleichschritt. Sie sind sich ähnlich, aber nicht unbedingt auf eine schwer vereinbare Weise so wie bei den anderen Psychogrammen. Zwei Distanzierte haben es schwer, sich überhaupt anzunähern und ein Paar zu werden, zwei Grenzen Sprengende gehen vielleicht schnell mal eine Beziehung miteinander ein, die aber genauso schnell wieder zerbricht, und bei einem Paar aus zwei Nähe Suchenden fehlt die Sonne, um die die Partner kreisen können.

Das langsame und behutsame Aufbauen einer Beziehung kann aber sehr gut mit jemandem funktionieren, der die gleichen Wünsche hat – und die gleiche Angst vor Veränderung. Ein gewisser Pragmatismus und ein hohes Sicherheitsbedürfnis auf beiden Seiten tragen dazu bei, eine solche Beziehung dauerhaft zu machen. Natürlich stellt sich die Frage, wo in einer solchen Konstellation der nötige Schuss Wahnsinn, die Abwechslung und die Zweifel an der Beziehung herkommen sollen, die es braucht, um aus einer Partnerschaft das zu machen, was sie sein sollte: ein lebendiges Wesen, das sich über die Zeit weiterentwickelt und verändert, das Höhen und Tiefen, Krankheiten und Krisen, glückliche und weniger glückliche Zeiten er- und überlebt.

Natürlich brauchen zwei ordnend-kontrollierte Menschen diese Abwechslung gar nicht so sehr, sie lieben ja die Wiederkehr des ewig Gleichen, keiner wirft dem anderen Langeweile und fehlenden Veränderungswillen vor. Auch wenn es nach außen hin manchmal so scheinen mag, sind diese Beziehungen keinesfalls überwiegend Vernunftehen oder Verbindungen, die mehr durch das Bedürfnis nach materieller Absicherung als durch tiefe Liebesgefühle zusammengehalten werden. So gibt es gut funktionierende Paare, bei denen beide Partner zu einem großen Teil diesem Psychogramm angehören. Meist bewegt sich aber dann einer der beiden unbewusst in die entgegengesetzte, also in die Grenzen sprengende Richtung, um ein Gegengewicht zu der ordnend-kontrollierten Grundrichtung zu entwickeln.

Kontrolle ist schlecht, Vertrauen viel besser

Bitte bedenken Sie immer, dass Sie sich selbst und Ihre eigenen Dinge in einem gewissen Maß ordnen und kontrollieren können, aber nicht die Dinge Ihres Partners oder gar Ihren Partner selbst. Sobald er das Ziel Ihres Kontrollbedürfnisses wird, schaufeln Sie Ihrer gemeinsamen Liebe, so frisch sie auch sein mag, ein Grab. Der andere ist nicht Ihr Eigentum, er gehört Ihnen nicht (Sie ihm natürlich genauso wenig), sosehr die Worte »mein Freund« und »meine Freundin«

beziehungsweise »mein Mann« und »meine Frau« das auch suggerieren mögen. Er ist und bleibt entweder freiwillig bei Ihnen oder gar nicht. Er kann jederzeit gehen, genau wie Sie. Ihr Partner ist erwachsen und frei, genauso wie Sie. Ich weiß, dass das in Ihren Ohren hart und lieblos klingen mag, es ist jedoch das Gegenteil davon.

Vergessen Sie nie, dass die Liebe ein unordentliches Gefühl ist und dass gerade Sie die Stärke haben, das auch auszuhalten – auch wenn es Ihnen manchmal Angst macht. Vielleicht schaffen Sie es, Ihre eigenen Gefühle ein klein wenig zu kontrollieren, die Gefühle Ihres Partners entziehen sich jedoch Ihrer Kontrolle. Je mehr Sie sie kontrollieren wollen, desto systematischer zerstören Sie sie. Sie sind ein Geschenk und keine Verpflichtung. Auch Eifersucht lässt sich durch Kontrolle des anderen nicht beherrschen, schon gar nicht, wenn diese Kontrolle auch noch heimlich erfolgt. Mit Kontrolle gießen Sie nur ordentlich Kerosin ins Feuer Ihrer Eifersucht. Sie verstärken sie, anstatt sie auf ein realistisches Maß zu reduzieren. Bei Eifersucht sollten Sie nicht einen Schritt näher an Ihren Partner herantreten, um ihn besser im Auge zu behalten, sondern lieber einen Schritt zurückgehen, sich auf sich selbst besinnen und sich Ihre Stärken bewusst machen. Versuchen Sie, Vertrauen an die Stelle der Kontrolle zu setzen, und wenn es nur das Vertrauen in sich selbst ist. Sie tragen Ihre Stabilität in sich, und vermutlich würden Sie viel besser allein zurechtkommen als Ihr Partner. Nicht dass es so weit kommen muss, aber diese Erkenntnis kann angstreduzierend wirken – und somit beziehungsfördernd.

Klare Ansage statt ständiges Genörgel

Vermeiden Sie bitte auch ein niederschwelliges Dauer-
gemecker, das nie die Demarkationsgrenze eines erlaubten
Gegenschlages des Mannes überschreitet. Er ist nicht auf
einen nadelstichartigen Kleinkrieg programmiert, er liebt
die offene Schlacht. Aber irgendwann hat sich bei ihm genug Unmut über Ihr permanentes Genörgele angestaut. Die
Ohnmacht gegen diesen Guerillakrieg schlägt dann in offene
Aggression um, und er explodiert bei dem geringsten Anlass.
Natürlich können Sie ihn dann verächtlich einen Choleriker
schimpfen, der bei jeder Kleinigkeit in Rage gerät. Aber Sie
haben nicht Recht damit. Sagen Sie besser einfach klar und
deutlich, was Ihnen nicht passt. Oder versuchen Sie zu akzeptieren, wie er nun mal ist.

Schaffen Sie sich Ihre eigene finanzielle Sicherheit

Frauen Ihres Charaktertypus, die es (noch) nicht geschafft
haben, sich selbst die nötige materielle Sicherheit zu erar-
beiten, sind sehr empfänglich für gut situierte Männer, die
gerade durch ihre finanziellen Ressourcen diese Sicherheit
ausstrahlen. Das beste Mittel gegen ihre materiellen Ängste
sehen diese Frauen dann im Reichtum des Partners. Dieses
Unterfangen gleicht in den heutigen Zeiten der Eheverträge
und der wachsenden Rechte geschiedener Männer jedoch
einem Schloss, das auf Sand gebaut wird. Viel sicherer, sta-
biler und letztlich entspannter ist es, die benötigte finanzielle
und damit auch emotionale Absicherung bei sich selbst und
nicht beim Partner zu suchen und zu finden.

Prinzessinnen-Typ: Schneewittchen

Erst glaubte ich, die nun folgende Prinzessin aus der Märchenwelt sei nur die Notlösung für den ordnend-kontrollierten Charakter. Aber je mehr ich über sie nachdachte, desto überzeugter war ich von der Figur des Schneewittchens als Sinnbild für die ordnend-kontrollierte Frau.

Wer hinter den sieben Bergen gleich sieben kleinen Männern, die noch dazu im Bergbau arbeiten, ihren kleinteiligen Haushalt zu deren vollster Zufriedenheit macht, der muss eine stark ausgeprägte ordnend-kontrollierte Seite haben. Jede andere Frau würde bei so einer Aufgabe wahnsinnig werden. Ordnung zu halten ist also gar nicht die Herausforderung für Schneewittchen, das kann es und macht es gern und mit Leichtigkeit so wie alle ordnend-kontrollierten Menschen.

Die Herausforderung besteht darin, entweder die geltenden Verbote einzuhalten und in Sicherheit zu bleiben oder aber der Versuchung zu erliegen und sich somit in Gefahr zu begeben. Die Verbote entspringen der Angst (der Zwerge), dass (dem Schneewittchen) etwas passieren könnte. Natürlich steckt dahinter auch die Angst, Schneewittchen als perfekte Haushälterin zu verlieren. Die Gefahr kommt als böse Stiefmutter ins geordnete, aber für Schneewittchen eigentlich zu klein geratene und zu enge Leben. Daher ist das Mädchen auch so empfänglich für die Versuchungen, die ihm von der als Marktfrau verkleideten Stiefmutter angeboten werden: ein Schnürriemen (Mieder), ein Kamm und schließlich ein Apfel, Symbole für Schönheit (Mieder), Sinnlichkeit (Haare) und Sexualität (Apfel). Das sind die typischen Waffen der hysterischen (Grenzen sprengenden) Stiefmutter, die es nicht verkraftet, älter und damit unattraktiver zu werden. Mit diesen Waffen will sie Schneewittchen umbringen. Und Schneewittchen möchte diese Dinge nur zu gerne haben, denn genau das kommt in ihrem ordnend-kontrollierten Leben bei den Zwergen eindeutig zu kurz: Schönheit, Sinnlichkeit und Sexualität. Allerdings hätte es diese drei Dinge gerne in ihrer eigenen, unvergifteten Weise. Es erliegt jedoch der Versuchung und tappt dadurch in die Falle.

Gegen seinen Drang, schön und sinnlich zu sein, können die Zwerge noch etwas machen: Von dem zu engen Mieder und dem vergifteten Kamm befreien sie ihr Schneewittchen, auf dass es weiterleben und bei ihnen bleiben kann. Nur den vergifteten Apfel der Sexualität können sie nicht entfernen, weil sie ihn nicht finden. So halten sie Schneewittchen für tot. Wenn Schneewittchen das Gebot, nichts von den Versuchungen auszuprobieren, eingehalten hätte, dann wäre es sein Leben lang bei den sieben Zwergen geblieben und hätte sie versorgt. Den Zwergen wäre das natürlich recht gewesen. Ob Schneewittchen allerdings mit diesem Los wirklich glücklich geworden wäre, darf bezweifelt werden. Nur dadurch, dass Schneewittchen die Regeln gebrochen und das Verbotene getan hat, geht die Geschichte weiter. Schließlich bedarf es noch eines zweiten Regelverstoßes oder besser: einer unverzeihlichen Tollpatschigkeit, damit es zum Happy End kommen kann. Ein Diener des Prinzen lässt den Glassarg, in dem das totgeglaubte Schneewittchen liegt, fallen. Der Sarg kracht auf den Boden, wodurch glücklicherweise der vergiftete Apfel aus dem Hals von Schneewittchen rutscht und es wieder erwacht.

Kurz: eine ordnend-kontrollierte Frau, die vor einer hysterischen Stiefmutter in ein ordentliches, aber zu kleines Leben flieht. Nur durch die lebensgefährliche Übertretung von Verboten und noch dazu durch einen Ausrutscher findet sie doch noch zu ihrem Liebesglück.

Was lernen wir daraus? Sie als ordnend-kontrollierte Frau haben Ihre eigene Art, mit Schönheit, Sinnlichkeit und Sexualität umzugehen. Ihr Gegenpsychogramm, die Grenzen sprengenden Frauen, sind für Sie da kein Vorbild, ganz im Gegenteil: Sie können sogar zu Ihren natürlichen Feindinnen werden. Wenn Sie Ihre eigene Art gefunden haben, dann brauchen Sie keine Angst mehr zu haben; weder vor Ihrer Schönheit, Ihrer Sinnlichkeit und Ihrer Sexualität noch vor dem, was Sie damit bei Männern auslösen können. Und schon gar nicht vor hysterischen Frauen. Haben Sie also den Mut, Ihre ordnend-kontrollierte Welt hin und wieder zu verlassen, Verbote zu übertreten und Versuchungen nachzugeben. Sonst bleiben Sie vielleicht Ihr Leben lang in einer zwar geordneten, aber für Sie zu engen Welt sitzen.

Und was ist mit der Liebe? Die empfindet Schneewittchen nicht wirklich für die Zwerge. Diese Verbindung ist eine echte Vernunftehe: Sicherheit, Zuneigung, Respekt und Versorgung. Die Liebe kommt, wie sollte es anders sein, mit einem Prinzen in Schneewittchens Leben. Da liegt es allerdings schon scheintot, aber noch wunderschön in einem Glassarg. Um aus diesem Schneewittchen seine Traumfrau zu machen, muss man die Realität gering und die Phantasie hoch achten. Der Prinz macht aus ihr kraft seiner Einbildung das, was er in ihr sehen will: seine Prinzessin. Zumindest in diesem Sinne hat der Prinz einen Grenzen sprengenden Charakter.

Das wirklich Wunderbare und Unerwartete an diesem Märchen ist, dass diese Einbildung zur Realität wird: Mit seiner Hilfe kann Schneewittchen die falsche, nicht zu ihm passende Sexualität ausspucken und erwacht zu einem neuen, eigenen und selbstbestimmten Leben. Jetzt ist es endlich frei und lebendig und kann mit dem Prinzen glücklich werden.

Fallbeispiel

Susanne K., 42 Jahre

Susannes Vater verließ die Familie, als Susanne neun Jahre alt war. Sie sah ihn dann nur noch alle zwei Wochen am Wochenende und später, als er wieder neu verheiratet und zum dritten Mal Vater geworden war, nur noch unregelmäßig. Sie mochte ihren Vater sehr, seine ruhige, überlegte Art beeindruckte sie, aber sie verstand nicht, warum er ihre Mutter verlassen hatte. Susanne fand, er habe sie alle im Stich gelassen – ihre Mutter, sie und ihren zwei Jahre jüngeren, geistig behinderten Bruder.

Bald nach der Trennung ihrer Eltern wurde Susanne zur Gesprächspartnerin und zur großen Hilfe ihrer Mutter. Mit Ruhe und Beharrlichkeit kümmerte sie sich auch um ihren mongoloiden Bruder. Sie war nicht unzufrieden mit diesem Leben. Ihre Zeit teilte sie sich gut ein, lernte nebenher sogar noch Klavier spielen und traf regelmäßig Freundinnen. Mit den Jungs klappte es nicht so gut, aber das störte Susanne erst einmal wenig. Sie war etwas übergewichtig und sagte sich immer, dass sie nur abzunehmen bräuchte, wenn sie einen Freund haben wollte. Denn Susanne wusste, dass sie dann sehr gut aussehen würde mit ihren tief liegenden braunen Augen, ihren braunen Locken und ihren weiblichen Formen. Aber zum Diäthalten und Sportmachen hatte sie keine Lust, keine Zeit und auch keine Kraft. Und sie aß einfach viel zu gerne.

Nach der mittleren Reife begann Susanne eine Ausbildung zur Sozialversicherungsfachangestellten. Das Einzige, was sie an diesem Beruf störte, war seine Abkürzung. Wie konnte man nur aus der Bezeichnung »Sozialversicherungsfachangestellte« das Kürzel »Sofa« machen, und das nicht im Spaß, sondern im bürokratischen Ernst! Beharrlich weigerte sie sich, dieses Wort auszusprechen und es überhaupt anzunehmen. Nach ihrer Arbeit gefragt sagte sie immer, sie arbeite in der Versicherungsbranche – und wechselte dann schnell das Thema.

Erst als ihre Mutter wieder einen neuen Partner gefunden hatte und ihr Bruder in einem betreuten Wohnheim untergekommen war, zog Susanne von zu Hause aus. Da war sie 23 Jahre alt. Kurz darauf verliebte sie sich in Bernd, einen Arbeitskollegen. Sie gingen miteinander aus, er bekochte sie ganz rührend. Sie verbrachten ein gemeinsames Wochenende am Gardasee, und schließlich, nach einiger Bedenkzeit ihrerseits, gab Susanne Bernds Drängen nach und ging mit ihm ins Bett. Es war für sie das erste Mal und eine echte Offenbarung. Es machte ihr so unheimlich viel Spaß, sie erlebte ihren Körper so anders, so neu, wie gemacht für Sex, dass sie in den folgenden Tagen und Wochen das Essen fast völlig vergaß. Bernd war ein guter und ausdauernder Liebhaber. Es durfte, ja es sollte gern jedes Mal dasselbe sein, Susanne brauchte im Bett keine Besonderheiten oder Abwechslungen. Sie wollte es immer auf die gleiche, erprobte und für sie wunderbare Weise. Immer genau so, wie es Bernd schon beim ersten Mal gemacht hatte.

Auch Bernd war begeistert. Noch nie hatte er eine Frau so einfach befriedigen und glücklich machen können. Sein Selbstbewusstsein schoss in die Höhe. Er glaubte, es läge ausschließlich an ihm, dass seine Susanne hinterher jedes Mal so glücklich lächelte, ihn so dankbar und bewundernd anschaute und so überaus bereit und anschmiegsam war. Er kam sich auf einmal wie der beste Liebhaber aller Zeiten vor – und wollte diese neue Fähigkeit auch bei anderen Frauen ausprobieren. Da war Susanne allerdings schon schwanger, wusste es aber noch nicht.

Kurz nach der Geburt ihres Kindes trennte Susanne sich von Bernd. Es war nicht nur die Untreue, die sie ihm nicht verzeihen konnte und wollte, es war auch seine respekt- und verantwortungslose Art ihr gegenüber. So einen Mann wollte sie nicht an ihrer Seite haben.

Danach hatte Susanne lange Jahre keinen festen Freund mehr. Sie zog ihren Sohn groß, stieg beruflich auf und führte ein ruhiges Leben mit festen Angelpunkten: der Fitness- und der Mädelsabend, das sonntägliche Mittagessen bei ihrer Mutter, der regelmäßige Besuch beim behinderten Bruder. Die Erziehung und auch die notwendige Fremdbetreuung ihres Sohnes bekam die alleinerziehende Mutter meist problemlos hin. Ihre Mutter unterstützte sie tatkräftig, manchmal sprang auch ihr Vater ein, und Susanne fand zuverlässige Babysitter. Später ging ihr Sohn nachmittags nach der Schule in den Hort, dann in eine Ganztagsschule.

Wenn Susanne sich auf einen Mann einließ, dann nur auf der erotischen Ebene. Aber auch hier wollte sie Regelmäßigkeit. Er sollte abends kommen und morgens gehen und auch nur dann, wenn gerade kein Fitness- und kein Mädelsabend war. Nach wie vor hatte Susanne großen Spaß am Sex, nur verliebte sie sich nicht mehr richtig. Und je älter sie wurde, desto weniger Gefühle konnte sie für Männer entwickeln.

Schuld daran waren die Erfahrungen, die Susanne mit ihrem Vater und dem Vater ihres Sohnes gemacht hatte, und die »Lehren«, die sie für sich daraus gezogen hatte: Wenn es wirklich schwer wird im Leben, wenn es echte Probleme gibt, dann kannst du dich auf die Männer nicht verlassen. Entweder sie hauen ab, oder sie schnappen über, oder beides. Deshalb plante sie ihr restliches Leben ohne einen festen Partner und sah nichts Schlimmes dabei. Ganz im Gegenteil: Regelmäßig bekam sie versteckte oder auch sehr eindeutige Angebote von verheirateten Männern, die mit ihr gerne eine Affäre angefangen hätten. Sie ging nie darauf ein, bemitleidete deren Frauen und war froh, nicht in deren Haut zu stecken.

In Susannes sonst sehr ruhige und bedächtige Art mischte sich mit der Zeit etwas Bestimmendes, manchmal sogar Herrisches. Kompromisse zu schließen und sich auf jemanden einzustellen fiel ihr immer schwerer. Bei der Arbeit machte sie sich damit nicht nur Freunde, und so manche Mitarbeiterin wechselte aus der Abteilung, die Susanne inzwischen leitete, in eine andere. Ihr Chef jedoch schätzte ihre penible Vorgehensweise, gerade wenn es darum ging, schwierige Sachverhalte systematisch und gründlich anzugehen und zu bearbeiten.

Zu ihrem 39. Geburtstag bekam Susanne von ihren zwei besten Freundinnen einen Drei-Monats-Account bei einer Internet-Partnervermittlung mit der klaren Ansage geschenkt, dass sie ihren nächsten Geburtstag bitte mit einem Partner feiern solle. Sie schätzten und mochten Susanne, sahen aber mit Besorgnis ihre emotionale Entwicklung zur »Gouvernante«.

Susanne nahm sich die Mahnung ihrer Freundinnen sehr zu Herzen. Doch ihre Bedingung konnte sie leider nicht erfüllen, obwohl sie tatsächlich jemanden kennen lernte, mit dem sie gerne gefeiert hätte, nicht nur ihren 40. Geburtstag. Sie hatte sich verliebt, nach vielen Jahren wieder. Er hieß Sven, hatte zwei Kinder und war geschieden. Seine Frau hatte ihn verlassen, und Sven kannte ziemlich genau Susannes Gefühle Männern gegenüber, denn er hatte die gleichen Empfindungen den Frauen gegenüber. Und er war genauso ausgehungert wie Susanne. Als sie das jeweils beim anderen erspürten, gab es kein Halten mehr. Die beiden verbrachten viele tolle Nächte miteinander, er passte so gut zu ihr, zu ihrem Körper, zu ihrer Seele, alles stimmte. Aber nur für Susanne und nicht für Sven, zumindest nicht alles. So hingebungsvoll und liebevoll er sein konnte, so ehrlich war er auch. Er sagte es ihr immer wieder und offen heraus: Er fände es total toll im Bett mit ihr, aber er sei nicht verliebt, zumindest nicht in sie. Er wäre es gerne, sei es aber nun mal nicht. Und darum könne aus dem, was zwischen ihnen sei, keine feste Beziehung werden. Nicht das, was Susanne sich ganz offensichtlich wünsche. Und das wünschte sie sich inzwischen tatsächlich mit ihm.

Sven suchte weiter und fand andere, in die er sich zu verlieben hoffte, immer auf der Suche nach der einen, die ihm seine Exfrau ersetzen sollte. Er hatte Liebschaften, er hatte auch respektable, länger gehende Liebesgeschichten. Aber er besuchte auch immer noch regelmäßig Susanne, sozusagen heimlich. Sie bot es ihm an, sie bat ihn sogar darum. So viele Frauen er in dieser Zeit hatte und zum Teil auch liebte, so konstant betrog er sie alle mit Susanne. Wahrscheinlich lag es an der unglaublich guten Passung ihrer Körper. Vielleicht auch daran, dass Sven tief drinnen wusste, dass er sie und genau sie liebte. Nicht weil Susanne so war wie seine Ex, sondern weil sie ganz anders war. So ruhig und konstant und weil sie ihn aushielt in seinem Kommen und Gehen, seinem verzweifelten Suchen nach den Gefühlen, die er glaubte haben zu müssen, um eine feste Beziehung eingehen zu dürfen.

Susannes Sohn war inzwischen 16 Jahre alt und ging immer mehr seine eigenen Wege, ihr mongoloider Bruder war verstorben, und ihre Mutter lebte inzwischen mit ihrem Lebensgefährten überwiegend auf Mallorca. Susannes Karriere war an einem Punkt angelangt, an dem es nicht mehr weitergehen konnte. So hatte Susanne freie Energien. Sie konnte wieder etwas aushalten, was mit Liebe zu tun hatte. Das tat sie.

Es war wie verdreht: Susanne kam sich manchmal wie die betrogene Ehefrau vor, dabei war sie die konstante Geliebte eines Mannes mit vielen anderen Beziehungen hintereinander. Es war aber auch kein »Friends with benefit«-Arrangement. Das machte sie Sven immer wieder klar. Susanne hielt das alles nur aus, weil sie ein klares Ziel hatte: Sven eines Tages allein für sich zu haben.

Das ging mehrere Jahre so. Immer wieder machte er endgültig Schluss mit Susanne, wenn er mal wieder glaubte, die große Liebe gefunden zu haben, und immer wieder kam er zurück. Susannes Freundinnen, denen sie davon erzählte, reagierten mit einer Palette von dringendem Abraten bis zu blankem Entsetzen. Keine verstand sie. Keine machte ihr Hoffnung. Das sei keine Strategie, mit der man einen Mann einfängt, es sei eigentlich gar keine Strategie, sondern nichts anderes als pure Dummheit. Aber es war eine Strategie, Susannes ganz eigene.

Nach der dritten zerbrochenen »großen Liebe« lag Sven mal wieder nach einer schön verbrachten Nacht wach neben Susanne. Sie spürte seine Empfänglichkeit, seine Weichheit und auch seine Dankbarkeit dafür, dass sie das alles immer wieder mitmachte. Sie fragte ihn, ob er mit ihr mal wegfahren wolle, nur für ein paar Tage, mehr nicht. »Warum eigentlich nicht?«, war seine Antwort. Sie machten noch viele Urlaube zusammen, und irgendwann spürte Sven, dass er seine große Liebe endlich gefunden hatte.

Anmerkungen zu diesem Beispiel

Den meisten Frauen stehen die Haare zu Berge, wenn sie sich anhören müssen, was Susanne alles mit sich hat machen lassen, insbesondere in der Beziehung zu Sven. Aber dies ist nun mal eine Geschichte, wie sie das Leben schrieb. Susanne fühlte sich in dieser ganzen Zeit der Unsicherheit mit Sven gar nicht in der Opferrolle, so wie es vielleicht eine Nähe suchende Frau empfunden hätte. Sie war einfach nur sich selbst und ihren Gefühlen zu Sven treu. Mehr nicht.

Die Grenzen sprengende Frau: unterhaltsam und abenteuerlustig

Ihr Lebensgefühl

Was Sie wollen, ist Leichtigkeit. Dieses Gefühl können Sie auch wunderbar denen vermitteln, die mit Ihnen zu tun haben. Sie sind das Gegenmittel für alle Bedenkenträger und Betroffenheitsapostel: Natürlich, die Sachzwänge, oh je, die Moral, mein Gott, was könnten die Nachbarn sagen, Hilfe, das darf der Chef nicht bemerken – was soll das alles?! Der liebe Gott hat die Menschen doch nicht gemacht, damit sie Regeln befolgen. Und nur weil Adam und Eva genau das nicht gemacht haben, sind sie aus diesem langweiligen und ewig gleichen Paradies vertrieben worden. Ein Glück für uns alle! Warum muss denn alles schwer und kompliziert sein? Das Leben ist doch so anregend und immer wieder unendlich neu und spannend!

Wenn Sie zum Grenzen sprengenden Charaktertypus neigen, dann wollen Sie sich frei und ungebunden fühlen, aber nicht aus Angst vor Nähe wie die distanzierten Persönlichkeiten, sondern um sich nicht festlegen zu müssen. Sie brauchen Freiheit, um Ihren Erlebnishunger befriedigen zu können und um Ihr Leben unterhaltsam und abwechslungsreich gestalten zu können, möglichst jeden Tag aufs Neue.

Am liebsten sind Sie ständig in Bewegung, innerlich oder äußerlich. Sie scheuen auch nicht das Risiko, wenn es Spannung und Abenteuer zu erleben gilt. In Ihnen steckt ein unerschöpflicher Unternehmungsgeist, Sie lassen sich schnell begeistern und überraschen alle mit Ihrer Spontanität und Kreativität. Sie suchen den Kontakt zu anderen Menschen, lernen gerne interessante Persönlichkeiten und fremde Charaktere kennen.

Ihr Hang zur Theatralik und Ihre Extrovertiertheit bewirken, dass Sie meistens im Mittelpunkt stehen. Da Sie das Leben wie eine aufregende Varietéaufführung auf einer großen Bühne erleben, genießen Sie die Aufmerksamkeit der anderen sehr. Sie sind eine Meisterin im Einsatz von wirkungsvollen Showeffekten, mit denen Sie gefallen und beeindrucken wollen, sind zugleich aber auch selbst sehr empfänglich für Eindrücke und Gefühle.

Nach Riemann wird dieser Typus von der Angst vor der Notwendigkeit geprägt, die als Endgültigkeit und Unfreiheit erlebt wird[10]. So verdrängen Sie Dinge, die unveränderbar und unabwendbar sind wie das Altern und der Tod. Aber auch lebenslange Festlegungen bereiten Ihnen Unbehagen. Sie suchen sich Berufe, in denen Sie sich frei fühlen können, die Abwechslung und Entwicklung versprechen. Wie jemand Beamter oder gar Priester oder Nonne werden kann, ist Ihnen komplett unverständlich. Auch die als lebenslange Gemeinschaft konzipierte Ehe ist Ihnen eher suspekt. Den Gedanken an eine Verbindung bis ans Lebensende ertragen Sie nur, wenn Sie nicht über die nächsten ein, zwei Jahre hinausdenken.

---

10 Fritz Riemann, *Grundformen der Angst,* S. 17.

Ihre Stärken und Schwächen

»Ich bin gerne verliebt«, könnte Ihr Leitsatz sein. Sie verlieben sich oft, was natürlich impliziert, dass Ihre Liebesbeziehungen zuweilen nur eine kurze Halbwertzeit haben. Probleme gibt es meist erst dann, wenn eine Beziehung länger andauern soll und Tugenden wie Treue und Beständigkeit von Ihnen gefordert sind. Bevor es langweilig und anstrengend wird, suchen Sie sich lieber einen neuen Mann, auf den Sie neugierig sein können und bei dem Sie wieder dieses Kribbeln im Bauch spüren. Am liebsten wären Sie Ihr Leben lang frisch verliebt.

Im Gegensatz zum Nähe suchenden Typus lieben Sie das Gefühl der Verliebtheit mehr als die Nähe zum Partner. Die Liebe empfinden Sie eher als Erhöhung von sich selbst als vom anderen. Sie dient Ihrer Selbstbestätigung und hat etwas von dem Applaus, den ein guter Schauspieler vom Publikum bekommt. Insofern hat Ihre Liebesfähigkeit auch eine egozentrische Komponente. Eifersucht entsteht bei Ihnen daher eher aus einer narzisstischen Kränkung und aus verletztem Stolz heraus und weniger aus Angst vor dem Alleinsein.

Ihre selbstdarstellerische Art wirkt auf manche Menschen aber auch oberflächlich, und Ihre Beziehungen zu Menschen können etwas Flüchtiges und Flatterhaftes haben. Mehr zu scheinen, als zu sein, ist für Sie jederzeit erlaubt, sofern der Schein auch effektvoll rüberkommt. Sie wollen andere unterhalten, aber auch unterhalten werden. Wenn der erste Reiz einer neuen Bekanntschaft verflogen ist und sich die aufgeputschten Gefühle wieder etwas gelegt haben, sinkt bei Ihnen das Interesse am anderen schon wieder merklich. Nicht selten haben Sie aber eine sehr gute und langjährige Freundin, die Ihrem Gegentypus angehört. Sie bringt die nötige Konstanz und Verlässlichkeit in die Freundschaft ein, wofür Sie ihr sehr dankbar sind.

Sie zeigen sich sehr flexibel im Umgang mit Veränderungen und sind aufgeschlossen für Neuerungen. Ihre Impulsivität treibt Sie geradezu in neue Situationen. Sie sind kein Zauderer, Sie handeln. Sie warten nicht lange ab und denken alle Eventualitäten durch, Sie packen zu. Sie haben immer gerade ein spannendes Projekt laufen, oder Sie sind Feuer und Flamme für irgendetwas oder irgendjemanden. Beides rettet Sie über den Alltag hinweg. In Ihnen findet man immer einen überzeugten Mitstreiter, wenn es darum geht, etwas zu verändern, zu verbessern oder verkrustete Strukturen aufzubrechen. Sobald dieses Ziel aber kontinuierliche Anstrengung erfordert und vielleicht sogar bürokratische Klippen zu überwinden sind, kann Ihre Begeisterung auch schnell in Desinteresse und Langeweile umschlagen.

Überhaupt sind Ihnen Langeweile und Monotonie verhasst. Während Ihr Gegenpsychogramm, die Ordnend-Kontrollierten, die Routine, den wiederkehrenden Alltag und eingespielte Gewohnheiten liebt, haben Sie dabei das Gefühl, das Leben würde an Ihnen vorbeigehen, die Welt hätte Sie vergessen, und Sie wären lebendig begraben. Es sind die furchtbaren Gefühle der Sinn- und Bedeutungslosigkeit, die dann in Ihnen aufkeimen. Eher zetteln Sie eine Revolution an, als dass Sie ertragen könnten, dass alles ewig seinen gleichen Gang geht. »Jeder Idiot kann Krisen meistern. Der Alltag ist es, der mich fertigmacht.« Dieser Ausspruch, der dem Dramatiker Anton Tschechow zugeschrieben wird, könnte auch von Ihnen stammen.

Es verlangt Ihnen eine große Überwindung ab, Tag für Tag aufzuräumen und Ordnung zu halten. Die wiederkehrenden Notwendigkeiten zur immer gleichen Uhrzeit wie frühmorgendliches Aufstehen, pünktliches Erscheinen bei der Arbeit, rechtzeitiges Einkaufen etc. schaffen Sie nur mit großer Anstrengung und reichlich entnervt. Soweit irgend möglich, versuchen Sie das alles zu umgehen. Auch bei Verabredungen gehören Sie nicht unbedingt zu den Pünktlichen, und so mancher Mann in Ihrem bisherigen Leben kann ein Lied davon singen.

Ihr Geist funktioniert wie die Netzhaut von Reptilien: Alles, was unverändert ist und stillsteht, wird gar nicht mehr wahrgenommen. Nur Veränderungen und Bewegungen erregen Aufmerksamkeit. Dass sich jemand nie langweilt, weil er immer etwas zum Nachdenken oder Vorstellen im Kopf hat, ist Ihnen unbegreiflich. Durch genau diese Fähigkeit zeichnen sich introvertierte Menschen aus. Daher werden Grenzen sprengende Menschen meistens als extrovertiert wahrgenommen.

Dafür haben Sie die Gabe, Anregungen von außen aufzunehmen und zu etwas Neuem umzugestalten. Sie sammeln Reize aus verschiedensten Quellen, die Sie dann im Schmelztiegel Ihrer Kreativität und Spontanität zusammenbringen, erweitern oder auch verdichten. Mit dem, was Sie als Ergebnis dieser Metamorphose wieder nach außen bringen, verblüffen Sie Ihre Mitmenschen. Es kann bei etwas Begabung auch Kunst oder Literatur sein.

Ihr Denken gehorcht weniger den Gesetzen der Logik als

den Rösselsprüngen der Assoziation. Sie überspringen auch gerne ein oder zwei Schritte in der Argumentationskette oder verblüffen Ihren Zuhörer mit überraschenden Parallelen und unerwarteten Zusammenhängen, die sich einzig aus Ihrer emotionalen Landkarte heraus erklären lassen. Wer Ihnen zuhört, sollte sich besser Ihrem gedanklichen und emotionalen Flow hingeben als versuchen, Ihre Worte in nachvollziehbare Sinnzusammenhänge zu pressen. Ihre innere Freiheit, einen Gedanken nicht unbedingt in logischer Weise auf einen anderen folgen zu lassen, übertragen Sie auch auf die Handlungsebene. Eine starre Kausalitätskette ist Ihnen also genauso zuwider wie eine logische Argumentationskette. Ein Ereignis muss nicht zwangsläufig einem anderen folgen und schon gar nicht, wenn es Ihren Wünschen und Vorstellungen entgegenläuft.

So haben Sie auch Probleme damit, die Konsequenzen Ihres eigenen Handelns zu tragen, also zum Beispiel die Verantwortung dafür zu übernehmen, wenn Ihnen etwas missglückt ist oder Sie etwas angestellt haben. Mit Ihrer sympathisch-kindlichen Art, die Sie dann an den Tag legen, erreichen Sie es aber üblicherweise, dass jemand anders für Sie den Karren aus dem Dreck zieht oder Ihnen schnell verziehen wird. Ihr inneres Gefühl ist dann das eines Schauspielers, der auf der Bühne den Tollpatsch oder Schurken gespielt hat, der aber jetzt, von der Bühne abgetreten, mit dieser Rolle nichts mehr zu tun haben will.

Auch Spaß und Sinnesfreude möchten Sie ohne unerwünschte Nebenwirkungen und ohne Reue genießen können. Falls sich doch mal so etwas wie ein schlechtes Gewissen einschleichen sollte, wird es von Ihnen schnell überspielt

oder verdrängt. Sie haben sich eine Lebensphilosophie zu-
rechtgelegt, die Ihr Handeln nicht sanktioniert, sondern zur
wahren und einzig richtigen Art zu leben erklärt. Leider haben manche Angehörige Ihres Typus diese Einstellung auch
gegenüber Suchtmitteln: In Alkohol, Zigaretten und auch
härteren Drogen sehen sie eine der vielen Möglichkeiten,
ihre Gefühle zu stimulieren und ihre Nerven zu kitzeln.
Harmloser ist dagegen ihre Neigung, moralische Verbote zu
übertreten. Riskante erotische Abenteuer und reizvolle sexuelle Abwege werden von Grenzen sprengenden Menschen
gerne zu probaten Mitteln der eigenen Glückssuche erklärt.

So gewinnen Sie Männer für sich

Ihre Ausdruckskraft fasziniert

Sie sprühen vor Vitalität. Ihr Körper strahlt Spannkraft und
Dynamik aus. Ihre lebhaften Bewegungen wirken dabei locker, elegant und harmonisch. Für Ihr ungezwungenes, positives Körpergefühl werden Sie von vielen beneidet. Sie beherrschen die Kunst der großen Gesten und theatralischen
Posen. Sie können sich immer gut in Szene setzen. Ihre Blicke sprechen Bände. Sie lieben und suchen den direkten
Blickkontakt, können mit Ihren schönen Augen beeindrucken, flirten und verführen. Ihre Stimme gibt vom erotischen
Hauchen bis zum hysterischen Schreien alle Nuancen her,
sie wirkt melodisch und anregend. Zusätzlich haben Sie ein
reiches Gestenspiel, und Ihre Mimik kann jeden Gefühlszu-
stand ohne viele Worte ausdrücken.

Ihre Ausstrahlung verführt

Sie sind eine Meisterin in Sachen Sinnlichkeit, Erotik und Sex. Auf der Klaviatur der Möglichkeiten, Männern zu begegnen, beherrschen Sie alle Tonarten vom einfachen Flirt über die zärtliche Erotik bis zum ausgefallenen Sexspiel. Nebenbei haben Sie auch noch die hilflose Kindfrau in Ihrem Repertoire, wenn Sie einen Mann auf sich aufmerksam machen wollen. Das Spiel der Spiele, einen Mann zu erobern, zu verführen und in sich verliebt machen, beherrschen Sie perfekt und spielen es mit Hingabe und mit hohem Einsatz.

Bleiben Sie mutig

Was gibt es da noch zu sagen? Bleiben Sie, wie Sie sind, leben Sie Ihre Begabungen und Bedürfnisse aus und verstecken Sie sich ja nicht. Lassen Sie sich vor allem nicht von Neidern, Miesepetern, Moralaposteln und anderen Schlechte-Laune-Verbreitern davon abhalten, Ihr Leben (und damit die Welt) mit Sinnlichkeit und Erotik zu bereichern.

Männer, die Sie anziehend finden

Sie schaffen es, dass jeder Mann fasziniert oder zumindest interessiert zu Ihnen hinschaut. Die Männer, die auch dem Grenzen sprengenden Charaktertypus angehören, werden jedoch bald merken, dass Sie ihnen die Show stehlen könnten. Dann kommen bei aller Bewunderung und Sympathie auch Konkurrenzgefühle auf. Wer begeistert mehr, wer zieht die Blicke stärker auf sich, wer bringt die besseren Show-effekte? Kurz: Wer steht mehr im Scheinwerferlicht? Falls man als Außenstehender einem der wenigen Paare begegnet, bei dem beide Partner diesem Charaktertypus angehören, hat man den Eindruck, in ein Schauspiel geraten zu sein, bei dem sich zwei um die Hauptrolle streiten. Gerne reden und gestikulieren auch beide gleichzeitig, und man ist als Zuschauer heillos überfordert. Meist halten diese Beziehungen nicht lange, denn für zwei Grenzen sprengende Menschen ist einfach nicht genug Platz in einer Beziehung.

Die distanzierten Männer bewundern Sie sehr, allerdings mit dem nötigen Sicherheitsabstand. Sie sind fasziniert davon, wie durchlässig bei Ihnen die Grenze zwischen innen und außen ist: Gefühle werden von Ihnen eins zu eins ausgelebt, Gedanken und Einfälle eins zu eins ausgesprochen, ohne Angst und ohne Hemmungen. Den hohen Druckunterschied zwischen innen und außen, den die distanzierten Männer ständig aufrechterhalten müssen, kennen Sie gar nicht. Und die dadurch frei gewordene Energie platzt Ihnen ständig als Lebensfreude aus allen Poren. Sie sind mit Ihrer Energie und Ihrer Lebenslust diesen Männern aber immer auch ein bisschen suspekt.

Während Nähe suchende Frauen behutsam und langsam die Distanz zu distanzierten Männern zu überwinden suchen, werden Sie von diesen schnell als übergriffig und distanzlos wahrgenommen. Das macht diesen Männern Angst.

Vielleicht spürt ein distanzierter Mann auch, dass Sie mit ihm einiges gemeinsam haben: Sie lassen die Menschen um sich kreisen und machen aus ihnen im Handumdrehen ein begeistertes Publikum. Er will auch, dass man um ihn kreist, sich um ihn kümmert, auf ihn schaut. Das schafft er auch, aber mit entgegengesetzten Mitteln: Er stürzt sich nicht in die Menge, er distanziert sich. So macht er zwar nicht die Menge auf sich aufmerksam (was er auch gar nicht will), aber sehr wohl einzelne Menschen. So fällt er auf. (Insbesondere natürlich den Nähe Suchenden, die jeden Außenseiter sofort integrieren wollen, damit sich alle gemeinsam wohl fühlen.) Insofern verbindet die Grenzen sprengende Frau und den distanzierten Mann ein gewisser Narzissmus.

Das ist auch der Grund, warum Nähe suchende Männer sich von Ihnen angezogen fühlen. Diese Männer brauchen eine Frau, um die sie kreisen und für die sie da sein können und deren Leuchten auch auf sie abstrahlt. Sie können zum Mittelpunkt seines Lebens werden, für Sie kann er sich aufopfern, Ihre Begabungen fördern und Ihre Karriere unterstützen. Große und nicht so große Künstlerinnen, Diven und solche, die es einmal werden wollen, umgeben sich gerne mit Nähe suchenden Männern. Meist spielt sich solch eine Beziehung aber nicht auf Augenhöhe ab. Er himmelt sie an, und sie genießt es, bei ihm ständig im Rampenlicht zu stehen. Hier verschwimmen auch die Grenzen der unterschiedlichen Charaktertypen: Sie hat meist auch starke Anteile des distanzierten Psychogramms, und er rutscht in die extreme Ausprägung seines Charaktertypus, also ins Depressive, wenn seine Sonne ihn nicht mehr ausreichend bestrahlt.

Sie sind jedoch das perfekte Ergänzungsprogramm für einen ordnend-kontrollierten Mann. Und dieser Mann für Sie! Sie haben die Leichtlebigkeit, die ihm abgeht, er hat die Erdung, die Sie brauchen. Er bietet die Struktur, innerhalb und außerhalb derer Sie das Leben erblühen lassen.

Auch wenn Sie sich ungern an Strukturen halten, so gibt Ihnen ein Mensch, der so etwas in sich trägt, doch irgendwie Sicherheit und Halt. Er ist für all das zuständig, wozu Sie überhaupt keine Lust haben: Bürokratie, Finanzen und all die lästigen Dinge, die mit Vorsorge für Krankheit und Alter zu tun haben.

All die Emotionen, die in einem ordnend-kontrollierten Mann fest verschlossen schlummern, können Sie effektvoll nach außen bringen. Zum Beispiel haben Sie ein sehr entspanntes Verhältnis zu Gefühlen wie Empörung, Ärger, Wut und Aggressionen, die Sie auch offen und zeitnah ausleben. Das entlastet einen ordnend-kontrollierten Mann ungemein, denn er unterdrückt seine Aggressionen und seine Wut. Er ist es auch, der Ihre Gefühlsausbrüche, auch die gegen ihn selbst gerichteten, am besten aushält. Er kann sie einordnen, er erwidert sie nicht und behält einen kühlen Kopf, wenn Sie ausrasten. Das ist es auch, was Sie an ihm so schätzen: dass er kontrolliert und ruhig bleibt und sich nicht von Ihnen provozieren lässt. Dafür schauen Sie zu ihm auf. Da empfinden Sie ihn stärker als sich selbst.

Er wiederum findet es faszinierend, wie angstfrei Sie mit diesen unordentlichen Gefühlen umgehen. Und wie unbefangen Sie mit dem unordentlichsten aller Gefühle umzugehen wissen: mit der Liebe. Während für ihn immer irgendetwas dagegenspricht, Gefühle und Liebesbekundungen zu zeigen, gibt es für Sie keinen unpassenden Moment dafür. Er stiehlt Ihnen auch nicht die Show – im Gegenteil: Er klatscht am lautesten. Er ist aber nicht der schwache Bewunderer, der um Ihre Liebe bettelt, sondern der Beschützer, an dessen starker Brust Sie sich anlehnen und ausruhen können.

Sie spüren, dass dieser Mann das sichere Netz unter Ihrem Hochseilbalanceakt ist, die feste Hand, die Sie über den reißenden Wildbach führt, der warme Mantel, der Sie nach Ihrem Auftritt umhüllt.

Natürlich, Sie wollen weder den Erbsenzähler noch den kleinkarierten Bürokraten. Aber das sind nur Extremfälle dieses Psychogramms. Dieser Mann kann genauso Filmproduzent sein oder Finanzmakler, Rechtsanwalt, Galerist oder Oberarzt. Er hat sein Leben im Griff, seine Gefühle unter Kontrolle und langweilt sich. Bei Ihnen ist es wahrscheinlich genau umgekehrt. Sie sind wie füreinander geschaffen.

Auch Riemann kommt zu dem gleichen Ergebnis:

> Den als zwanghaft (ordnend-kontrolliert, Anm. d. Verf.) beschriebenen Menschen fasziniert die farbige Buntheit, Lebendigkeit, die Risikofreudigkeit und Aufgeschlossenheit für alles Neue seines hysterischen (Grenzen sprengenden, Anm. d. Verf.) Gegentypus, weil er selbst so überwertig am Gewohnten festhält, immer auf Sicherheit bedacht ist und so sein Leben, wie er selbst spürt, unnötig einengt. Und entsprechend ist, wie wir schon andeuteten, der auf der hysterischen Linie liegende Mensch fasziniert von seinem Gegentyp, weil dieser die Stabilität, Solidität, die Konsequenz und Verlässlichkeit, dieses In-der-Ordnung-Leben hat, das ihm so fehlt.[11]

---

11 Fritz Riemann, *Grundformen der Angst,* S. 234 f.

Fallstricke und wie Sie sie vermeiden

Legen Sie sich fest,
auch wenn es schwerfällt

Verliebe Dich oft, verlobe Dich selten, heirate nie?, Titel eines Buches von Felicitas von Lovenberg, könnte Ihr Motto und zugleich Ihr Verhängnis sein. Solange Sie keine langfristige und feste Beziehung anstreben, leben Sie mit dieser Einstellung auch sehr gut. Allerdings laufen Sie Gefahr, das Spiel zu lange ausreizen. Die Erfolge, die Sie bei der Männerwelt verbuchen, geben Ihnen das Gefühl, dass es eigentlich immer so weitergehen könnte. Das tut es aber nicht. Sie könnten den richtigen Zeitpunkt verpassen, den richtigen Mann für sich nicht nur zu erobern, sondern auch zu halten. Der »richtige« Mann ist für Sie allerdings auch etwas Relatives: Es hängt zwar auch von den Eigenschaften eines Mannes ab, ob er Ihr »Mr Right« ist, aber entscheidend ist, wie Sie ihn erleben: Ist er noch fremd und unerforscht oder schon bekannt und nicht mehr so spannend? Und es gibt immer interessantere Männer, die mit dem Reiz des Neuen winken. Manche Frauen (und viele Männer) Ihres Typus sind auf die Selbstbestätigung, die ihnen die Eroberung einer neuen Liebe verschafft, so angewiesen, dass sie sie immer wieder aufs Neue suchen. Ohne dieses Spiel fühlen sie sich wie tot, wie abgestorben. Sie brauchen den Kick, bewundert und begehrt zu werden, wie ein Junkie die Droge.

Benutzen Sie Sex nicht als Machtmittel

Sex für einen anderen Zweck als für die Lust und deren Befriedigung (und natürlich für die Zeugung von Kindern) einzusetzen ist schlecht für den Sex und noch schlechter für die Beziehung. Sie genießen Sex sehr, steigert er doch Ihr Selbstwertgefühl und lässt Sie die Liebe, die Sie so lieben, hautnah spüren. Frauen Ihres Typus benutzen die Sexualität allerdings auch als Möglichkeit, einen Mann zu manipulieren, zu dominieren oder um Leistungen anderer Art von ihm zu erhalten. Dazu können Sie Sex gewähren oder auch versagen, je nachdem, wie Ihr Ziel besser zu erreichen ist.

Damit entweihen Sie aber die Sexualität und noch viel mehr Ihre eigene Freude daran. Sie haben genug andere Mittel zur Verfügung, einen Mann dazu zu bringen, etwas für Sie zu tun. Und die allerbeste Motivation ist immer noch seine Freiwilligkeit, weil er Sie liebt.

Übernehmen Sie Verantwortung für Ihr Glück und Ihr Unglück

Gerne delegieren Sie die Verantwortung für Ihr Glück – und vor allem die für Ihr Unglück – an andere. Natürlich gibt es Fälle, in denen das sogar berechtigt ist. Aber nicht selten ist das eigene Glück, aber auch das eigene Unglück, die ziemlich logische Konsequenz des eigenen Verhaltens. Diese Aussage lehnen Sie aber allein schon deshalb ab, weil die Wörter »logisch« und »Konsequenz« für Sie so unangenehm und abstoßend wirken, dass Sie über die Bedeutung dieses Satzes gar nicht nachdenken wollen. Ich glaube, gegen die

Irrationalität dieses Verhaltens ist kaum ein Kraut gewachsen. Viele Dinge, die im Leben passieren, gehorchen ja auch tatsächlich keiner erkennbar sinnvollen Abfolge.

Ich glaube, es reicht, wenn Sie akzeptieren können, dass das persönliche Glück oder Unglück meist irgendwie im Zusammenhang mit dem eigenen Verhalten steht, zumindest mehr als das Wetter. Viel wichtiger ist, dass Sie auch Ihren Partner oder den, der es einmal werden will, aus der Verantwortung für Ihr Glück entlassen. Mit Ihrer Fähigkeit, das Leben zu lieben und es auch so zu nehmen, wie es ist, werden Sie das auch schaffen.

Lernen Sie, älter zu werden

Fatalerweise sind genau die Dinge, die Ihnen so viel Glück bescheren können, letztlich auch verantwortlich für Ihr mögliches Unglück. Wie oben schon angesprochen, ist Ihre Fähigkeit, Menschen und Männer für sich einzunehmen, von sich zu begeistern und in sich verliebt zu machen, so besonders, dass Sie annehmen müssen, es könne ewig so weitergehen. Wenn es aber dann doch nicht so weitergeht, sind nicht die anderen schuld, die auf Sie nicht mehr so reagieren wie früher, sondern Sie selbst haben etwas falsch gemacht. Sie haben vergessen, dass die Zeit vergeht. Genau hier versagt leider meistens Ihre Lust an der Veränderung. Die Veränderung durch die Zeit sehen Sie nicht als Chance, sondern als Zumutung des Schicksals, als Fehler der Schöpfung und Anmaßung der Götter Ihnen gegenüber. Am liebsten wird diese Tatsache einfach verdrängt. Eine kurze Episode aus einer Therapie mag diese innere Haltung verdeutlichen:

Katja W., eine sehr attraktive, zierliche und südländisch anmutende Schauspielerin, musste ihren Lebensunterhalt mangels passender Engagements überwiegend mit der Synchronisation von Pornofilmen bestreiten. Da dieser Job am Sonntag stattfand und sie immer montags zu mir in die Praxis kam, war sie meist heiser vom vielen Stöhnen und Schreien. Mit geschwächter Stimme berichtete sie mir dann gerne über ihre großen Erfolge als Schauspielerin, die aber schon einige Jahre zurücklagen. Natürlich klagte sie auch, wie frustriert sie sei, dass sie jetzt keine guten Rollen mehr bekomme und diesen entwürdigenden Job machen müsse.

Ihre Frustration konnte ich natürlich nachvollziehen. Ich verstand auch nicht, warum Katja keine Angebote mehr bekam, obwohl sie als Schauspielerin nachweislich sehr begabt war – bis sie einmal fast nebenbei erwähnte, dass sie sich immer nur um Rollen bewarb, für die eine Schauspielerin unter 30 Jahren gesucht wurde. Katja war aber bereits 37 Jahre alt. Sie sah sicherlich deutlich jünger aus, aber als Twen ging sie nicht mehr durch. In ihren 20er Jahren hatte sie ihre beste Zeit als Schauspielerin gehabt. Und jetzt wollte Katja nicht wahrhaben, dass inzwischen zehn Jahre vergangen waren.

Als ich ihr meine Bedenken rückmeldete und ihr vorsichtig zu verstehen gab, dass sie ihr jugendliches Aussehen etwas überschätzte, wollte sie vor lauter Entrüstung und Kränkung beinahe die Therapie abbrechen. Ich bat sie, vor einer überstürzten Beendigung unserer Sitzungen lieber auch ihre besten Freundinnen zu fragen, um welche Rollen sie sich bewerben solle. Als Katja von ihnen ähnliche Rückmeldungen bekam wie von mir, konnte sie auch das nur schwer akzeptieren. Letztlich konstatierte sie immerhin, dass bei den Castings ihre manchmal heisere Stimme sicherlich deutlich älter wirke und sie deshalb keinen Erfolg habe.

Ab da bewarb sie sich auch um Rollen für ältere Frauen – mit deutlich besserem Erfolg.

Das Älterwerden kann von Frauen Ihres Psychogramms auch als Reife erlebt und als Möglichkeit gesehen werden, sich auf andere Dinge zu konzentrieren und das ewige Ich-will-allen-gefallen-Spiel weniger ernst zu nehmen. Natürlich: Die Möglichkeiten, das eigene Selbstwertgefühl durch Bestätigung von außen aufzubauen, nehmen mit den Jahren ab. Da ist die Versuchung groß, als Gegenreaktion alle Register der Kosmetik und der plastischen Chirurgie zu ziehen, um das Unabwendbare hinauszuzögern.

Heutzutage ist das bei entsprechenden finanziellen Mitteln auch durchaus machbar, und ich bin der Letzte, der sanfte Korrekturen des Alterungsprozesses verdammen würde. Aber irgendwann hat auch das seine natürlichen Grenzen, und es ist in jedem Fall der bessere und befreiendere Weg, sich dem Altern zu stellen, als ihm ewig auszuweichen und es zu verdrängen.

Fordern Sie Liebe nicht ein

Da Sie einen Großteil Ihres Selbstwertgefühls aus der Bewunderung anderer, insbesondere der Männer, erhalten, machen Sie sich gleichzeitig auch abhängig von ihnen. Das kann zu einer inneren Haltung führen, die diese Bestätigung quasi einfordert und verlangt. Ovationen und Liebesbeweise werden dann nicht mehr als schöne Geschenke erlebt, sondern als zu entrichtende Abgaben, auf die Sie ein Recht haben.

Lob und Komplimente des Mannes werden als selbstverständlich wahrgenommen oder weitgehend überhört, jede Kritik und jede negative Äußerung aber als Angriff auf Ihr Selbstwertgefühl erlebt und sofort kategorisch abgewehrt. Nicht selten fühlt sich der Mann dadurch überfordert oder sogar genötigt, was er normalerweise aber nicht gerne zugibt.

Setzen Sie auf Ihre positive Ausstrahlung

Sie haben von Natur aus eine wunderbare Ausstrahlung und erfüllen so das wichtigste Kriterium bei der Partnerwahl mit Bravour. Machen Sie sich also bitte nicht verrückt, wenn Ihr Körper irgendwelche Unvollkommenheiten aufweist, die vermutlich nur Sie selbst sehen und an denen auch nur Sie sich stören. Männer sind in dieser Hinsicht viel entspannter. Viel schlimmer ist (und da sind Männer deutlich empfindlicher), wenn Sie darüber Ihr Lachen und Ihre Freundlichkeit verlieren. Bleiben Sie also locker und vor allem Sie selbst, wenn Ihnen Ihr Aussehen nicht (oder nicht mehr) optimal vorkommt. Die Gefahr besteht nicht, dass Sie den Mann Ihrer Träume deswegen nicht bekommen, weil Sie vielleicht ein paar Kilo oder ein paar Falten zu viel haben, sondern weil Sie sich darüber verrückt gemacht und so etwas viel Besseres verloren haben: Ihre wunderbare Ausstrahlung.

Prinzessinnen-Typ:
Die Königstochter in *Der Froschkönig*

Die Prinzessin, die am meisten die Züge des Grenzen sprengenden Charakters trägt und das auch sehr drastisch auslebt, ist die Prinzessin in dem Märchen *Der Froschkönig.*

Die Königstochter ist unbekümmert, freut sich des Lebens und spielt mit ihrem goldenen Ball. Als er ihr in den Brunnen fällt, verspricht sie dem Frosch freimütig alles, was er will, damit er ihr den Ball zurückbringt. Sie will sich dadurch aber nicht festlegen lassen, fühlt sich in keiner Weise an ihre Versprechen gebunden und hat bald alles wieder vergessen. Die Verantwortung für ihr Handeln übernimmt sie einfach nicht und will auch die Konsequenzen nicht tragen. Vom strengen Vater gezwungen muss sie den Frosch, der beharrlich auf sein Recht pocht, dann doch von ihrem Teller essen und aus ihrem Glas trinken lassen. Dass sie zu alldem überhaupt keine Lust hat, zeigt die Königstochter frei und ungehemmt.

In der Schlüsselszene sprengt sie schließlich die Grenzen des väterlichen Diktats, will sich der Unausweichlichkeit nicht beugen und bekommt einen hysterischen Wutanfall: Als sie den Frosch auch noch in ihr Bett mitnehmen soll, klatscht sie ihn mit Wucht an die Wand. Erstaunlicherweise wird er genau dadurch zum wunderschönen Prinzen. Sie erlöst ihn mit ihrer Aggression *gegen* ihn.

Das Wunderbare an diesem Märchen ist nicht der sprechende Frosch und nicht die Tatsache, dass eine launische Königstochter einen Prinzen abbekommt. Das Wunderbare ist die Verwandlung des Frosches in einen Prinzen durch einen Akt, der so gar nichts Romantisches und Märchenhaftes an sich hat: durch den Wurf gegen die Wand. Wunderbar ist, dass sich aus gelebter Aggression etwas Gutes entwickeln kann.

Und genau das ist der Schlüssel zu Menschen mit einem Grenzen sprengenden Charakter. Weil sie ihre Emotionen nicht zügeln können und sie ausleben müssen, brauchen sie einen Partner, der das alles aushält und daran nicht zerbricht. Und genauso braucht dieser Partner Sie als Grenzen sprengende Frau, weil Sie für ihn seine unterdrückten Aggressionen ausleben. Sie erlösen mit dem Ausleben Ihrer Aggression zugleich sich selbst und den anderen. Dafür lieben Sie ihn und er Sie. So wird er zu Ihrem Prinzen.

Der Frosch zeigt klare Charakterzüge des ordnend-kontrollierten Psychogramms: Er hilft der Königstochter zwar, als sie ihren goldenen Ball verliert, will aber eine hohe Gegenleistung dafür. Er vergisst und vergibt nichts, pocht ganz akribisch und penetrant auf die Einhaltung des ihm gegebenen Versprechens, unterstützt von dem ebenfalls ordnend-kontrollierten König. Und er wird erlöst, als die Prinzessin aggressiv wird, weil er selbst es nicht sein kann.

Interessanterweise kursiert auch eine falsche Version dieses Märchens, in der die Prinzessin den Frosch küssen muss, damit er wieder zum Prinzen wird. Das würde jedoch so gar nicht zu ihrem Charakter passen. Sie lebt ganz authentisch ihre Aggressionen aus, und nur der Mann, der das bei einer Grenzen sprengenden Frau aushält und nicht davonläuft, hat das Zeug, zu ihrem Prinzen zu werden. Sie verstellt sich nicht, sie überwindet nicht ihren Ekel, sie spielt nicht das liebe und folgsame Mädchen. Ganz im Gegenteil. Sie bekommt einen Wutanfall! Nur über ihren wahren Charakter und über ihre wahren Gefühle findet sie zu ihrem Prinzen. Täte sie das nicht, würde ihr Prinz ewig ein Frosch bleiben.

Fallbeispiel

Jasmin F., 33 Jahre

Jasmins Aussehen hat etwas romantisch Altmodisches, etwas zeitlos Schönes. Gerade so, als sei sie einem Gemälde Ludwig Richters entsprungen. Mit ihrer zierlichen, mädchenhaften Figur und ihren feinen, fast kindlichen Gesichtszügen wirkt sie viel jünger, als sie ist. Die langen mittelblonden Haare fallen rauschgoldengelhaft über ihre schmalen Schultern und unterstreichen ihre zarte Figur. Im Gegensatz zu Jasmins Erscheinung und ihrer sonst eher zurückhaltenden Art funkeln ihre lebhaften, strahlenden Augen suchend in ihrem Gesicht. Ganz überrascht wird man schließlich von ihrem lauten, ansteckenden Lachen, das sie gerne und häufig in den Raum wirft, so als wüsste sie nicht, wohin mit ihrer überbordenden Lebensfreude.

Wer Jasmin besser kennt, stolpert schon mal über ihren Kleidungsstil. Der ändert sich nämlich ständig. Gerade war sie noch die junge Frau aus gutem Haus mit Faltenrock und Perlenkette, und dann kommt sie plötzlich behängt mit Ringen, Tüchern, Holzketten und in wallenden Röcken daher, als lebe sie in einer Hippiekommune. Mal erscheint sie komplett unauffällig mit Jeans und T-Shirt, mal fällt sie mit grellen Modefarben, engen Klamotten und übertriebenem Make-up auf. Aber das war keineswegs schon immer so.

Jasmin wuchs in einem biederen und überbehüteten Elternhaus auf. Ihre Mutter erklärte ihr die Welt als eine feindliche und gefährliche Zone, in der man ständig bedroht sei und auf der Hut sein müsse, insbesondere vor den Männern. Ihr Vater bestärkte dieses Weltbild, auch weil er sich seiner schönen Frau bedingungslos unterworfen hatte, um ihre Zuneigung zu erringen – und zu erhalten. In Jasmins Familie wurde immer sehr darauf geachtet, was die Nachbarn denken könnten. Der äußere Schein musste immer gewahrt bleiben – bis hin zur Forderung der Mutter an den Vater, seine grauen Haare wöchentlich zu färben, um jünger zu wirken. Er tat es klaglos.

Auch Jasmin war voller Angst. Dass es gar nicht ihre eigene, sondern die Angst der Mutter war, die ihr übergestülpt wurde und die sie sich schließlich selbst überstülpte, bemerkte sie erst viel, viel später.

Jasmins erste Jungenbekanntschaften torpedierte die Mutter mit bohrenden Nachfragen und endloser Bedenkenträgerei. Eigentlich wollte ihre Mutter damit nur eines erreichen: Kontrolle. Sie wollte verhindern, dass es ihre Tochter einmal ganz anders machte als sie selbst. Sie wollte verhindern, dass Jasmin ein freies und unbeschwertes Leben führen und glückliche Beziehungen zu Männern haben würde. Das durfte um keinen Preis geschehen, denn das hätte das gesamte Weltbild der Mutter umgeworfen. Begründet wurde diese Kontrolle mit ihrer allgegenwärtigen Angst um die Tochter und um alles, was sie umgab.

Irgendwann gab Jasmin auf. Erst brachte sie keinen Freund mehr nach Hause, und schließlich wollte sie auch gar keinen Freund mehr. Die Heimlichtuerei und die ewigen

Abwehrkämpfe gegen die Mutter nervten sie, kosteten sie zu viel Energie. So unterwarf sie sich letztlich dem mütterlichen Diktat, so wie es schon ihr Vater getan hatte.

Das Gefühl einer ständigen Bedrohung von außen, der Blick auf eine Welt, vor der man sich schützen muss und der man keine Angriffsflächen bieten darf, und die ständige Sorge um ein perfektes äußeres Erscheinungsbild überschatteten Jasmins Kindheit und Jugend, aber auch noch viele Jahre ihres späteren Lebens. Die unfreie, überbehütete Art ihrer Eltern hatte bewirkt, dass Jasmin jahrelang ein Leben mit einer falschen, ihr nicht eigenen Angst vor Veränderung und vor dem sozialem Absturz führte. Während ihr etwas älterer Bruder ganz in dieser engen und spießigen Atmosphäre aufging, sie verinnerlichte und sogar noch verstärkte (er wurde Verwaltungsbeamter im gehobenen Dienst), entwickelte sich in Jasmin sehr langsam eine tiefe innere Abwehrhaltung gegen die elterliche Weltsicht.

Nach bestandenem Abitur studierte Jasmin zum Entsetzen ihrer Eltern Grafikdesign. Die Kunst war ihre erste und damals noch einzige Möglichkeit, endlich die Grenzen zu sprengen, in denen sie lebte. Jasmin probierte alle modernen Stilrichtungen aus und hatte lebhafte Tagträume, in denen sie als avantgardistische Künstlerin Weltruhm erlangte und die Kunstszene revolutionierte. Und sie merkte, wie unfertig, wie unerlöst, wie unentwickelt sie noch war. Sie spürte in sich ein anerzogenes starres Werte- und Moralkorsett, das ihr keinen Halt gab, sondern sie einschnürte und unglücklich machte. Zu Beginn ihres Studiums ging die junge Frau noch allen Männern aus dem Weg, weil sie merkte, dass sie noch nicht bei sich angekommen war. Wohin sie aber wollte, das wusste sie noch nicht. Sie spürte aber, dass sie in diesem unfertigen Zustand keinen passenden Partner finden wollte – und konnte. Wenn sie sich jetzt an einen Mann binden würde, dann wäre sie auf diese falsche Art festgelegt. Das war ihre Befürchtung. Ihr Wille zur Veränderung und das Bedürfnis der Weiterentwicklung ließen sie jede feste Beziehung vermeiden.

Auch hatte sie ganz offensichtlich noch die falsche Ausstrahlung – und zog damit die völlig Falschen an. Die Männer sahen in ihr die brave, liebe Hübsche, fast das Mauerblümchen. So war sie die große Liebe eines langweiligen Finanzbeamten, der sich eine biedere Frau für zu Hause wünschte, gerne mit einem künstlerischen Touch, die etwas (dezente) Farbe in sein graues Leben bringt. Jasmin winkte genervt ab.

Es gab aber auch Männer, die ihr gefielen. Das waren die Lebenskünstler und die Kreativen, die Freien und Lustigen. Die, die keine Angst zu haben schienen vor morgen und schon gar nicht vor übermorgen. Es waren die Männer, die genau das hatten, was Jasmin auch in sich spürte, was aber noch nicht herauskommen konnte und durfte. Diese Männer faszinierten sie, die bewunderte sie, in die hätte sie sich verlieben können. Aber die bekam sie nicht.

Für diese Männer war Jasmin zu brav, zu unscheinbar – und zu wenig sexy. Nicht weil sie keine erotische Ausstrahlung hatte, sondern weil sie aus dieser Ausstrahlung nichts machte und sie übertünchte. Weil sie vor ihrer eigenen Ausstrahlung Angst hatte und vor dem, was sie damit bewirken könnte: Männer nur auf der erotischen Ebene zu faszinieren und anzuziehen. Das war von der Mutter verboten worden, und dieses Verbot wirkte immer noch, unbewusst. So blieb Jasmin allein.

Nach dem erfolgreichen Abschluss ihres Grafikdesign-studiums fiel sie in ein tiefes Loch. Das Studium war viel zu schnell vorbeigegangen, die Freiheit viel zu kurz gewesen. Sie hatte weder die Kunst revolutioniert noch ihren Stil gefunden, künstlerisch nicht und auch nicht persönlich. Sie hatte immer wieder etwas Neues angefangen, etwas ausprobiert, für eine Sache gebrannt und für eine andere geschwärmt. So war Jasmin die Zeit zwischen den Fingern zerronnen. Sie konnte es nicht fassen: Das Studium war vorbei, und die Notwendigkeiten eines eigenständigen, selbstversorgten Lebens brachen über sie herein.

Schließlich nahm Jasmin, der elterlichen Vorgabe entsprechend und über eine persönliche Beziehung ihres Vaters vermittelt, eine Stelle als Grafikerin bei einer Unternehmensberatung an: sicherer Job, gutes Gehalt, keine Aufstiegsmöglichkeiten, keinerlei künstlerischer Anspruch. Das war die Kapitulation. Und jetzt probierte sie es doch mit dem Finanzbeamten. Vielleicht könnte er ihr ja die Freiheit bieten, die sie für ihre Kunst brauchte, dachte sie. Ihre Eltern waren glücklich, doch Jasmin wurde zunehmend panisch. Zuletzt konnte sie nicht mal mehr eine Berührung von ihm zulassen. Lust auf Sex mit ihm hatte sie sowieso fast nie gehabt. Jasmin kam sich vor wie lebendig begraben.

Auch im Job lief es nicht gut. Zwar war sie innovativ und kreativ, lieferte beste Ergebnisse ab und erhielt viele Belobigungen von ganz oben, aber das war Jasmin gleichgültig. Von ihren Kolleginnen wurde ihr der Erfolg missgönnt. Ihre Art zu arbeiten, ihre Art zu sein eckten an. Jasmin ließ sich in kein Schema pressen. Für eine Unternehmensberatung hatte sie nicht den richtigen Stallgeruch. Schließlich wurde sie von ihrer Teamleiterin, einer von Karriere und Status besessenen Mitvierzigerin, regelrecht gemobbt. Hinter ihrem Rücken wurde schlecht über sie geredet, jedes Wort von ihr wurde negativ ausgelegt, man mied sie und ging ihr aus dem Weg. In dieser Situation und mit diesem Problem kam Jasmin in meine Praxis.

Sie wollte und konnte dort nicht mehr arbeiten. Verzweifelt suchte sie nach einem Ausweg. Nebenbei trennte sie sich von ihrem Finanzbeamten. Kompromiss- und gnadenlos. Das brachte Erleichterung. Doch sie war jetzt einunddreißig Jahre und stand vor den Trümmern ihres Lebens – so empfand sie es zumindest.

Jasmin wollte und brauchte einen Neuanfang, eine zweite Chance, einen anderen Weg. Sie brach den Kontakt zu ihren Eltern fast ganz ab, führte Abwehrkämpfe bei der Arbeit und suchte fieberhaft nach anderen beruflichen Möglichkeiten. Schließlich bewarb sie sich an der Kunstakademie. Sie wollte noch einmal studieren und endlich richtig Künstlerin werden. Ihr Geld werde sie nebenbei als freie Grafikerin verdienen, erzählte sie allen Skeptikern. Sie hatte schlechte Karten, einen der begehrten Plätze an der Akademie zu ergattern, denn sie war eigentlich schon zu alt. Aber mit ihrem Können und mit der ungeheuren Kraft und Energie, die sie jetzt entwickelte, erstellte Jasmin eine beeindruckende Bewerbungsmappe. Dann bezauberte sie alle mit ihrem Charme, zog mit ihrer Ausstrahlung den Professor inklusive seines Assistenten in ihren Bann und beeindruckte alle mit ihren künstlerischen Ideen. So bestand sie alle Eingangs- und Eignungsprüfungen und wurde schließlich angenommen. Ihr Traum war erst einmal erfüllt. Und als freie Grafikerin konnte sie sich vor Aufträgen kaum retten, sodass ihr Lebensunterhalt also auch gesichert war. Doch das Allerwichtigste war: Sie hatte sich selbst gefunden und die Angst ihrer Eltern abgeschüttelt.

Es war ein komplett neues Lebensgefühl. So frei und vor allem so jung hatte Jasmin sich noch nie in ihrem Leben gefühlt. Sie hatte das Gefühl, endlich bei sich angekommen zu sein, endlich so zu sein, wie sie schon immer sein wollte, endlich das Leben zu haben, das sie schon immer leben wollte.

Jetzt fehlte nur noch der richtige Mann. Doch der ließ auf sich warten. Eigenartigerweise hatten jetzt all die Männer, die sie früher angehimmelt hatte, all die Künstlertypen und Schauspieler, die Lebemänner und Freidenker ihren Reiz für Jasmin eingebüßt. Sie war ihnen zwar ähnlicher geworden, aber das machte sie nur umso weniger interessant. Jetzt hatte Jasmin auf einmal durchaus Chancen bei diesen Männern, verbrachte auch mit dem einen oder anderen mal eine Nacht, aber sie verliebte sich nicht, fühlte sich nicht genug umworben und auch nicht geborgen bei ihnen. So suchte sie weiter.

Zufällig traf sie Kai wieder, den Nachbarsjungen ihrer Eltern, den sie schon aus Schulzeiten kannte. Er war ihr immer viel zu brav, viel zu uninteressant gewesen. Inzwischen hatte er Karriere als Unternehmensberater gemacht, beim Konkurrenzunternehmen ihres ehemaligen Arbeitgebers. Jasmin bemitleidete Kai. Er war fasziniert von ihr. Er wäre gerne auch mal ausgestiegen, hätte gerne auch mal was ganz anderes gemacht. Aber er hatte sich nicht getraut. Er war schließlich ein Mann, verdiente inzwischen gutes Geld und hatte einen gewissen Status errungen. Das hätte er nie aufs Spiel gesetzt.

Schon seit ihrer Jugend jobbte Jasmin im Winter als Skilehrerin. Diese Möglichkeit, auf angenehme und sportliche Weise Geld zu verdienen, nahm sie jetzt wieder auf. Kai, der noch nie auf Skiern gestanden hatte, meldete sich sofort als Teilnehmer in einem ihrer Anfängerkurse an. Ungelenk kämpfte er auf der Skipiste mit seinen Brettern, verschwitzt bemühte er sich, einen Pflugbogen zustande zu bringen, verkrampft rutschte er einfachste Hänge herunter. Er war der Clown der Anfängergruppe. Er machte sich lächerlich, wo er nur konnte. Jasmin wandte sich innerlich von ihm ab. Kai war ihr peinlich. Wenn er je eine Chance bei ihr gehabt hatte, dann hatte er sie jetzt verspielt. Das war ihr klares Gefühl.

Aber Kai gab nicht auf. Er hatte einen eisernen Willen und eine erstaunliche Beharrlichkeit. Er übte und übte und übte. Er buchte auch den nächsten und übernächsten Kurs bei Jasmin. Sie musste ihn als Skischüler nehmen, ob sie wollte oder nicht. Er wurde besser auf den Skiern, aber er machte sich immer noch mit schlafwandlerischer Sicherheit lächerlich. Er blieb in jedem Schneehaufen stecken, überschlug sich auf der einfachsten Strecke, verhedderte sich in den Pistenabsperrungen und verbrannte sich die Zunge am Glühwein. Der geht gar nicht, dachte Jasmin. Aber er machte weiter – und blieb immer guter Laune. Und er machte Jasmin immer wieder klar, wie sehr er sie bewunderte.

Irgendwann schmolz ihr Herz. Ganz langsam. Sie konnte es nicht fassen, ihn nicht fassen. Wie konnte man nur so sein?! Sie fing an, über ihn nachzudenken: Auf jeden Fall war es ihm völlig egal, was andere über ihn dachten. Bei aller Anstrengung beim Skifahren, bei aller Beharrlichkeit in seiner Bewunderung für sie blieb er doch immer irgendwie frei. Frei von den Ängsten, die sie aus ihrer Kindheit und Jugend kannte. Die sie zwar überwunden hatte, die aber immer noch hinter jeder Ecke lauerten. Das bewunderte sie schließlich am meisten an Kai: sich selbst lächerlich zu machen und dann am lautesten mitzulachen.

Im Frühjahr ließ Jasmin sich von ihm vornehm zum Essen ausführen. Sie sah blendend aus und fühlte sich befreit wie nie. Sie badete in seinen begehrenden Blicken und genoss seine ruhige und humorvolle Art. Auch hier war er ein wenig verkrampft, konnte aber gleichzeitig darüber lachen. Lächerlich war er aber in keiner Weise. Ganz im Gegenteil: Er kannte sich mit exotischem Essen und erlesenen Weinen aus, als sei er Autor des Guide Michelin.

Er hatte auf diesen Gebieten sicherlich auch so beharrlich gelernt wie beim Skifahren, dachte sie. Er machte einfach alles von Grund auf und arbeitete sich dann kontinuierlich hoch. Das gefiel ihr. Das war so ganz anders, als sie es machte. Sie wollte immer alle und alles im Sturm erobern. Sie brauchte die spontane Begeisterung und den schnellen Erfolg. Kai hatte den langen Atem und die Geduld. Nach dem Essen ließ sie sich von ihm sehr vorsichtig, dafür aber sehr lange küssen.

Im Grunde hatte Jasmin den Abend eingefädelt und alles arrangiert. Sie hatte ihm in einem Nebensatz ganz beiläufig signalisiert, dass er sie ja mal einladen könne. Da hatte Kai das Gefühl, sie endlich erobert zu haben. Doch damit lag er erst einmal falsch. Denn Jasmin ließ sich viel Zeit und ihn erst einmal zappeln. Auf seine SMS antwortete sie zurückhaltend bis abweisend. Doch dann, viele Tage später, hatte sie plötzlich Lust auf ihn. Sie kaufte zwei Kilo Erdbeeren, fuhr zu seiner Wohnung und klingelte unangemeldet. Das ist seine Chance, dachte sie. Bitte, Kai, mach jetzt nichts falsch, dachte sie im Stillen vor seiner Tür. Er war glücklicherweise zu Hause – und machte alles richtig.

Anmerkungen zu diesem Beispiel

Mich fasziniert diese Geschichte sehr, weil Jasmin es geschafft hat, sich von dem ordnend-kontrollierten Charaktertypus, der ihr von ihren Eltern, insbesondere der Mutter, aufoktroyiert wurde und der ihr nicht wirklich entsprach, frei zu machen. Schließlich schaffte sie es, sich zu ihrer authentischen und Grenzen sprengenden Art vorzukämpfen und sich zu ihr zu bekennen. Ebenso interessant ist, wie sich dadurch ihr eigenes Beuteschema, aber auch ihre Ausstrahlung auf unterschiedliche Männertypen verändert haben.

Letztlich hat sich Jasmin in einen Mann verliebt, der genau dem Psychogramm ihrer Eltern angehört, dem sie glücklich entkommen ist. Nur lebt es Kai auf eine deutlich freiere Weise aus. So wird man doch immer wieder mit seiner Vergangenheit konfrontiert – und wächst daran.

3 Persönlichkeitstest

Der folgende Test soll Ihnen aufzeigen, welchem Persönlichkeitstypus Sie in erster Linie angehören. Er kann Ihnen auch einen Hinweis darauf geben, welcher weitere Typus Ihren Charakter bestimmt und erweitert. Dieser Test genügt dabei jedoch keinen strengen wissenschaftlichen Anforderungen. Er soll lediglich eine Hilfe für Sie sein, um sich selbst einzuschätzen. Der Test besteht aus einer Auflistung von Aussagen, die Ihren Charakter und Ihr Verhalten betreffen. Sie haben vier Möglichkeiten, diese Aussagen zu bewerten: Die Aussage trifft entweder *gar nicht* zu (0 Punkte), trifft *kaum* zu (1 Punkt), trifft *ziemlich* zu (2 Punkte), und die Aussage trifft *voll und ganz* zu (3 Punkte). Bewerten Sie bitte alle Aussagen spontan und ohne viel Nachdenken und kreuzen Sie das entsprechende Feld hinter der Aussage an. Folgen Sie anschließend bitte den Anweisungen am Ende des Tests.

Psychogramm 1

		trifft gar nicht zu 0 Punkte	trifft kaum zu 1 Punkt	trifft zu 2 Punkte	trifft voll und ganz zu 3 Punkte
1.	Ich flirte gerne.				
2.	Immer dasselbe tun zu müssen ist für mich eine Strafe.				
3.	Ich bin nicht besonders gut darin, Pflichten zu erfüllen und Versprechungen einzuhalten.				
4.	Ich strebe es an, einen interessanten und spannenden Freundeskreis zu haben, auch wenn die Freundschaften nicht so eng und verbindlich sind.				
5.	Meine Entscheidungen treffe ich am liebsten spontan und aus dem Bauch heraus.				
6.	Wenn ich merke, dass es mit einem Mann ernst wird, bekomme ich ein wenig Angst.				
7.	Alt zu werden ist nichts für mich.				
8.	Meine Interessen sind breit gefächert und ändern sich mitunter auch.				
9.	Ich mag es nicht, wenn schon alles im Voraus geplant ist.				
10.	Ich glaube meist an einen guten Ausgang, egal wovon.				

		trifft gar nicht zu 0 Punkte	trifft kaum zu 1 Punkt	trifft zu 2 Punkte	trifft voll und ganz zu 3 Punkte
11.	Ich sprühe oft vor Energie und Kreativität, ganz anders als viele andere Menschen, die ich kenne.				
12.	Wenn es etwas zu erleben und zu erfahren gibt, bin ich dabei.				
13.	Ich genieße den Zauber jedes Anfangs, jeder neuen Möglichkeit und jeder neuen Situation.				
14.	Zu Hause zu sitzen, ohne dass etwas passiert, macht mich unruhig				
15.	Ich liebe es, verliebt zu sein.				
16.	Regeln sind dazu da, geschickt umgangen zu werden, wenn es nötig ist.				
17.	Besitz engt mich eher ein, als dass er mir Sicherheit gibt				
18.	Herkömmliches und Traditionelles liegen mir weniger. Ich schaue lieber nach vorn in die Zukunft.				
19.	Ich bin sehr neugierig.				
20.	Ich schiebe gerne Erledigungen und Aufgaben bis zum letzten Moment auf.				
21.	Ich langweile mich schnell. Ein langweiliger Mann ist für mich absolut unsexy.				
	Gesamtzahl				

Psychogramm 2

		trifft gar nicht zu 0 Punkte	trifft kaum zu 1 Punkt	trifft zu 2 Punkte	trifft voll und ganz zu 3 Punkte
1.	Ich bin sehr romantisch veranlagt.				
2.	Ich brauche in einer Beziehung Harmonie und gegenseitiges Verständnis.				
3.	Meine Gefühle sind mir mindestens genauso wichtig wie mein Verstand.				
4.	Ich genieße es, jemandem meine Liebe schenken zu können.				
5.	In einem Gespräch ist es mein Ziel, Einvernehmen herzustellen.				
6.	Ich tue mich schwer damit, Probleme direkt anzusprechen.				
7.	Ich muss aufpassen, nicht ausgenutzt zu werden.				
8.	Ich höre meinen Freundinnen gerne zu, wenn sie mir von ihren Gefühlen und Problemen erzählen.				
9.	Ich kann Nähe gut aushalten und genieße sie sehr.				
10.	Ich bin sehr hilfsbereit und rücksichtsvoll.				
11.	Mein Bauch und mein Herz sind meine besten Wegweiser bei Entscheidungen.				

		trifft gar nicht zu 0 Punkte	trifft kaum zu 1 Punkt	trifft zu 2 Punkte	trifft voll und ganz zu 3 Punkte
12.	Ich träume auch tagsüber gerne vor mich hin.				
13.	Ich kann in Filme und Bücher emotional tief eintauchen.				
14.	Ich habe eine rege Phantasie und stelle mir gute wie auch schlechte Dinge lebhaft vor.				
15.	Es fällt mir schwer, eindeutig Stellung zu beziehen.				
16.	Technik ist für mich ein Buch mit sieben Siegeln.				
17.	Ich kann mich gut in andere Menschen hineinversetzen.				
18.	Wenn ich verliebt bin, dann kann ich ganz mit meinem Partner verschmelzen.				
19.	Sex und Liebe gehören für mich zusammen.				
20.	Intellektuelle Konstrukte und gedankliche Spitzfindig-keiten liegen mir gar nicht.				
21.	Ich mag die Menschen und finde an fast jedem etwas Gutes.				
	Gesamtzahl				

Psychogramm 3

		trifft gar nicht zu 0 Punkte	trifft kaum zu 1 Punkt	trifft zu 2 Punkte	trifft voll und ganz zu 3 Punkte
1.	Ich bin ein ordentlicher Mensch.				
2.	Beim Sex brauche ich Vertrauen und Regelmäßigkeit.				
3.	Ich brauche lange, bis ich mich jemandem öffnen kann.				
4.	Mein Tun und Handeln sollte auch Sinn ergeben und nicht nur Spaß bringen.				
5.	Routinen sind für mich sehr entspannend.				
6.	Ich interessiere mich nur für wenige Dinge, für die aber intensiv.				
7.	Ich bin eher ein Zweckpessimist: Lieber erwarte ich nichts Gutes und bin dann hinterher nicht enttäuscht.				
8.	Ich bin froh, wenn ich auf Bewährtes zurückgreifen kann.				
9.	So leicht haut mich nichts vom Hocker, im Guten wie im Schlechten.				
10.	Ich bewege mich gerne in vertrauter Umgebung und genieße es, zu Hause zu sein.				
11.	Ich muss nicht immer alles wissen, was es Neues und Interessantes gibt.				

		trifft gar nicht zu 0 Punkte	trifft kaum zu 1 Punkt	trifft zu 2 Punkte	trifft voll und ganz zu 3 Punkte
12.	Ich entscheide mich erst, wenn ich alle »Für« und »Wider« genau abgewogen habe.				
13.	Ich fühle mich wohl, wenn alles im Voraus geplant ist.				
14.	Fast alles, was ich erreicht habe, habe ich mir kontinuierlich und zielstrebig aufgebaut.				
15.	Ich lege Wert darauf, mein Eigentum zu bewahren und zu vermehren.				
16.	Ich glaube, dass es wichtig ist, Werte weiterzugeben und Traditionen am Leben zu erhalten.				
17.	Wenn es darum geht, pflichtgemäß zu handeln und Versprechen einzuhalten, bin ich sehr gewissenhaft.				
18.	Ich bin ehrgeizig.				
19.	Ich lege großen Wert auf wahre Freundschaft. Oberflächliche Bekanntschaften interessieren mich nicht.				
20.	Ich glaube, dass es wichtig ist, sich in Hierarchien eingliedern zu können.				
21.	Wenn ich etwas erledigen muss, dann mache ich es lieber gleich als später.				
	Gesamtzahl				

Psychogramm 4

		trifft gar nicht zu 0 Punkte	trifft kaum zu 1 Punkt	trifft zu 2 Punkte	trifft voll und ganz zu 3 Punkte
1.	Wenn ich freihabe, tue ich am liebsten das, was ich will, ohne viel Rücksicht auf andere nehmen zu müssen.				
2.	Es fällt mir schwer, tiefere Gefühle zu zeigen.				
3.	Am besten erfasse ich die Dinge mit meinem Verstand.				
4.	Ich bin nicht besonders romantisch.				
5.	Ich kann mich gut durchsetzen.				
6.	Sex kann für mich auch einfach nur ein aufregendes Spiel sein.				
7.	Ein Mann muss sich schon um mich bemühen, bevor ich ihm meine Aufmerksamkeit schenke.				
8.	Ich habe wenige, dafür aber sehr gute Freundinnen.				
9.	Ich sage meist klar und deutlich meine Meinung.				
10.	Was andere Menschen über mich sagen, interessiert mich wenig.				
11.	Zu viel Nähe bereitet mir Unbehagen.				

		trifft gar nicht zu 0 Punkte	trifft kaum zu 1 Punkt	trifft zu 2 Punkte	trifft voll und ganz zu 3 Punkte
12.	Für mich gilt: raue Schale, weicher Kern.				
13.	Ich kann ziemlich stur sein und auf meiner Meinung beharren.				
14.	Nur selten beeindruckt mich ein Film oder ein Buch so, dass ich noch lange daran denken muss.				
15.	Ich bin froh, wenn mich andere nicht mit ihren Problemen belästigen.				
16.	Die Zeit für Träume ist die Nacht. Tagsüber brauche ich einen klaren Kopf.				
17.	Manche Menschen halten mich für unnahbar und gefühlskalt.				
18.	Ich habe nicht besonders viel Phantasie.				
19.	Einfühlungsvermögen ist nicht meine Stärke.				
20.	Wenn ich allein bin, kann ich entspannen und Kraft sammeln.				
21.	Eine Beziehung ist nicht unbedingt die bessere Alternative zum Singleleben.				
	Gesamtzahl				

Bitte zählen Sie jetzt die Punkte, die Sie bei den jeweiligen Psychogrammen gesammelt haben, zusammen. Das Psychogramm mit der höchsten Punktzahl bestimmt Ihren Grundcharakter, das Psychogramm mit den zweitmeisten Punkten ergänzt und erweitert Ihren Charakter. Wahrscheinlich haben Sie auch Punkte in den anderen Psychogrammen, je nachdem wie sehr Ihnen auch Eigenschaften dieser Charaktertypen zu eigen sind.

Psychogramm 1:
Grundausrichtung: Grenzen sprengend
Potenzial: unterhaltsam und abenteuerlustig
Gefahr: hysterisch

Psychogramm 2:
Grundausrichtung: Nähe suchend
Potenzial: einfühlsam und verständnisvoll
Gefahr: depressiv

Psychogramm 3:
Grundausrichtung: ordnend-kontrolliert
Potenzial: zuverlässig und treu
Gefahr: zwanghaft

Psychogramm 4:
Grundausrichtung: distanziert
Potenzial: schillernd und geheimnisvoll
Gefahr: schizoid

4 Vier Männertypen, zwei Sichtweisen

Nachdem wir die Psychogramme in weiblicher Ausformung ausführlich und mit Fallbeispielen betrachtet haben, wird es Zeit, uns dem Angebot auf männlicher Seite zu widmen.

Natürlich sollten Sie möglichst offen und unvoreingenommen die Männerauswahl betrachten und nicht von vornherein einen Großteil der Männer als potenzielle Partner ausschließen. Zum Beispiel schränken gerade beruflich erfolgreiche Frauen mit dem K.-o.-Kriterium »zu geringer Status« gerne den Kreis der potenziellen Partner stark ein und erschweren sich dadurch die Partnerwahl. Mit diesem Thema befasst sich unter anderem mein erstes Buch. Aber auch beim Charakter sollten Sie nicht automatisch bestimmte Typen aussortieren, sondern sich von Ihrem Herzen leiten lassen. Ihr Herz ist und bleibt Ihr bester Ratgeber. Alle Charaktertypen passen zueinander, wenn zwei Herzen »Ja« dazu sagen. Die Wege der Liebe sind und bleiben unergründlich.

In diesem Buch geht es aber um die besondere Anziehung sich gegenseitig ergänzender Charaktertypen. Das Schöne an dieser Anziehung ist, dass sie meist gegenseitig wirkt. Der Mann, der von Ihnen fasziniert ist, fasziniert wiederum auch Sie. Das klingt wie im Märchen, kann aber funktionieren.

Damit der Liebeskuchen gelingt und dann auch himm-
lisch schmeckt, benötigt man zusätzlich noch zwei wichtige
Zutaten. Die erste Zutat haben wir schon ausführlich bespro-
chen. Es ist der positive Blick auf sich selbst.

Die zweite Zutat zu Ihrem gemeinsamen Liebeskuchen
ist gar nicht so leicht zu bekommen und ist auch in der Rat-
geberliteratur keine Selbstverständlichkeit: Es ist …

Der positive Blick auf den Mann

Es ist die wohlwollende Haltung der Sorte Mensch gegenüber, von der Sie ein Exemplar lieben wollen und von dem
auch Sie geliebt werden möchten. Auch für ihn gilt, dass
er, egal, zu welchem Grundtypus er tendiert, mit guten und
schlechten Eigenschaften ausgestattet ist.

Warum der Ruf des Mannes an sich so schlecht ist, hat
viele Gründe, die nicht Inhalt dieses Buches sein sollen. Tatsache ist, dass sowohl Frauen als auch Männer Frauen für
die besseren Menschen halten. Männer haben also nicht nur
bei Frauen, sondern auch bei Männern ein schlechtes Image.

Ich gehöre übrigens auch zu dieser Mehrheit. Meiner
Meinung nach sind tatsächlich die Frauen irgendwie besser,
interessanter und vor allem liebenswerter als Männer. Aber
ich bin auch ein heterosexuell veranlagter Mann. Ich finde
daher meine Einstellung zu Frauen normal und nachvoll-
ziehbar. Es ist für mich immer wieder schwer zu verstehen,
dass gerade Singlefrauen sich einerseits nach einem Mann
sehnen, mit dem sie glücklich werden können, andererseits
aber häufig sehr negativ über Männer reden.

Das Männerangebot

Schauen wir uns nun die verschiedenen Charaktertypen in männlicher Ausprägung an. Die Beschreibungen meiner Patientinnen von ihren potenziellen, aktuellen und ehemaligen Partnern im Speziellen sowie von Männern, mit denen sie im Allgemeinen zu tun haben, bieten da reichhaltiges Material. Üblicherweise höre ich dabei die negative Ausformung eines Typus, meist noch in fast humoristischer Weise zugespitzt. Diese männlichen Typenbeschreibungen will ich Ihnen nicht vorenthalten. Vermutlich werden Sie den einen oder anderen Mann aus Ihrem Leben wiedererkennen.

Ein Blick auf unser Charakter-Quadrat auf Seite 29 zeigt uns: Mit den negativen Beschreibungen liegen wir jeweils ganz in einer Ecke ohne ausgleichende Momente der anderen Charaktere. Um aber der Ausgewogenheit Genüge zu leisten, beschreibe ich dann noch einmal denselben Typus in positiver Ausprägung. In unserer Grafik liegen wir dabei relativ nah an der Mitte.

Aber vergessen Sie dabei bitte nicht: Es gibt stärkere und schwächere Ausprägungen jedes Typus. Die allermeisten Menschen sind noch dazu Mischtypen, also Kombinationen unterschiedlicher Typen, allerdings mit einer mehr oder weniger klaren Tendenz zu einem Psychogramm.

Eisklotz oder Geheimagent?

Fangen wir bei dem distanzierten Grundcharakter an. Die Grundangst, die Fritz Riemann diesem Typus zuschreibt, ist die Angst vor der Selbsthingabe. Diese Männer suchen weniger die Nähe als vielmehr die Distanz zu ihren Mitmenschen. Sie beschäftigen sich gerne mit sich selbst und gehen anderen Menschen, insbesondere wenn es mehrere auf einmal sind, lieber aus dem Weg. Frauen und deren Gefühlswelt sind diesen Männern häufig ein großes Rätsel, das ihnen zwar Angst macht, sie aber gleichzeitig fasziniert. Darum kreisen diese Männer lieber um sich selbst, weil sie sich dabei auf sicherem Terrain befinden. Wenn es einen klischeehaft typisch männlichen Charaktertypus gibt, dann ist es dieser. Ins Pathologische weitergeführt landen wir beim Autismus, einer Krankheit, die deutlich häufiger bei Jungen als bei Mädchen auftritt und nach neueren Forschungen eine Entwicklungsstörung ist, bei der die Entwicklung männlicher Charaktereigenschaften aus dem Ruder gelaufen und quasi krankhaft verstärkt ist.

Daher sind die eher distanzierten Männer ein gefundenes Fressen für eine negative, vorgeblich typisch männliche Charakterbeschreibung:

Kalt und unnahbar

Wir haben es hier mit menschenscheuen Sonderlingen zu tun, die ein permanentes Distanz-Nähe-Problem haben. Sie wollen oder können aber darüber nicht und mit niemandem reden. Ihre Bindungsangst wird nur noch durch ihre kühle Ausstrah-

lung übertroffen. Sie ziehen sich einzelgängerisch immer wieder in ihre Höhle zurück, basteln da an irgendwelchen hochintellektuellen Dingen herum, die keine Frau versteht oder gar braucht. Ihre Gefühlswelt ist ihnen fremder als die Rückseite des Mondes. Sie hassen Beziehungsgespräche wie die Pest. Wenn ihnen dann doch eins aufgedrückt wird, versteigen sie sich in irgendwelche langatmigen theoretischen Verlautbarungen oder auch Entschuldigungen, in denen manchmal ansatzweise so etwas wie ein möglicher sensibler Kern hinter dieser Isolierpackung zu erkennen ist.

Ihre Unnahbarkeit und ihr Freiheitsdrang ergänzen sich prächtig mit ihren weltfremden Ideologien. Schweigen gehört zu ihren Lieblingsdisziplinen. Als Partnerin eines solchen Exemplars kommt man sich als Teil einer wissenschaftlichen Versuchsanordnung vor. Gegenstand der Untersuchung sind die weiblichen Symptome bei exzessivem Liebesentzug und allgemeinem Kontaktmangel. Als derartige Versuchsperson wird man dann irgendwie interessiert beobachtet, aber nie liebevoll angesehen. Er wäre die Idealbesetzung für einen indischen Guru, der auf einer Säule lebt; für eine Ein-Mann-Mars-Mission; für die Entwicklung einer neuen Software zur Verschlüsselung emotionaler Äußerungen in Hieroglyphen. Der einzige Humor, der diesen Männern zugänglich ist, ist beißender Zynismus, mit dem sie sich über die Gefühle anderer lustig machen. Und über Sex wollen wir gar nicht reden, denn er ist entweder miserabel, oder er findet gar nicht statt.

So oder so ähnlich werden diese Männer von Frauen wahrgenommen und beschrieben, wenn sie nicht die rosarote, sondern die schwarze Brille aufhaben. Man könnte einen Mann mit distanzierter Charakterstruktur aber auch anders sehen:

Schillernd und geheimnisvoll

Er strahlt Souveränität und Autonomie aus. Er wirkt auf den ersten Blick eher verschlossen und introvertiert, kann aber sehr geistreich und kreativ sein. Seine Ausstrahlung hat etwas Fernes und Geheimnisvolles, er ist ganz Mann und lebt das auch. Von Frauenblicken, Frauengetuschel und Frauenintrigen lässt er sich nicht verunsichern. Man spürt sofort, dass hier jemand ist, der ein sehr intimes Eigenleben hat, das er behütet und nur mit Auserwählten teilt. Er hält Distanz und bewahrt Haltung, wenn andere bereits in Tränen ausbrechen. Er ist die Black Box, die so manche reizt, sie zu öffnen und zu entschlüsseln. Die Anerkennung der Mehrheit, das Lob der anderen und den Applaus der Menge braucht er nicht, wenn er sie nicht sogar verachtet.

Er kennt seine Wünsche und Bedürfnisse und versteht es, sie durchzusetzen, auch wenn er dadurch manchmal aneckt. Er argumentiert scharfsinnig, wobei er jede Kritik nachdenklich aufnimmt. Er ist aufrichtig und wahrhaftig. Hier ist endlich mal jemand, der originelle Gedanken und Ideen hat und sich traut, seine Individualität zu leben. Er kann klare Grenzen setzen, sodass man in seiner Gegenwart immer weiß, woran man ist.

Hinter seiner etwas unnahbaren Fassade erkennt man bei näherem Hinsehen seine hohe Sensibilität und Verletzlichkeit. Seine Feinsinnigkeit und seine Fähigkeit zur Kontemplation lassen ihn in sich ruhen und strahlen Selbstbewusstsein und Sicherheit aus. In einer Beziehung gewährt er der Partnerin die Freiheit, die er auch selbst benötigt, um sich entfalten zu können. In der Sexualität genießt er die Hingabefähigkeit seiner Partnerin und bewundert ihre Ausdrucksmöglichkeit und Offenheit. Er lässt ihr im Bett viel Raum, sich zu entfalten und auszuleben.

Das hört sich doch schon ganz anders an. Solche Männer existieren nicht nur auf einer Seite Papier, solche Männer laufen quicklebendig auf diesem Planeten herum. Vielleicht konnte ich Ihnen mit dieser positiven Beschreibung deutlich machen, welches Potenzial in diesem Charaktertypus steckt.

Softie oder Seelenverwandter?

Kommen wir zu dem Psychogramm, das dem Distanzierten entgegengesetzt ist, ihn aber auch gegenseitig ergänzt: dem Nähe Suchenden. Nach Riemann ist die hier zugrunde liegende Angst ebenfalls komplementär zum Distanzierten: Es ist nicht die Angst vor der Selbsthingabe, sondern vor der Selbstwerdung. Dieser Mann braucht jemanden, um den (oder um die) er kreisen kann, damit er sich selbst aus dem Weg gehen kann. Um nicht fragen zu müssen: »Wie geht es mir eigentlich?«, und sich dann mit sich selbst auseinandersetzen zu müssen, fragt er lieber: »Wie geht es dir?« Es sind typischerweise helfende, fürsorgliche, sich oft auch aufopfernde Menschen, die diesem Psychogramm angehören. Nicht unbedingt männlich im altmodischen Sinn, ist dieser Typus aber mit dem Bild des weicheren »neuen Mannes« gesellschaftsfähig geworden. Aber hören wir, wie Frauen so einen Mann sehen, wenn sie nichts Gutes an ihm finden können oder wollen:

Unmännlich und erfolglos

Dieser Mann hat keine Eier im Sack und keinen Arsch in der Hose. »Memme« ist ein Kompliment für ihn, Warmduscher, Schattenparker und Frauenversteher sieht er als positive Rollenvorbilder. Er fällt immer von der Bank hinten runter, wenn sich vorn einer draufsetzt – und beschwert sich dann weinerlich. Sein Kleinmut und sein Verzagen haben alttestamentarische Ausmaße, sein vorrangiges Lebensgefühl bewegt sich irgendwo zwischen Pessimismus, Schwermut und Hilflosigkeit. Dafür könnte man ja noch etwas Mitleid und mütterliche Gefühle hervorkramen; die werden aber gänzlich in seiner unerträglichen Bequemlichkeit und nervigen Wehleidigkeit erstickt.

Als gescheitertes Genie oder erfolgloser Revoluzzer kann er schon deshalb nicht durchgehen, weil er sich demütig und folgsam jeder noch so blöden Autorität beugt, sich dann aber zum ausgenutzten Opfer stilisiert.

Dass er allabendlich getröstet werden will, ruft eher Aggressionen als mitfühlende Empathie hervor. Bei geringsten Schmerzen verfällt er in eine vorgeburtliche Schonhaltung, mit der er die selbstlose Hingabe und liebende Fürsorge der Partnerin einfordert. In seinem chronischen Minderwertigkeitsgefühl muss er ständig aufgebaut werden. Bevor er etwas angefangen hat, hat er schon resigniert.

Wenn sein schüchternes Auftreten anfangs anziehend und sympathisch wirkte, so ist es bald nur noch Ausdruck seines passiven und zaghaft-ängstlichen Charakters. Im Bett lässt er sich gerne bemuttern und bedienen, eine zupackende und dominierende Männlichkeit produziert bei ihm sofort Schuldgefühle. Nach seiner Frage »Wie war ich?« will er nicht gelobt, sondern getröstet werden, falls es mal wieder nicht richtig geklappt hat.

Kein Wunder, dass der in den 80er Jahren salonfähig geworden »Softie« wieder aus den Frauenköpfen und -herzen verschwunden ist. Trotzdem beinhaltet dieses Psychogramm genau die Eigenschaften, die sich Frauen heutzutage bei ihrem Partner wünschen, wenn man den Berichten der einschlägigen Frauenmagazine Glauben schenken darf. O. k., er ist nicht der Mann für die Latin-Lover-Affäre in heißen Urlaubsnächten, aber der Vater ihrer potenziellen Kinder, der sich gerne auch um Haushalt und Familie kümmert und Elternzeit beantragt. Es sind die Männer dieses Typus, die weibliche Eigenschaften zeigen, ohne ihre Männlichkeit dabei zu verlieren.

Einfühlsam und verständnisvoll

Dieser Mann hat das Herz an der rechten Stelle und echte Gefühle im Bauch. Er strahlt Wärme und Vertrauen aus, sein sanfter Tonfall und seine weichen Hände vermitteln einem sofort das Gefühl der Geborgenheit. Hier ist endlich mal einer, mit dem man sich als Frau auch über Gefühle unterhalten kann.

Behutsam und einfühlsam tastet er sich an sein Gegenüber heran, wobei er Nähe und Intimität gut aushalten kann. In seiner Bescheidenheit schwingen Güte und tiefes Wohlwollen mit. Er hat es nicht nötig, ständig über sich zu reden und mit irgendwelchen Heldentaten zu prahlen. Ganz im Gegenteil: Er hört geduldig zu und hält sich mit freundlichen Ratschlägen zurück. Er vermittelt das gute Gefühl, dass er sich wirklich für die Frau interessiert.

Er lacht herzlich auch über kleine Späße und merkt sofort, wann es Zeit ist, sich zurückzunehmen. Sein Taktgefühl verbietet es ihm, Unangenehmes anzusprechen oder Spannungen auf-

zubauen. In einer Partnerschaft wünscht er sich Harmonie und Friedfertigkeit, er kann aber auch hohe emotionale Belastungen aushalten. Er fordert nicht, er ist dankbar; er schimpft nicht, er ist nachsichtig; er denkt nicht zuerst an sich, sondern immer zuerst an den anderen. Er ist ein treuer Weggefährte und zu jeder Zeit hilfsbereit.

Seine Stärke drückt sich in seiner sanften und einfühlsamen Art aus, nicht in übertrieben männlichem Gehabe, das ihm gar nicht liegt. Er kann unendlich zärtlich sein und sich ganz auf die erotischen Bedürfnisse seiner Partnerin einlassen, denen er sich dann hingebungsvoll widmet, bis sie befriedigt ist.

Was wollen Sie mehr, liebe Frauen? Ja, ich weiß: Ein bisschen kantiger, durchsetzungsstärker und erfolgreicher dürfte er schon sein. Aber wenn Sie selbst zu den Distanzierten gehören, dann ist er womöglich Ihre Idealbesetzung. Er erlöst Sie genau aus der Isolation, mit der Sie sich schützen, aus der Sie aber nicht allein herauskommen.

Pedant oder Fels in der Brandung?

Wenden wir uns dem nächsten komplementären Paar zu: den Grenzen sprengenden und den ordnend-kontrollierten Männern. Während der eine Typus nach Fritz Riemann Angst davor hat, dass alles so bleiben könnte, wie es ist, hat der andere Typus genau vor dem Gegenteil Angst, nämlich vor der Veränderung. Der eine will immer Bewegung und Neues in seinem Leben, der andere braucht die Konstanz, die Vorhersehbarkeit und die Kontrolle.

Fangen wir bei den ordnend-kontrollierten Männern an. Neben dem distanzierten Charaktertypus sind es genau die Ordnend-Kontrollierten, die dem typisch Männlichen sein Gesicht geben: alles im Griff zu haben, alles genau zu planen, die Abläufe zu kontrollieren und Sicherheit zu vermitteln. Kreativität und Spontanität sind allerdings nicht gerade ihre Stärke.

Zuerst, wie schon gehabt, die negative Extremvariante:

Zwanghaft und geizig

Er ist korrekt und genau. Jeden Urlaub, jede Unternehmung und jedes gemeinsame Essen muss seine Partnerin auf den Cent genau zur Hälfte bezahlen. Alle emotionalen Werte werden in materielle Werte um- und aufgerechnet. Er zahlt nie drauf, ist nie großzügig, weder materiell noch emotional.

Schräg stehende Schlüssel in der Schrankwand und Fusseln unterm Bett bereiten ihm mehr als nur Unbehagen. »Feucht durchwischen« ist eine seiner Lieblingstätigkeiten. Für ihn findet das Leben prinzipiell statt, weshalb es Prinzipien gibt, die einzuhalten sind – koste es, was es wolle.

Seine intolerante Prüderie grenzt an talibanischen Fanatismus, sein sturer Formalismus lässt jeden vernünftig denkenden Menschen verzweifeln. Gefühle müssen kontrolliert werden, die eigenen – aber auch die der Partnerin. Alles muss jeden Tag und jede Nacht seinen genauen, vorhersehbaren und immer gleichen Gang haben. Alles andere löst Angst aus, die sich in Aggression und Schikane entladen kann.

Der ordnend-kontrollierte Mann strebt bürokratische Machtpositionen an, die er dann gegenüber Abhängigen und Unschul-

digen ausnutzt, an denen er seine unterdrückten Aggressionen auslebt. Am liebsten würde er alles und jeden seinem sturen Dogmatismus unterwerfen.

Sein Misstrauen gilt nicht nur einzelnen Menschen, sondern dem Menschlichen überhaupt. Das Leben muss sich den Regeln anpassen und nicht die Regeln dem Leben. Die Partnerin wird schnell zum Störfall für die einzuhaltende Ordnung. Er versucht, sie in Schablonen und Schubladen zu pressen und ihr jeden lebendigen Wildwuchs auszutreiben. Er selbst strebt danach, sich passgenau in seine selbst gewählte Kleinkariertheit einzufügen. Auch im Bett läuft alles immer nach Schema F, jede Abwechslung wird im Keim erstickt. Beischlaffrequenz, Koitusstellungen sowie Orgasmusrate werden sorgsam erfasst und statistisch ausgewertet.

Jede Frau, die an so einen Mann gerät, kann einem leidtun. Aber in der positiven Ausformulierung sind es die Grenzen sprengenden Frauen, die sich von so einem Mann angezogen fühlen. Hat er doch genau das, was sie brauchen: Erdung, Ruhe und Beständigkeit:

Strukturiert und zuverlässig

Auf diesen Mann kann man sich verlassen. In seiner eher konservativen Grundhaltung strahlt er Solidität und Beständigkeit aus. Als Frau fühlt man sich in seiner Gegenwart sicher und beschützt. Er scheint die Vergangenheit als bekannte und die Zukunft als beherrschbare Größe in sich zu tragen. Er hat eine klare Vorstellung, wie es weitergehen wird, und plant gewissenhaft vor.

Mit Fleiß und Ausdauer hat der ordnend-kontrollierte Mann sich eine gute Stellung in seinem Beruf erarbeitet, er wird von Kol-

legen als fleißig, ehrlich und zuverlässig geschätzt. Die Dinge des Lebens sieht er realistisch. Er hat einen ausgeprägten Sinn für Gerechtigkeit und liebt es, wenn der alltägliche und allwöchentliche Ablauf eine vorhersehbare Regelmäßigkeit haben. In Gesprächen, aber auch in Auseinandersetzungen, ist er sehr um eine sachliche Argumentation bemüht und verhält sich auch im Streit meist korrekt und beherrscht. Probleme geht er entschlossen und zielstrebig an, wobei er mit Ausdauer und einer bewunderungswürdigen Leistungsbereitschaft meist zu einem guten Ergebnis kommt.

Sicherheit und Ordnung sind Werte, die dieser Mann auch zu verteidigen bereit ist. Er pflegt und bewahrt gerne alte Traditionen. In Beziehungen ist er treu, ehrlich und anständig. In der Sexualität ist er der beständige, verlässliche und ausdauernde Typ, der sehr aufmerksam und einfühlsam sein kann. In der Anfangsphase einer Beziehung ist er bisweilen auch sehr zielstrebig und gibt noch lange nicht auf, wenn andere schon längst das Handtuch geschmissen hätten.

Genau so einen Mann wünschen sich viele Frauen. Er scheint aus einer amerikanischen Heile-Welt-Serie der 50er Jahre entsprungen. Er ist der Astronaut Tony Nelson (wunderbar gespielt von Larry Hagmann, dem späteren J. R. aus *Dallas*) in *Bezaubernde Jeannie* oder der weise und moralische Papa Ben Cartwright aus *Bonanza.* Und natürlich auch Mr Big aus *Sex and the City,* aber erst dann, als er endlich seine distanzierte Seite zurückdrängt und genau die oben beschriebenen Eigenschaften hervorkommen. Nur so konnten er und Carrie schließlich ein Paar werden.

Und es sind die ordnend-kontrollierten Männer, die heute die Vorstandsebenen der großen Firmen regieren. Falls Sie als Frau nicht vorhaben, selbst dort hinzugelangen, dann könnte so ein Mann nicht als Feindbild, sondern sogar als guter Ehemann taugen.

Hallodri oder Abenteurer ?

Als Letztes ein Blick auf die Grenzen sprengenden Charaktere. Diese Künstlertypen sind häufig Sympathieträger, lustig und unterhaltsam. Sie haben etwas Südländisches, Leichtes und Lebenslustiges in ihrem Auftreten. Etwas sehr Undeutsches. Aber auch sie können die Frauen zur Verzweiflung bringen. Und so manche hat sich geschworen, sich nie wieder auf so einen Typen einzulassen:

Unzuverlässig und gewissenlos

»Schnell zu kriegen, schwer zu halten« ist noch die harmloseste aller Beschreibungen dieses Männertyps in seiner negativen Ausprägung. Er hat Sie im Sturm erobert, Ihnen den Himmel zu Füßen gelegt und um Ihre Hand angehalten. Jetzt ist er vom Erdboden verschluckt. Hat er Ihre Handynummer verschlampt, vergessen, mit einer anderen vertauscht oder mit seiner Kontonummer verwechselt? Wahrscheinlich ist er doch kein Milliardärssohn, hochadliger Spanier und russischer Oligarch zugleich. Oder vielleicht doch? Sie haben keine Ahnung und kennen sich selbst nicht mehr.

Der schneidige Windhund hat Sie geblendet, belogen und betrogen. Er hat Sie in Illusionen gebadet, in denen Sie nur allzu gern abgetaucht sind. In der Realität aufgewacht erkennen Sie seine Hochstapelei und seinen grenzenlosen Narzissmus. Er hat das alles nicht für Sie, sondern nur für sich getan. Er selbst war der beste Zuschauer seines gerade inszenierten Theaterstücks. Aber auch Sie haben begeistert applaudiert, leider.

Wenn Sie es schaffen und aushalten, länger mit einem Grenzen sprengenden Mann zusammen zu sein, dann ist jede wilde Achterbahn eine langweilige Dorfstraße im Vergleich zu seinen Stimmungsschwankungen. Sie sind dann der Spielball seiner Launen. Wehe, Sie wollen irgendetwas noch einmal mit ihm machen, weil es das erste Mal so schön war. Er hasst jede Wiederholung, jede Festlegung ist ihm unerträglich, schon gar wenn es sich um seine Gefühle handelt. Was er heute beschließt, ist morgen schon Makulatur. Was er heute schwört, hat er morgen vergessen. Das Einzige, worauf Sie sich bei diesem Typen verlassen können, ist seine Unzuverlässigkeit. Die treibt Sie erst in die Wut, dann in den Wahnsinn und schließlich in die Verzweiflung und die Resignation.

Kurz bevor Sie ihn erwürgen, beschließen Sie, ihn zu verlassen. Genau in diesem Moment sehen Sie ihn mit einer anderen knutschen. Dass er das alles nur gemacht hat, um Sie zurückzugewinnen, schwört er Ihnen auf Knien unter Tränen. Und Sie glauben ihm auch noch! Dieser Mann freut sich über jede Regel, die er brechen kann, er begibt sich in Gefahr, weil sie seinen Leichtsinn verstärkt, er sucht das Gewöhnliche, weil seine Exzentrik dagegen besser zur Geltung kommt. Er liebt die Liebe, aber nicht Sie. In dieser Illusion der Liebe kann er Ihnen schöne Stunden im Bett bereiten. Nur der emotionale Kater am nächsten Morgen ist grausam, wenn Sie erkennen müssen, was Sie für ihn waren: ein austauschbares Objekt seiner Eigenliebe.

Hatten Sie schon einmal so einen? Wenn Sie es geschafft haben, rechtzeitig zu gehen, dann haben Sie ihn wahrscheinlich sogar in guter Erinnerung. Sonst nicht. Doch für eine Frau mit einem ordnend-kontrollierten Charakter kann ein Mann dieses Psychogramms genau der Richtige sein. Natürlich nur, wenn er es schafft, seine goldenen Seiten zu leben. Er hat genau die Mittel und Eigenschaften, diese Frau aus ihrer Zwangsjacke der Kontrolle und der Ordnung zu befreien. Er relativiert, wo sie nur absolutistisch denken kann. Er tut ihr einfach gut.

Unterhaltsam und abenteuerlustig

Eines wird Ihnen schnell klar: Mit diesem Mann werden Sie sich niemals langweilen. Die Ideen sprudeln förmlich aus ihm heraus. Er atmet das Leben und verändert es dabei immer wieder nach seiner Lust und seinen Launen. Nichts ist mehr, wie es ist, sondern nur noch so, wie er es scheinen lässt. Dieses Spiel treibt er so lange, bis Ihnen angenehm schwindelig ist und Sie sich ihm ganz hingeben.

Sie können sich mit dem Grenzen sprengenden Mann totlachen und fühlen sich wieder so jung und so lebendig wie schon seit Jahren nicht mehr. Aus dem banalsten Ausflug, aus der harmlosesten Begebenheit macht er ein kleines Abenteuer, zaubert er etwas Besonderes und Neues. Seine Spontanität ist ansteckend, sein Humor reißt mit, seine Sprachgewandtheit lässt Ihren Geist schwirren. Erst wissen Sie nicht: Meint er es ernst oder nicht? Dann wissen Sie: Alles ist doch nur ein Spiel auf der großen Bühne des Lebens. Und dieses Spiel spielt dieser Mann mit Spaß, Lust und Begabung.

Es ist eine Freude, ihm dabei zuzusehen. In seiner Lebhaftigkeit zieht er Sie mit auf seine Bühne, auch Sie erstrahlen im Scheinwerferglanz seiner heiteren Weltsicht, auch Sie spielen sein Spiel des

Lebens plötzlich mit. Er flirtet mit Ihnen, als seien Sie der begehrteste Hollywoodstar, seinem Charme können Sie sich einfach nicht entziehen. Es fasziniert sie, wie er mit Schwung und Optimismus durchs Leben tanzt. Er scheint unbegrenzt Geld zu haben, das er offensichtlich nur für einen Zweck besitzt: um es für Sie und mit Ihnen auszugeben. Seine Großzügigkeit ist einfach entwaffnend, genauso wie seine Aufgeschlossenheit jedem und allem gegenüber.

Wenn etwas nicht klappt, wird eben improvisiert, wenn etwas unklar ist, steigert das seine Neugier umso mehr. Wenn ihm jemand dumm kommt, wird man Zeuge seiner Schlagfertigkeit, über die er sich selbst am meisten amüsieren kann. Der Grenzen sprengende Typ hat immer ein spannendes Projekt laufen, von dem er Ihnen begeistert erzählt.

All Ihre Freundinnen sind von ihm angetan. Gesellig und unterhaltsam, wie er ist, hat er Sie schon nach wenigen Minuten zum Lachen gebracht. Wie seine Liebe, so hat auch der Sex mit diesem Mann etwas Spielerisches, Improvisiertes. Auch hier wird es Ihnen nie langweilig, ganz im Gegenteil. Er ist offen für jedes Experiment, wie unkonventionell es auch sein mag.

Der Barkeeper Steve, der Mann der ordnend-kontrollierten Miranda aus *Sex and the City,* gehört diesem Psychogramm an. Und natürlich finden beide am Ende der Serie wieder zusammen. Vielleicht kennen Sie auch den Film *Alexis Sorbas* aus dem Jahre 1964 mit Antony Quinn und der Musik von Mikis Theodorakis. Sorbas ist auch der Typ Mann, der hier beschrieben ist. In diesem wunderbaren Film lernt er auf Kreta einen jungen englischen Lord kennen, dem er beibringt, wie das Leben, die Liebe und die Frauen funktionieren. Dieser Engländer hat natürlich genau sein Gegenpsychogramm:

Er ist ein ordnend-kontrollierter, etwas lebensfremder Bücherwurm, der aber Geld hat und die äußere Struktur vorgibt. Im Laufe der Ereignisse lernen sich beide kennen, schätzen und lieben – natürlich nur so, wie das Männer zu dieser Zeit gemacht haben, also rein platonisch und freundschaftlich. Obwohl zum Schluss wirklich alles schiefgeht, entlässt der Film den Zuschauer beschwingt und gut gelaunt. Er beschreibt sehr schön, welche positive Dynamik in der Begegnung von einem Grenzen sprengenden und einem ordnend-kontrollierten Menschen liegen kann. Schon mehrmals habe ich Patienten als »Hausaufgabe« aufgegeben, sich diesen Film anzuschauen. Gerade auf allzu ordnend-kontrollierte Menschen kann er eine gute therapeutische Wirkung haben.

Fremdbild bestimmt Eigenbild

So unterschiedlich die positive und negative Beschreibung eines Typus auch erscheinen mag, so nah liegen sie doch beieinander. Ein Mann mit einem ausgeprägten Grundcharakter kann sich sowohl in die eine als auch in die andere Richtung entwickeln. Er kann seine guten Seiten leben, aber auch seine schlechten Eigenschaften können sein Handeln bestimmen. Natürlich gibt es viele Faktoren, die dabei mitwirken, in welcher Richtung ein Mensch seine Charaktereigenschaften auslebt. Ein Faktor ist dabei nicht zu unterschätzen: Es ist der Blick von außen auf diesen Menschen, das Fremdbild. Es ist also auch der Blick der Frauen und die Art und Weise, wie sie diese Männer wahrnehmen.

Die Wirkung dieses Phänomens kennt jeder: In Gegen-

wart eines Menschen, der eine gute Meinung von mir hat,
versuche ich, diesem guten Bild von mir auch zu entsprechen. Ich bewege mich in diese Richtung, mehr oder weniger automatisch. Diese Gefühlsmechanik kennen wir auch
schon aus der Schule. Bei dem Lehrer, der eine gute Meinung
von mir hat, strenge ich mich besonders an. Aber auch umgekehrt: Bei dem Lehrer, der mich sowieso für faul und un-
fähig hält, lerne ich erst recht nichts mehr. Vielleicht kennen
Sie den schönen Film *Der kleine Lord* mit Alec Guinnes nach
dem gleichnamigen Roman von Frances Hodgson Burnett,
der alljährlich in der Weihnachtszeit Kinder- und Erwachse-
nenherzen erwärmt. Der kleine Lord, Enkel eines entsetzli-
chen, griesgrämigen und mit seinen Untergebenen mitleid-
losen alten Lords, hat eine so hohe Meinung von seinem
Großvater, dass der alte Knochen letztlich nicht anders kann,
als dieser Meinung zu entsprechen: Er wird ein guter und
mildtätiger Mensch. Das positive Fremdbild des netten En-
kels hat ihn dazu gebracht, ihm auch zu entsprechen.

Die Engelsspirale

Dieses Phänomen wirkt überall, natürlich auch, wenn Sie einem Mann begegnen: Bei den Männern, die Ihnen sehr positiv entgegenkommen und Ihnen quasi einen Sympathie-
vorschuss gewähren, können Sie Ihre guten Eigenschaften
ganz entspannt und locker entfalten. Dieses Fremdbild beeinflusst Ihr Eigenbild. Wenn Sie merken, dass Sie einem
Mann sympathisch sind, fühlen Sie sich wohl in seiner Gegenwart, mögen sich selbst und werden dadurch nur umso

sympathischer. Ein sich wunderbar verstärkender Regelkreis, den ich gerne »Engelsspirale« nenne, also das Gegenteil von einem Teufelskreis.

Leider funktioniert das auch umgekehrt sehr effektiv: Je negativer das Fremdbild von jemandem ist, desto mehr wird er darin bestärkt, auch genauso zu sein. Und desto eher entspricht er dann dem negativen Bild, das andere von ihm haben. Ich glaube, dass viele Frauen und Männer heutzutage in diesem Teufelskreis der negativen gegenseitigen Wahrnehmung stecken, wobei die Frauen mit ihrem negativen Bild von Männern da deutlich die Nase vorn haben. Das wiederum trägt zu den eher negativen Selbstbildern der Männer bei. Wie schon angesprochen, haben auch Männer häufig eine schlechte Meinung von den Männern im Allgemeinen, aber auch von sich selbst im Speziellen, was nicht gerade dazu beiträgt, dass sie die guten Eigenschaften, die in ihnen stecken, entfalten.

In der freien Wildbahn

Um den einzelnen Charaktertypen noch mehr Fleisch und Blut zu geben, möchte ich Ihnen jetzt vier sehr unterschiedliche Männer vorstellen, die jeweils für einen der vier Typen stehen. Ich will Ihnen dadurch verdeutlichen, mit welch unterschiedlicher Grundhaltung diese vier Männer an Lebens- und vor allem Liebesdinge herangehen. Natürlich ist das nur jeweils ein Beispiel aus einer unendlichen Fülle von Möglichkeiten, einen Grundcharakter in eine individuelle Biographie zu gießen.

Martin, der Distanzierte

Martin ist groß, dunkelhaarig, sportlich und ein begnadeter Tangotänzer. Inzwischen ist er 44 Jahre alt, lebt allein und hat zwei Söhne von zwei Frauen. Eigentlich wollte er einmal Theaterregisseur werden. Sein Theaterwissenschaftsstudium hat er nicht abgeschlossen, arbeitete danach aber an verschiedenen Theatern in sehr unterschiedlichen Positionen – und mit wechselndem Erfolg. Martins Art zu inszenieren kam nicht an, war zu verstiegen, abgehoben und anstrengend – für die Schauspieler und die Zuschauer.

Martins gutes Aussehen, seine intellektuelle Ausstrahlung, kombiniert mit einer immer noch jungenhaften Art, lässt ihn für Frauen attraktiv erscheinen, und auf manche Frauen übt er eine geradezu magnetische Anziehungskraft aus. Seine Schweigsamkeit und seine verschlossene Art, die ihm bei der Arbeit schon den Spitznamen »Herr Merkwürden« eingebracht haben, haben für diese Frauen einen ganz besonderen Reiz. Sie wollen diesen Mann knacken, ihn öffnen. Er erscheint ihnen tiefgründig, spannend und überaus erotisch.

Genau von diesen Frauen hat Martin schon viele erst glücklich und dann sehr unglücklich gemacht, unter anderem auch die beiden Mütter seiner Söhne. Die Erste wollte ein Kind von ihm und hoffte, so auch ihn selbst zu bekommen. Doch das konnte nicht funktionieren, nicht bei Martin. Um seinen Sohn hat er sich immer gekümmert, um Ariane, dessen Mutter, irgendwann nicht mehr. Inzwischen leben sie aber in einer gut funktionierende Patchworkfamilie: Ariane hat mit einem anderen Mann noch zwei weitere Kinder be-

kommen, Martin hat sich mit Arianes neuem Partner ange-
freundet, und schon zwei Mal waren sie alle miteinander im
Urlaub; inklusive Martins zweitem Sohn – aber ohne dessen Mutter Paula.

Paula war die einzige Frau, mit der Martin je zusammengewohnt hat. Aber das, woran sich viele verheiratete Männer
irgendwann gewöhnen, diese Art von manchen Frauen, ihren
Mann zu bevormunden, ihm in sein Leben hineinzuplanen,
ihn in immer enger gesteckte Grenzen zu verweisen, diese Art
hielt Martin einfach nicht aus. Paula liebte ihn sehr und wollte
ihm eigentlich nur nah sein. Er aber fühlte sich bedrängt und
eingeengt. Er liebte Paula auch und hatte sehr warme Gefühle für sie. Die emotionale Betriebstemperatur ihrer Beziehung hatte eigentlich gestimmt. Martin war kein kaltherziger
Eisklotz, ganz im Gegenteil. Es war der Abstand, der für ihn
nicht passte, manchmal der räumliche (dann musste er einfach mal wieder allein auf dem Wohnzimmersofa schlafen),
aber vor allem der emotionale Abstand.

Je mehr Martin diesen Abstand einforderte, desto unsi-
cherer und nervöser wurde Paula. Sie brauchte dann umso
mehr seine Nähe als Liebesbeweis. Ihre Gefühle, ihre Stim-
mungen, ihr ganzes Lebensgefühl wurden maßgeblich von
Martins Verhalten ihr gegenüber bestimmt. Diese Verantwortung konnte und wollte er nicht tragen. Er benötigte seinen Freiraum, um seine Gefühle überhaupt wieder spüren
zu können, um sich zu sammeln und durchatmen zu können. Zum Schluss kam noch ihre Eifersucht dazu, die zwar
unbegründet war, aber sehr zerstörerisch wirkte. Schließlich
verließ Martin Paula, klar und kompromisslos. Sie litt unendlich, er atmete auf.

Nach einigen beruflichen Abbrüchen hat Martin umgeschult und befasst sich jetzt fast nur noch mit Zahlen. Er betreut die Finanzen in einem mittelständischen Unternehmen. Zum Erstaunen seiner wenigen, aber guten und langjährigen Freunde gefällt dem ehemaligen Theatermenschen diese Arbeit sehr. Er stieg schnell in der Firma auf, kaufte sich in der Kleinstadt, in der er wohnte, ein Haus mit Garten, in dem er jetzt allein lebt. Sein erster Sohn ist fast erwachsen und kommt vorbei, wenn es beiden passt, seinen zweiten Sohn sieht er jedes zweite Wochenende. Nach einigen Beziehungen ohne Ewigkeitsanspruch mit zum Teil deutlich jüngeren Frauen lernte Martin bei einem Tangofestival Klara kennen. Sie ist groß und schön, kaum jünger als Martin und lebt mit ihrer halbwüchsigen Tochter mehrere hundert Kilometer entfernt in den neuen Bundesländern. Klara weiß mit Martin umzugehen: Sie lässt ihn. Was genau sie ihn lässt, ist dabei eher Nebensache. Martin spürt ihre Gelassenheit, ihr Vertrauen zu ihm und auch zu sich selbst. Das ist genau das, was er braucht. Er vermisst Klara, sehnt sich nach ihr, er besucht sie jedes zweite Wochenende und hilft ihr bei der Renovierung ihres alten geerbten Bauernhofes. Doch wenn Martin mal nicht kommen will, dann fragt sie nur, ob sie kommen soll oder ob er allein sein möchte. Endlich kann Martin offen sagen, was er fühlt, ohne sich dafür entschuldigen zu müssen und ohne die Angst, auf der anderen Seite mal wieder einen furchtbaren emotionalen Flurschaden zu verursachen.

Klara ist Krankenschwester, und wenn es sein muss, auch für Martin. Noch nie gab es in seinem Leben eine Frau (außer seiner Mutter natürlich), von der er sich so verstanden gefühlt hatte und die ihm so nah war, ohne ihn einzuengen.

Es mag nur ein kurzes Telefonat oder eine SMS sein, aber es bleibt ein gutes Gefühl und kein schlechtes Gewissen zurück.

Martin spürt, dass diese Frau für ihre Tochter, für ihn, aber auch und insbesondere für sich selbst sorgen kann. Das macht sie stark und emotional zwar nicht völlig unabhängig, aber doch deutlich weniger abhängig von ihm, als zum Beispiel Paula es gewesen war. Klara hält den Abstand aus, den er braucht, weil sie darunter nicht leidet. Sie sagt das auch. Sie sei ganz nah bei ihm, wenn sie das wolle, auch wenn er hunderte Kilometer entfernt mit ganz anderen Dingen beschäftigt sei. Ob er sich wünscht, dass sie zu ihm zieht, in sein Haus, weiß er noch nicht. Oder er zu ihr in ihr Bauernhaus, das sie gerade gemeinsam renovieren? Aber wenn das Zusammenleben mit einer Frau für ihn gut gehen kann, dann mit Klara.

Torsten, der Nähe Suchende

Torsten war noch nie das, was man einen Womanizer nennt. Auch früher war er nicht der Mädchenschwarm, eher der gute Freund, der zuhört, wenn ein Mädchen Liebeskummer hatte – wegen eines anderen Jungen. Torsten ist genau der Typ, der es irgendwann nicht mehr hören kann, dass er »nett« und »irgendwie lieb« sei. Aber das ist er nun mal. Er ist jedoch noch sehr viel mehr als das.

Es hat allerdings ziemlich lange gedauert, bis er das mal ausleben konnte. Christiane, seine Jugendliebe, ein intelligentes, sehr temperamentvolles Mädchen, bewunderte er über die Maßen. Ein bisschen so wie sie wäre er auch gerne gewesen. Sie genoss seine aufschauenden Blicke und schätz-te seine ruhige, überlegte und kluge Art zu reden und zu handeln. Sie waren über zwei Jahre zusammen, wobei Tors-tens Liebe eher zweieinhalb, Christianes Liebe aber keine zwei Jahre dauerte. Dazwischen liegt eine zeitliche Grau-zone, in der sich Torsten mit ihr noch fest verbunden, sie sich aber schon vom ihm getrennt fühlte.

So eine Situation erlebte Torsten 20 Jahre später noch ein-mal, nur viel heftiger und verletzender. Diesmal hieß sie Sa-bine und war seine Ehefrau. Torsten hatte inzwischen eine eigene Praxis als Heilpraktiker und war ein ausgewiesener Spezialist für Traditionelle Chinesische Medizin. Er war zum treu sorgenden Ehemann geworden, der den Großteil des Familieneinkommens verdiente, sich liebevoll um die ge-meinsame Tochter kümmerte und seine Frau bewunderte, weil sie so war, wie er selbst auch schon immer sein wollte: temperamentvoll, künstlerisch ambitioniert und sehr char-mant. Finanzielle Sorgen hatten sie nicht, Torstens Praxis lief gut, und Sabine arbeitete als Erzieherin Teilzeit in einem Hort.

Torsten sorgte sich um alle und für alle, nur nicht genug für sich. Er nahm zu, bewegte sich kaum noch körperlich, und auch geistig wurde er zunehmend träge. Sabine mach-te einen Kurs nach dem anderen, töpferte, malte, sang und tanzte. Sie lernte alle möglichen Leute kennen, nur einen verlor sie zunehmend aus den Augen – ihren Mann.

Es kam, wie es kommen musste: Beim Aktzeichnen ver-liebte Sabine sich in einen geschiedenen Mann, der gerade auf Selbstfindungssuche seine künstlerische Ader entdeck-te. Dieser Mann bewunderte Sabine nicht, er stellte sie auch auf keinen Sockel und machte sich dadurch selbst klein so wie Torsten. Er liebte sie auf Augenhöhe. Und sie ihn, und zwar immer mehr. Er war ihre Inspiration, die sie beflügelte. Sie gab sich einen neuen Vornamen, entwickelte neue berufliche Perspektiven, blühte auf. Erst war der andere für sie nur eine *denkbare* Alternative zu Torsten, dann *die* Alternative und irgendwann die Liebe ihres Lebens. Bei Torsten hinterließ Sabine verbrannte Erde. Dass er es gerade mit der Invasion einer fremden Macht in sein Leben zu tun hatte, merkte er erst gar nicht, dann nur zögerlich und schließlich viel zu spät.

Nach fünf weiteren Jahren, nach Schlammschlacht und Rosenkrieg, nach entdeckten Liebesbriefen und gebrochenen Treueschwüren, nach heftigen Trennungen und angeblichen Versöhnungen, nach vielen Stunden bei und vielen tausend Euro für Scheidungsanwälte, nach Wut, Hass, Trauer und unendlich vielen Enttäuschungen waren Sabine und Torsten endlich geschieden. Sabine zog zu ihrer neuen Liebe, ihre gemeinsame Tochter wohnte halb bei Mama, halb bei Papa.

Und Torsten ging ins Internet auf Frauensuche; zu seiner Verwunderung mit großem Erfolg. Er hatte offensichtlich einen hohen Marktwert. So wie er immer ein bisschen sein wollte, wurde er jetzt wie von selbst. Es kam von außen auf ihn zu, von den Frauen. Er genoss es, attraktiv und begehrt zu sein, erkannte sich selbst kaum wieder und tat das Seine, um auch so zu bleiben. Er fing an, sich nicht nur um die Frauen, sondern auch um sich zu kümmern. Er trieb Sport, ging wieder ins Theater, nahm ab und kaufte sich endlich mal schicke Klamotten. Eine Zeit lang ging alles gut. Torsten hatte mehrere Affären und viel Spaß dabei.

Doch dann lernte er Barbara kennen. Sie war wieder mal genau so, wie er selbst immer noch werden wollte: unglaublich lebenslustig, überaus charmant, sehr gut aussehend und irgendwie draufgängerisch.

Um es kurz zu machen: Der Sockel, auf den Torsten Barbara stellte, war viel zu hoch. Die Anzahl der Liebesbriefe, die er ihr schrieb (dreistellig), stand in keinem Verhältnis zu der Anzahl der Briefe, die sie ihm schrieb (null). Die ständige Erreichbarkeit, die sie von ihm verlangte, war unerfüllbar und die emotionale Achterbahn, auf die sie ihn mitnahm, viel zu anstrengend. Das alles bewirkte schließlich bei Torsten etwas sehr, sehr Gesundes: Er hatte irgendwann einfach keine Lust mehr auf Barbara! Nicht noch einmal so eine Beziehung wie mit Sabine.

Jetzt hat Torsten eine Freundin auf Augenhöhe. Sie ist manchmal so, wie er gar nicht sein möchte, aber manchmal auch so, wie er es liebt. Nicht weil er auch so sein möchte, sondern weil er es genießt, dass sie so ist. Sie kann für sich sorgen, sie macht ihr eigenes Ding, sie weiß, was sie will, und hat manchmal einen ziemlichen Dickkopf. Ihr Leben hat sie bisher überwiegend allein gelebt. Torsten ist ihre erste große Liebe. Jetzt muss er es mal aushalten, bewundert zu werden.

Roland, der Ordnend-Kontrollierte

Rolands Vater war ein echter Loser. Er schaffte es nicht, beruflich auch nur irgendetwas Sinnvolles auf die Beine zu stellen. Seine Mutter trennte sich von ihm, als Roland zwölf Jahre alt war. Das hängt ihm bis heute nach. Nicht die Tatsache, dass sich seine Eltern getrennt haben. In seiner Schulklasse damals war er lange das einzige Kind, dessen Eltern überhaupt noch zusammen waren. Was ihm zu schaffen machte, war der Grund, weswegen seine Mutter seinen Vater verlassen hatte. »Wenn du es beruflich zu nichts bringt, dann laufen dir die Frauen davon«, das war die Botschaft, die dahinterstand und die Roland täglich im Kopf hämmerte.

Der neue Mann seiner Mutter war das Gegenteil seines Vaters: ein sehr erfolgreicher Anwalt und ein schrecklicher, sich ständig produzierender und echauffierender Angeber, der gerne mit seiner goldenen Rolex klapperte. Roland hasste und bewunderte seinen Stiefvater zugleich. Er wollte auf keinen Fall so ein Loser werden wie sein Vater. Dann lieber so ein Erfolgstyp wie sein Stiefvater. Immerhin blieb ja seine Mutter bei ihm.

In der Schule büffelte Roland verbissen und schaffte mit Ach und Krach das Abitur, dann begann er, Jura zu studieren. Roland war ein schlaksiger, großer blonder Junge geworden, der sich erst einmal gar nichts aus Mädchen machte. Er hatte ein Ziel vor Augen, das mit einem großen Haus und einem schönen weißen Zaun außen herum zu tun hatte, das mit »viel Geld« und »heile Welt« überschrieben war. Er hatte einen Traum, in dem Kinder und natürlich eine Frau vorkamen, für die er so gut und so großzügig sorgte, dass sie ihn immer lieben und immer bei ihm bleiben würden.

Bei diesem überdimensionalen Bild im Kopf blieb wenig Platz für real existierende Mädchen. Doch die gab es, und Roland gefiel ihnen. Das Dumme war nur, dass Roland un-

bewusst jetzt schon für später zu sparen schien. So großzügig er dereinst einmal sein wollte – jetzt war er ein furchtba-
rer Knauser und geizig bis über beide Ohren. Er lud nie ein
Mädchen ein, er spendierte niemals irgendetwas und teilte die Rechnung immer ganz penibel, falls er mal mit einer
Kommilitonin ausging.

Im Studium tat Roland sich schwer, täglich studierte die
Angst mit, es nicht zu schaffen. Dabei hatte er schon alles ge-
plant: wann er seine Staatsexamina und wann er wo sein Referendariat machen würde und natürlich, wie viel er mit 35 Jahren verdienen wollte. Das gab Roland Halt und Sicherheit.

Mit dem Mädchen, das sich als Erstes in ihn verliebte,
blieb Roland fast das ganze Studium zusammen. Sie kam
vom Land, studierte auch Jura und war angenehm entspannt
und chaotisch. Julia feierte ausgelassen, rauchte regelmäßig
Joints und trank gerne Alkohol, gerne auch richtig zu viel. Sie
war das komplette Gegenteil von Roland.

Sie hatte sich in diesen hübschen Blonden, der alles so
gewissenhaft und genau machte und den sie aber mit seinem trockenen Humor und seiner beißenden Ironie auch
superlustig fand, ernsthaft verliebt. Dass Roland es mit dem
Geld so übergenau und sparsam hielt, amüsierte Julia anfangs mehr, als dass es sie störte. Sie lud ihn häufig ein, denn
sie hatte einen guten Studentenjob an der Uni, und Geld bedeutete ihr nichts.

Als Roland ihr von dem großen Haus mit dem schönen
weißen Zaun erzählte, erschrak sie allerdings etwas. Das war
so gar nicht das Bild, das sie sich von ihrer Zukunft machte.
Eigentlich machte Julia sich überhaupt kein Bild und wollte auch gar keins haben. Dann gestand er ihr, dass er immer

mehr auch sie in diesem Haus sähe mit zwei Kindern und mit ihm zusammen. Das berührte sie tief – und schmeichelte ihr auch. Julia fing an, Mitleid mit ihm zu haben. Was für Ängste musste dieser hübsche Junge haben, die sie nicht kannte, die sie sich noch nicht einmal vorstellen konnte. Sie liebte ihn dafür umso mehr. Dann passierte die Katastrophe: Roland fiel durchs erste Staatsexamen. Haushoch. Julia wollte ihn trösten, doch er machte mit ihr Schluss. Er war wie paralysiert. Sein Bild im Kopf war zerstört. Das Haus gab es nicht mehr, und somit war auch kein Platz mehr für Julia darin. Der innere Druck war für Roland kaum mehr auszuhalten. Nur nach außen blieb er ganz ruhig, viel zu ruhig. Die Endlosschleife in seinem Kopf ließ keine klaren Handlungen zu, noch nicht einmal irgendwelche sinnvollen Gedanken.

Er rechnete, plante, überlegte, rechnete, plante, überlegte – immer wieder ins Leere. Es gab nichts mehr zum Festhalten. Und Julia, die ihn halten wollte, sah er nicht mehr. Sie war aus seinem Blickfeld verschwunden. Julia hatte schon vor einigen Semestern das Fach gewechselt und studierte jetzt Kommunikationswissenschaften. Das lag ihr mehr als Jura. Als Roland wieder etwas zu sich kam, machte er diesen Fachwechsel seiner Freundin für sein Versagen mitverantwortlich. Julias laxe Art zu studieren, ihre dauernde Feierlaune, ihre Planlosigkeit, ihr schlechter Einfluss – ihretwegen hatte er sein Ziel vernachlässigt!

Roland wollte einen kompletten Reset, einen Neustart. Er brach nicht nur mit Julia, er kappte auch die Verbindungen zu seinen Freunden und Studienkollegen. Ein Jahr systematisch und erbarmungslos lernen, dann würde er es schaffen beim zweiten Anlauf!

Nach einigen Wochen hielt er es nicht mehr ohne Julia aus. Er bat sie zu einem Gespräch und schlug ihr vor, sich einmal die Woche, immer montagabends, zu treffen. Er wolle zwar nicht wieder fest mit ihr zusammen sein, aber er würde sie gern hin und wieder sehen. Ob sie einverstanden sei. Julia war erst fassungslos – und dann einverstanden. Immer montags, wie ausgemacht, besuchte Roland sie, schlief bei und mit ihr und ging am Dienstag in der Frühe wieder in seine Studentenbude zum Lernen. Ein Jahr lang. Zuerst litt Julia unter Rolands Stippvisiten, doch dann gewöhnte sie sich daran. Wenn die Abende und Nächte mit ihm auch jedes Mal dem gleichen Ritual folgten, so waren sie doch fast immer schön und innig. Sie hatten etwas sehr Verbindliches bei all ihrer offiziellen Unverbindlichkeit. Das war etwas, was Julia so noch nicht kannte. Und so hatte sie auch sehr viel Freiheit, die sie genoss.

Roland schaffte schließlich sein Examen, machte sein Referendariat und begann, alles etwas entspannter zu sehen. Nach seinem zweiten Staatsexamen ging er mit Julia auf Weltreise, vier schöne Monate lang. Das war ihre Bedingung gewesen. Die Reisekosten teilten sie sich sehr genau. Hin und wieder aber lud Roland sie sogar zum Essen ein.

Dirk, der Grenzen Sprengende

Dirk ist das jüngere von zwei Geschwistern, gerade mal eineinhalb Jahre jünger als sein großer Bruder Reiner. Im Gegensatz zu ihm hat er viel von seiner Großmutter väterlicherseits, die aus Rom stammt. Er ist mittelgroß, muskulös und sieht mit seinem dunklen Teint und seinen schwarzen Locken wie ein echter Römer aus. Während sein Bruder schon immer wusste, was er werden wollte, nämlich Arzt, schwankte Dirk ständig zwischen Astronaut, Popstar, Schauspieler, Rennfahrer und vielen anderen Berufen, die ihm gerade interessant und spannend erschienen. Im Grunde blieb das sein Leben lang so.

Tatsächlich machte Dirk nach der mittleren Reife eine Schreinerlehre, arbeitete dann bei einem Möbelrestaurator, wechselte zum Bühnen- und Kulissenbau und hat jetzt bei einer privaten Fernsehanstalt eine fest-freie Anstellung. In erster Linie ist er für die Studiobauten verantwortlich, ist aber auch Mädchen für alles, wenn es nur im weitesten Sinne um räumliche Gestaltung geht. Dafür hat er ein Händchen. Das weiß er, und das wissen auch die, die mit ihm zu tun haben.

Inzwischen ist Dirk 35 Jahre, hat eine Tochter, die bei ihrer Mutter lebt, und ein ambivalentes Verhältnis zu Frauen – insbesondere zu seiner eigenen Mutter. Die hat seinen Bruder Reiner ihm immer vorgezogen, so zumindest sein Gefühl, und ihm als leuchtendes Beispiel vorgehalten. Reiner ist inzwischen Chirurg an einer renommierten Klinik, und seine Mutter erzählt gerne an der Wursttheke, was für tolle Operationen er schon macht. Da kann Dirk nicht mithalten. Da will er aber auch gar nicht mithalten. Die Hälfte der Liebe seiner Mutter hätte er aber trotzdem gerne gehabt, und zwar ohne Wettkampf. Von seinem Vater bekam Dirk zwar Liebe und Aufmerksamkeit, aber das reichte ihm nicht.

Ute, die Mutter seiner Tochter, war im Grunde genauso wie Dirks Mutter: Sie wollte ständig, dass aus ihm noch etwas werde. Sie glaubte an ihn, wie sie sich immer ausdrückte, aber das, woran sie glaubte, war nicht er in der Gegenwart, sondern in irgendeiner fernen Zukunft. Und mit dem, an den Ute da glaubte, fühlte Dirk sich nicht wirklich verwandt. Die Zukunft ist für ihn zugleich spannend und ein Buch mit sieben Siegeln. Er empfand es fast als Gotteslästerung, die Zukunft bestimmen und vorplanen zu wollen. Sie war doch eines der Dinge, für die es sich zu leben lohnte. Und leben bedeutete für Dirk vor allem immer neugierig zu sein darauf, was noch so alles passieren könnte.

Genau das hatten die Frauen mit der Zukunft gemeinsam: Für sie lohnte es sich zu leben, man konnte auf sie neugierig sein, und man wusste nie, was passieren wird. Dafür liebte er die Frauen – und die Frauen ihn. Zumindest diejenigen, die nicht vorhatten, aus Dirk »etwas zu machen«, sei es in beruflicher oder in privater Hinsicht. Leider wollten das irgendwann alle Frauen, mit denen Dirk bisher eine Beziehung hatte.

Als er merkte, dass Ute nur noch mit dem Dirk zusammen war, an den sie glaubte, und nicht mehr mit ihm als reale Person, verließ er sie. Leider auch seine geliebte, damals 4-jährige Tochter, die er natürlich nicht wirklich verließ. Er versucht, sie so häufig zu sehen, wie es für ihn möglich ist. Ute unterstützt das, wofür er sie jedes Mal wieder umarmen könnte. Er kennt da auch ganz andere Geschichten.

Aktuell ist Dirk sehr verliebt. Sie heißt Dorothee, ist einige Jahre älter als er und erfolgreiche Filmproduzentin. Mit ihren großen braunen Augen und ihren weichen Lippen hat sie eine sehr weibliche, fast mütterliche Ausstrahlung. Wenn es sein muss, kann sie aber auch sehr bestimmt und sehr tough sein. Dirk sollte für einen Film, den sie für seinen Sender produzierte, die Kulissen bauen. Er zeichnete Entwürfe, zeigte sie Dorothee, verwarf alles wieder, entwarf neu, besprach es wieder mit Dorothee, schmiss wieder einiges um und verbesserte. Dorothee ließ sich jedes Mal alles genau erklären und fand schließlich, dass das Resultat mit Abstand das Beste war. Das ganze Hin und Her hatte sich gelohnt, sie war sehr zufrieden mit Dirks Arbeit und sagte ihm das auch. Er war darüber so glücklich, dass er sie spontan küsste, erst auf beide Wangen, dann auf den Mund. So fing es an.

Vielleicht glaubt Dorothee nicht, dass aus Dirk noch etwas werden müsste, weil sie selbst schon etwas geworden ist: Einige Filme, die sie mit produziert hat, haben auf Festivals schon renommierte Preise gewonnen. Sie arbeitet und verdient viel, will keine eigenen Kinder und abends eigentlich nur noch ihre Ruhe. Dirk ist dazu da, genau das zu verhindern. Sie liebt seine Art, ständig in Bewegung zu sein, körperlich, aber noch mehr geistig. Ihm fällt immer irgendetwas ein, was sie unterhält. Er genießt ihre ruhige Art, sich für etwas und auch für ihn zu interessieren, und spürt in dieser Beziehung zum ersten Mal, dass die Gegenwart sicher, die Zukunft aber offen ist, ohne Festlegungen und Erwartungen an ihn. Dass Dirk sich so wohl bei Dorothee fühlt, liegt wahrscheinlich auch daran, dass er sie mit niemandem teilen muss und sie ihm auch niemand anders vorzieht. Das ist ihm aber gar nicht so bewusst. Er findet es auch o. k., dass es das Thema »Kinder kriegen« zwischen ihnen nicht gibt. Falls aber doch noch, dann würde er auch eine Zeit lang den Hausmann spielen. Das wäre mal wieder was Neues in seinem Leben.

5 Was wollen Sie von den Männern?

Zwei Fragen

Um jetzt mit einem dieser Exemplare mit einem Y statt einem zweiten X im Chromosomensatz eine Beziehung hinzubekommen, ist es hilfreich, sich zwei einfache Fragen zu stellen. Natürlich können nur Sie diese Fragen für sich beantworten. Die erste Frage ist, was für einen Mann Sie sich wünschen: Wie soll er aussehen, was soll er können, welche Charaktereigenschaften, welchen Bildungsgrad, Beruf und Status soll er haben oder möglichst nicht haben?

Mit dem Status und dem Aussehen des Mannes hat sich unter anderem mein erstes Buch beschäftigt, mit den passenden Charaktereigenschaften befasst sich das vorliegende Buch. Wenn Sie (vielleicht sogar mithilfe dieses Buches) den Richtigen gefunden haben, stellt sich als Nächstes die Frage, welche Beziehung Sie mit ihm führen möchten.

Die zweite Frage ist also, was Sie von einem Mann wollen.

Vielleicht sollte diese zweite Frage sogar zuerst gestellt und auch beantwortet werden. Denn die Art der Beziehung, die Sie sich mit einem Mann wünschen, beeinflusst maßgeblich, was für ein Mann für so eine Beziehung überhaupt infrage kommt. Nicht selten hätte man den Richtigen schon gefunden, aber Ihre und seine Beziehungswünsche passen leider nicht zusammen. Oder man lernt jemanden kennen, der genau so eine Beziehung führen will wie man selbst, aber er ist leider nicht der Richtige.

Das alte und ewig neue Lied

Es ist der Klassiker und wird es wohl bis in alle Ewigkeit bleiben: Ein Mann und eine Frau begegnen sich, lernen sich kennen, verlieben sich, heiraten und zeugen Kinder miteinander. Eine Familie ist entstanden. Nach wie vor wünschen sich die meisten jungen Frauen und Männer diese Lebensform als lange und gerade Endstrecke ihres vorherigen Beziehungsslaloms. Das ist der vermeintlich sichere Hafen, in den die meisten Menschen irgendwann einlaufen möchten. Wann dieser Moment eintreten soll, wird bei Frauen und Männern normalerweise unterschiedlich gefühlt: bei Frauen nicht zu spät, bei Männern gerne etwas später.

Aber ein kleiner Slalom darf es vorher schon sein. Niemand mehr will als Jungfrau oder Jungmann vor den Traualtar treten. Jeder wünscht sich Zeit, um in Liebesdingen sich selbst und das andere Geschlecht kennen zu lernen. Es darf gerne einige Probeläufe geben, vielleicht eine Jugendliebe, dann ein paar Beziehungen so von Anfang bis Ende zwanzig. Sie dienen aber alle nur dem einen Zweck und Ziel: erfahren genug und endlich bereit zu sein für die große Liebe. Dann ist der Partner gefunden für die eine, endgültige und lebenslange Beziehung, in der man glücklich ist, zufrieden bleibt und alt wird. So weit die Wunschvorstellung.

Nur wird aus dem anfänglichen Beziehungsslalom immer häufiger eine nicht enden wollende Serpentinenfahrt, er erweitert sich zu einem viel zu langen Lebensabschnitt und droht, nie zu Ende zu gehen. Nicht selten findet man sich als Frau Mitte dreißig immer noch in dieser Phase des Suchens und der Trainingsabfahrten. So langsam werden dann die Wünsche und Vorstellungen flexibler: vielleicht auch ohne Kinder, aber auf jeden Fall in einer festen Beziehung. Vielleicht auch nicht in der Reihenfolge: verliebt, verlobt, verheiratet, sondern ruhig auch ohne das eine oder andere, vielleicht gibt es auch schon Kinder aus anderen Beziehungen, vielleicht muss sich der eine oder andere erst noch scheiden lassen, um wieder heiraten zu können, vielleicht, vielleicht, vielleicht …

Und dann keimt irgendwann die Erkenntnis: Heute gibt es nicht nur die *eine* Beziehung zwischen Mann und Frau, nicht nur das *eine* Happy End wie im Liebesfilm, nicht nur die *eine* Möglichkeit, miteinander glücklich zu werden. Es gibt viele, sogar sehr viele. Aber welche Art von Beziehung ist es, die Sie persönlich mit einem Mann führen wollen?

Noch mehr Fragen

Um das zu beantworten, ergibt es einen Sinn, sich noch ein paar weitere Fragen zu stellen:

- Soll die gewünschte Beziehung in Ihr berufliches und privates Leben passen, oder
- soll der neue Mann Sie vielleicht gerade aus Ihrem bisherigen Leben befreien?

- Wenn Sie mit Ihrem Leben zufrieden sind und einen Partner für genau dieses Leben suchen, wären Sie dann trotzdem bereit, sich gemeinsam mit diesem Mann weiterzuentwickeln?
- Wären Sie auch bereit, für die Beziehung Abstriche zu machen und Kompromisse einzugehen, seien sie beruflicher oder auch privater Art?
- Und wenn ja: Was wären Sie bereit für eine Beziehung aufzugeben, und was würden Sie keinesfalls aufgeben wollen?
- Wie viel Bereitschaft erwarten Sie von Ihrem Partner, Ihnen entgegenzukommen und etwas für Sie aufzugeben?

Die Sehnsuchts-Variante

Ein Beispiel mag verdeutlichen, wie schwierig es ist, die richtige Beziehungsform für sein aktuelles Leben zu finden:

Ich habe nach dem Erscheinen meines ersten Buches mit vielen Journalistinnen Kontakt gehabt, die mich zum Beuteschema der Frauen und Männer, zu dem Thema meines ersten Buches, interviewt haben. Häufig wechselten wir nach den Interviews noch einige private Worte. Erstaunlicherweise waren nicht wenige dieser interessanten und intelligenten Frauen Singles, die sich irgendwie nach dem Prinzen auf dem weißen Pferd zu sehnen schienen, die aber auf keinen Fall ihren Beruf für die Königinnenrolle aufgeben wollten und schon gar nicht auf sein fernes Schloss gezogen wären (sofern er denn eins hatte). Irgendwie passte da etwas im realen Leben nicht mit den Wünschen und Träumen dieser Frauen zusammen. Als Ausweg diente dann häufig die Sehnsuchts-Variante: die Liebe zu einem Mann, an dessen Seite man sich sehnt, der aber aus verschiedenen Gründen (ist schon verheiratet, lebt in einer fernen Stadt oder im Ausland, ist irgendwie »beziehungsunfähig« etc.) keine feste Beziehung eingehen will oder kann. So blieb es der Journalistin erspart, ihr Leben für einen Mann ändern zu müssen, das sie eigentlich auch gar nicht ändern wollte.

Nur war sie meist mit dieser Situation nicht glücklich – ganz im Gegenteil. Sie sagte nicht: »Dieser Mann ist ideal für mich, weil er keine enge und feste Beziehung eingehen kann oder will. So kann ich mein Leben und meinen Beruf weiterführen und muss nicht ihm zuliebe das aufgeben, was mir sehr wichtig ist.«

Das Ideal der romantischen Liebe

Dieser Satz würde einem Ideal widersprechen, das immer noch in den meisten Frauen- und in vielen Männerköpfen die Beurteilung einer Beziehung dominiert: Das Ideal der *romantischen* Liebe. Und alles, was diesem Ideal nicht entspricht oder es nicht zumindest anstrebt, steht unter dem Generalverdacht, gar keine wirkliche Liebe zu sein. Wer sich diesem Ideal nicht beugt, sieht sich schnell auf die Liebes-Anklagebank gesetzt: »Das ist ja nur eine Zweckgemeinschaft«, »das ist ja schrecklich pragmatisch«, »das kann keine wahre Liebe sein«, lauten die Kommentare, die man dann zu hören bekommt.

Bitte lassen Sie sich trotzdem nicht davon abhalten, Ihre

Beziehung so zu führen, wie es (zu) Ihnen passt. Haben Sie den Mut, auch mal unromantisch zu sein!

Hier fangen der Mut und das Selbstbewusstsein an, sich *für* sein eigenes Leben und *gegen* romantische Klischeevorstellungen zu entscheiden. Es ist zum Beispiel die Entscheidung für ein eigenes, selbst bestimmtes Leben mit einem Beruf, den man für einen Mann weder aufgeben noch in Teilzeit ausüben will.

Viele Möglichkeiten

Eine Beziehung, auf die Sie sich einlassen, weil Sie sich verliebt haben und Sie geliebt werden, kann ganz eigenen Regeln und Abläufen gehorchen, die nur Sie beide und niemand sonst (noch nicht einmal Ihre beste Freundin) verstehen. Für diese Beziehung braucht es einen gehörigen Schuss Mut, denn so eine Beziehung führt Sie immer auf ein unsicheres und neues Terrain. Sie ist immer mit einem Blick über die eigenen Grenzen hinaus und in die Gefühlswelt eines anderen Menschen und damit in ein fremdes Universum verbunden.

Eine Beziehung ist kein Anspruch an sich selbst und an einen Mann, eine Beziehung ist eine Möglichkeit, sich zu begegnen. Und es gibt sehr viele und unterschiedliche Beziehungsmöglichkeiten, die, so klein die persönliche Statistik meiner Praxis auch ist, viel zu wenig genutzt werden. Oder die, wenn sie denn zustande kommen, nicht genug genossen und wertgeschätzt werden.

Viele Bedürfnisse

Vielleicht suchen Sie bloß einen Urlaubsflirt, eine Liebelei, eine Affäre oder eine Bettgeschichte. Vielleicht wünschen Sie sich nur ganz bestimmte Berührungspunkte in der Beziehung mit Ihrem Partner, die nicht unbedingt nur in der Körpermitte liegen müssen, sondern zum Beispiel im sportlichen oder kulturellen Bereich. Entlasten Sie sich und Ihren Partner von dem Druck, der Rundumversorger für möglichst viele Bedürfnisse des anderen sein zu müssen.

Eigentlich gibt es nur ein Bedürfnis, das innerhalb einer Partnerschaft befriedigt werden sollte, nämlich das Bedürfnis nach Erotik und Sexualität. Nur dieses Bedürfnis können Sie normalerweise nicht sanktionsfrei und folgenlos mit jemand anders als Ihrem Partner befriedigen. Alles andere, sei es kultureller, sportlicher oder sonstiger Natur, können Sie und Ihr Partner auch mit jemand anders ausleben, ohne dass dadurch die Partnerschaft gefährdet wäre.

Nutzen Sie diese Möglichkeiten und ersparen Sie sich und Ihrem Partner die Verpflichtung zu etwas, was Ihnen oder ihm nicht liegt oder einfach keinen Spaß macht. Natürlich ist es schön für ein Paar, wenn es mehrere gemeinsame Interessen hat. Daraus aber einen Anspruch zu zimmern, der dann als Erwartung oder gar Zwang dem anderen übergestülpt wird, entspricht gerade nicht dem Liebesideal, das beinhaltet, den anderen so zu nehmen, wie er nun mal ist. Auch wenn Sie nur wenig gemeinsame Interessen haben, können Sie sich trotzdem sehr lieben.

Einfach nur genießen

Ich glaube, es ist auch Ihr gutes Recht, eine Beziehung mit einem Mann einzugehen, der Ihnen einfach nur guttut. Der Ihnen genau das sagt, was Sie hören wollen, der Ihnen genau das gibt, was Sie brauchen, und der genau das nicht tut, was Sie auf die Palme bringt. Es gibt sie, diese Männer, die nur darauf warten, Frauen glücklich machen zu dürfen. Und es auch schaffen. Vielleicht nicht für immer, aber sicherlich für eine gute und schöne Zeit. Es sind die Männer, die einem zum Beispiel im Urlaub begegnen und die vielleicht selbst auch nur eine aufregende, unbeschwerte Zeit mit Ihnen verbringen wollen. Es sind Männer, die sich schnell und gerne verlieben und es im Handumdrehen schaffen, Sie in sich verliebt zu machen. Meist schwingt bei diesen Begegnungen etwas Leichtes, etwas Jugendliches und Unbefangenes in der Luft.

Und genau das kann das Problem sein, das Sie aber nicht unbedingt haben müssen: die vermeintliche Oberflächlichkeit einer solchen Beziehung. Dieses Wort ist in unserer psychologisch überfrachteten und übertherapierten Gesellschaft ein zuverlässiger Liebesspielverderber. Lassen Sie sich davon nicht abhalten, wenn Ihnen genau diese Art von Beziehung gerade guttut. Es mag nicht die große Liebe sein, es mag nur eine Zwischenstation sein zu Höherem, Tieferem. Die Tiefe und Höhe einer Liebe bemisst sich aber nicht unbedingt an der Zahl der geweinten Tränen und durchlittenen Nächte, nicht an der Zahl der verschlissenen oder entnervten Freundinnen, die das nicht enden wollende Liebesleid nicht mehr hören können, nicht an den Schwierigkeiten, die erst zu überwinden sind, bevor das Glück beginnen kann.

Vielleicht brauchen Sie im Moment genau so eine unbeschwerte, entspannte und leichte Begegnung mit einem Mann, der dafür geeignet ist. Der Mann wird sich umso schneller finden, je klarer Sie Ihren Wunsch nach Leichtigkeit, Entspannung und Ihren festen Willen, möglichst wenig Drama hineinzubringen, äußern und ausstrahlen.

Ich höre in meiner Praxis häufig Geschichten von unterschiedlichsten Beziehungen, die alle nicht dem hohen Ideal der großen Liebe mit Ewigkeitsanspruch genügen. Es sind Begegnungen zwischen Mann und Frau, wie sie das Leben schreibt und die das Leben der Beteiligten sehr bereichern können. Manche Frauen können diese Beziehungen lustvoll genießen, manche können gar nichts damit anfangen; manche sehen sie als jederzeit willkommene Abwechslung, manche erleben sie als notwendige Zwischenstation in ihrem Leben. Kurz: Love it, leave it or change it; or accept it as a given rule. Damit wären wir wieder bei unseren vier Psychogrammen und den unterschiedlichen Arten, auf das Leben zuzugehen.

Hier ein paar solcher Geschichten:

Lob der unvollkommenen Beziehung

Evelyn, 31 Jahre, Ärztin

Die dunkel gelockte Evelyn H., Single und sehr engagierte Ärztin, hatte nach mehrfachen frustrierenden Versuchen, über das Internet einen passenden Partner zu finden, die Partnersuche erst einmal aufgegeben. Sie konnte und wollte nicht mehr suchen, nicht mehr chatten, simsen, daten und immer wieder die gleichen Sprüche sagen und von den Männern hören. Sie gab die ständige Suche nach dem perfekten Partner auf und besann sich einer ihrer ersten Bekanntschaften aus dem Internet.

Wirklich gepasst hatte mit ihm kaum etwas, jede gemeinsame Unternehmung hatte in einem Fiasko geendet, nur eins hatte immer gut funktioniert: der Sex. Evelyn rief ihn an und bot ihm eine Beziehung an, die sich genau auf dieses eine beschränkte. Er willigte gerne ein. Darauf hatte sie ein Jahr lang eine ausschließlich erotische Beziehung mit diesem Mann, die ihr, wie sie immer wieder betonte, zwar guttat, aber nicht das »Wahre« war. Es kam Evelyn aber so peinlich und oberflächlich vor, dass sie keiner einzigen Freundin und schon gar nicht ihren Eltern davon erzählte. Danach zog sie aus beruflichen Gründen in eine andere Stadt und beendete die Beziehung.

Diese Liaison entsprach gewiss nicht den moralischen Vorstellungen ihrer Eltern, und auch ihren eigenen ethischen Grundsätzen lief sie eigentlich zuwider. Trotzdem gönnte Evelyn sich diese kleinen Auszeiten von ihrem zeitraubenden und anstrengenden Klinikalltag. Sie konnte dabei für ein paar Stunden die hohen Ansprüche vergessen, die sie an sich und auch an ihren zukünftigen Partner stellte. Dieser Mann ermöglichte es Evelyn, ihre sinnliche und erotische Seite auszuleben, was sie insgesamt zufriedener machte. Worauf er sich einließ, hatte er von Anfang an gewusst und war deshalb nicht verwundert, als die Beziehung nach dem Ortswechsel von Evelyn beendet war.

Franziska, 45 Jahre, Bauzeichnerin

Franziska G. hat ein resolutes Auftreten, prägnante Gesichtszüge, aber eine sehr zierliche Statur. Sie arbeitet als Bauzeichnerin und fühlt sich als unglücklicher Single. Sie ist aber kein wirklicher Single. Alle zwei, drei Wochen trifft sie sich mit Olaf, einem erfolgreichen Anwalt. Jedes Mal ist es ein Abend mit anspruchsvollem Kulturprogramm. Sie gehen in die Oper oder ins Theater, mal ist es das neueste Programm einer Kleinkunstbühne oder eines Kabaretts, mal lockt das Kino mit einem besonderen Film, und hin und wieder gehen sie auch nur vornehm essen. Immer ist es Olaf, der diese Abende organisiert. Danach bleibt er über Nacht bei Franziska, meistens jedenfalls. Es hängt ganz davon ab, wie sie bei Laune ist beziehungsweise, wie er sie an dem gemeinsamen Abend bei Laune hält.

Olaf hat ihr auch schon mehrfach seine Liebe gestanden, Franziska aber immer um Verständnis dafür gebeten, dass er sein eigenes Leben führen will. Er arbeitet viel, hat eine erwachsene Tochter aus erster Ehe in Berlin, unternimmt viel mit Freunden und lebt gerne allein. Er liebt Franziska, aber nicht so, wie sie das gerne hätte. Sie würde gerne mit ihm zusammenwohnen und am liebsten zu ihm in seine große Wohnung ziehen und sich aus ihren eigenen kleinen vier Wänden befreien. Diesen Gefallen tut ihr Olaf aber nicht. Er ist auch sonst ziemlich eigen, ein ganzes Wochenende haben sie nur wenige Male zusammen verbracht, und nur einmal waren sie zusammen eine Woche auf Madeira zum Wandern. Franziska hat nichts an Olaf auszusetzen, wenn er da ist. Ihr Geschmack für und Interesse an Kultur decken sich wunderbar, es wird beim Essen nie langweilig, sie haben sich immer etwas zu erzählen, und auch die gemeinsamen Nächte kann sie meist genießen, wenn, ja wenn nicht immer wieder ihre Aggression überkochen würde.

Es ist zwar alles gut, aber es ist Franziska viel zu wenig. Sie will mehr: mehr Zeit zusammen verbringen, mehr gemeinsame Wochenenden planen, öfter zusammen in den Urlaub fahren; und natürlich mit Olaf zusammenziehen. Schon mehrmals hat sie mit ihm Schluss gemacht, wollte ihn nie wiedersehen und lieber allein sein, als sich immer wieder über ihn aufzuregen. Olaf blieb ihr treu, lud sie immer wieder ein, bis Franziska schließlich nachgab und sich wieder auf ihn einließ. Sie stellt ihm ständig Ultimaten, bis wann sie entweder mit ihm zusammenziehen oder ihn nie wiedersehen will. Das nächste Ultimatum läuft an ihrem 46. Geburtstag ab. Diesmal, hat sie sich geschworen, kommt sie nicht zurück.

Kaum eine verheiratete Frau wird von ihrem Ehemann alle zwei Wochen kulturell oder kulinarisch hochwertig ausgeführt. Viele würden sich das wünschen, die allerwenigsten bekommen es aber geboten. Die meisten Frauen wohnen allerdings mit ihrem Mann zusammen und fahren üblicherweise auch mit ihm in den Urlaub. Bei Franziska und Olaf ist es genau umgekehrt. Das eine bekommt sie, kann es aber nicht wertschätzen, weil ihr das andere fehlt. Genau das droht die Beziehung letztlich zu zerstören.

»Das Bessere ist der Feind des Guten«, sagt ein Sprichwort. Die meisten Beziehungen zerbrechen gar nicht am Alltag und an der Realität, sondern an Wünschen, Vorstellungen und Träumen. Vielleicht könnte Franziska die Zeit mit Olaf mehr genießen, wenn sie sich eingestehen würde, dass ihre Beziehung zu Olaf unvollkommen ist und auch bleiben wird, ihr aber trotzdem guttut.

Hanna, 34 Jahre, Produktmanagerin

Hanna K., groß, brünett und beruflich erfolgreich, hatte sich in einen zehn Jahre älteren Mann verliebt, der jeglichen Gedanken an eine Beziehung im herkömmlichen Sinn beerdigt hatte. Er hatte ein minderjähriges Kind mit einer Frau, mit der er nicht mehr zusammen war, lebte allein und gut damit. Hanna verliebte sich sehr in diesen Mann und wünschte sich von und mit ihm all das, was sich Prinzessinnen von ihrem Prinzen wünschen.

Sie bekam einiges davon, unter anderem auch sehr guten Sex, wie sie häufig betonte, aber weder Verbindlichkeit und schon gar nicht die Aussicht auf ein gemeinsames Familienglück mit Kind(ern). Hanna bemerkte sehr bald, was bei ihrem Lover zu holen war und was nicht, aber sie wollte es nicht akzeptieren. Sie bedrängte ihn, verfiel immer wieder in Phasen tiefer Unzufriedenheit und des Unglücks, zweifelte immer mehr an sich selbst und benahm sich schließlich so, dass ihr Partner das Weite suchte.

Nach einem zweiten, noch viel schlimmer verlaufenden Versuch einer Familiengründung mit einem definitiv beziehungsun-

willigen und -unfähigen Mann begegnete Hanna eher zufällig ihrem vorherigen Lover wieder. Inzwischen war Hanna befreit von
diesem Gefühl, das sie damals als Liebe zu ihm definierte, das
aber in erster Linie ein Familiengründungs- und Männerzivili-
sierungsprogramm war. Die beiden begannen wieder eine Liebschaft, aber diesmal wollte Hanna keine festere Beziehung, eher
im Gegenteil. Sie sah die Sache jetzt locker und entspannt und in
ihm nicht mehr den zukünftigen Mann und Vater ihrer Kinder.
Den zu suchen hatte sie zwar nicht aufgegeben, aber sie erlaub-
te sich diese Liebschaft nebenher. Eine Beziehung ohne Anspruch
auf Ewigkeit, ohne Verpflichtung und ohne die Schwere, die ständig auf den Begegnungen lastet, wenn einer von beiden eigentlich
mehr erwartet.

Jetzt auf einmal bekam sie von diesem Mann vieles, was sie
damals vergeblich ersehnt hatte: Er rief sie an, wollte sie sehen,
sagte ihr schöne Dinge und benahm sich sehr zuvorkommend.
Nach wie vor wollte er keine feste Beziehung und schon gar keine Familie gründen, aber die Tatsache, dass auch Hanna von ihm
nicht mehr wollte, als er zu geben bereit war, entspannte ihn ungemein. Er konnte sich um sie bemühen ohne die Angst, falsch
verstanden zu werden. Er konnte ihr Komplimente machen, ohne
eine höhere Erwartung bei ihr zu schüren. So hatten sie gemeinsam schöne Stunden und auch Tage, die sie gut gelaunt miteinander verbrachten.

Wie es mit Hanna weitergegangen ist, weiß ich leider nicht.
Ich bin mir aber sicher, dass sie den Richtigen noch findet,
wenn sie ihn nicht schon gefunden hat.

Silvia, 49 Jahre, Gymnasiallehrerin

Silvia B. ist Gymnasiallehrerin, sportlich und meist gut gelaunt. Sie hat vier Kinder, die alle noch zu Hause wohnen. Auch mit dem Vater ihrer Kinder lebt sie noch zusammen, betrachtet ihn aber schon lange nicht mehr als ihren Mann. Schon vor Jahren hatte er sich erotisch und auch emotional komplett von ihr abgewandt und sich vollkommen anders orientiert, was Silvia aus unterschiedlichsten Gründen schließlich hingenommen hat, ohne sich scheiden zu lassen.

Seit zwei Jahren hat sie ein Verhältnis mit Peter, einem alleinstehenden Kollegen. Er ist ein echter Eigenbrötler, hat noch nie mit einer Frau zusammengewohnt und auch keine Kinder. Als Partner fürs Leben wäre er nie für Silvia infrage gekommen, die ein herzlicher Familienmensch ist und sich jeden Tag mit und an ihren Kindern freut. Peter ist aber ein guter Zuhörer, hat schier endlose Kapazitäten, sich Silvias Sorgen anzuhören, und kann überaus zärtlich und warmherzig sein. Neben ihren Kindern ist Peter die Kraftquelle für Silvia, aus der sie schöpfen kann, wenn ihr mal die Energie ausgeht, ihr anstrengendes und schwieriges Leben zu führen. Sie verbringen auch ganze Wochenenden zusammen, die aber als berufliche Weiterbildung getarnt sind. Sie will diese Affäre geheim halten vor den anderen Kollegen, aber auch vor ihrem Mann. Sie hat plausible Gründe dafür.

Silvia freut sich jeden Tag, Peter im Kreis ihrer Kollegen zu sehen, vielleicht heimlich eine kleine Intimität auszutauschen und das nächste Treffen zu vereinbaren. Ihre Gefühle zu ihm sind aber nicht so stark, nicht so absolut, dass sie den Anstoß geben würden, ihr Leben zu verändern. Auch wenn es zu einer Trennung von ihrem Mann kommen sollte, würde Silvia nie mit Peter zusammen-

ziehen wollen. Er vermutlich auch nicht mit ihr, aber das weiß sie nicht so genau. Gefragt hat sie ihn nie danach – und er sie auch nicht. Beide wollen aber unbedingt ihre Affäre weiterführen und sich aneinander freuen.

Es gibt sie, diese Männer, die genau zu einer bestimmten Lebenssituation passen, so pragmatisch das auch klingen mag. Diese Männer wollen meist auch nichts anderes als genau die Lücke füllen, die sich – aus welchen Gründen auch immer – im Leben einer Frau aufgetan hat. Eine Lücke, die zu einem echten Unglück und einer ernsthaften emotionalen Destabilisierung führen kann, wenn sie über längere Zeit unausgefüllt bleibt.

Bettina, 35 Jahre, Sachbearbeiterin

Bettina ist eine schlanke blonde Schönheit. Ihre blauen Augen strahlen, sie hat ein bezauberndes Lächeln, und ihre Figur lässt keine Männerwünsche offen. Sie ist Teamleiterin in einer Behörde und seit einem Jahr geschieden. Als sie sich in einen Vorgesetzten verliebt hatte, verließ sie ihren Mann. Nicht wegen des Vorgesetzten; er war verheiratet und wusste noch nicht einmal etwas von der Liebe seiner Mitarbeiterin zu ihm. Bettina verließ ihren Mann, weil sie sich in den acht Jahren Ehe weiterentwickelt hatte, persönlich und beruflich, er aber nicht. Das Liebesgefühl für den Vorgesetzten war nur der Auslöser, nicht der Grund für die Trennung von ihrem Mann.

Jetzt wollte Bettina einen Partner, der besser zu ihr passte. Gerne einen wie ihren Chef, aber nicht ihn. Er war ja schon vergeben.

Ihr Ehemann war ihr erster Mann gewesen, und Bettina merkte jetzt, wie schrecklich unerfahren sie in Sachen Flirten, Sex und Verführung war. Wenn ihr ein Mann gefiel, verwandelte sie sich wieder in das ängstlich-verklemmte 17-jährige Mädchen vom Land, das sie einmal gewesen war. Sie bekam kein Wort heraus, lief rot an und suchte bald das Weite aus lauter Angst, sich vollends zu blamieren. Die Männer missverstanden Bettinas Benehmen als Arroganz oder Desinteresse.

Bettina beschloss daher, Erfahrungen zu sammeln. In ihrem ersten Urlaub ohne Mann mit einer guten Freundin in einem Ferienclub in der Türkei begann sie damit. Von allen Männern, die sie am ersten Abend in der Clubdisco ansprachen, suchte sie sich den Bestaussehendsten heraus. Es war der Discjockey, ein junger Türke. Nach diesem Urlaub war Bettina um einige sehr schöne Erfahrungen reicher, aber ihr Herz war schwer. Sie hatte sich verliebt. Doch sie bekämpfte dieses Gefühl so lange, bis er ihr nicht mehr schrieb. Erst dann antwortete sie und dankte ihm mit einem liebevollen Abschiedsbrief – und plante den nächsten Urlaub ganz woanders. Diesmal war es ein Club im Senegal und der Mann, mit dem sie weitere Erfahrungen sammelte, ein nicht mehr ganz junger französischer Tourist. Als Letztes buchte sie eine Kreuzfahrt durchs Mittelmeer und bandelte beim Kapitänsdinner mit dem Ersten Offizier an. Nach diesem Urlaub hatte Bettina genug Erfahrungen gesammelt, wie sie fand.

Den Vater ihrer zukünftigen Kinder lernte sie schließlich auf der Geburtstagsparty ihrer Schwester kennen. Er erinnerte sie an ihren Vorgesetzen, und er war tatsächlich Abteilungsleiter in einer Behörde. Er war begeistert von dieser schönen, überaus charmanten und selbstbewussten Frau, die ein Auge auf ihn geworfen hatte. Er konnte sein Glück kaum fassen.

Die Magie der Anziehung wirkt überall

Wenn Sie jetzt den Impuls verspüren, einfach loszuziehen und sich überraschen zu lassen, was der Tag oder die Nacht noch bringen mag, ohne viele Gedanken an morgen oder gar übermorgen, dann legen Sie das Buch weg und lassen Sie sich nicht aufhalten. Es ist vielleicht der beste Gedanke, besser als alles, was Sie heute in diesem Buch noch erfahren werden.

Das Leben findet täglich, stündlich und minütlich statt, letztlich ja nur im momentanen Augenblick. Wie Sie die jeweiligen Augenblicke nutzen wollen, bleibt Ihnen überlassen. Je intuitiver und spontaner Sie dabei agieren, desto authentischer werden Sie wahrgenommen. Sie werden spüren, dass auch in der flüchtigsten Begegnung und im harmlosesten Flirt die Anziehungskräfte walten, die sich aus der Ergänzung unterschiedlicher Charaktertypen ergeben. Die gegenseitige Anziehung, egal, was für eine Beziehung Sie gerade suchen, läuft fast immer nach den gleichen Mechanismen ab. Deshalb ist es so hilfreich, seinen Grundcharakter zu kennen, ganz gleich, ob Sie nun eine kurze oder lange, eine leichtere oder eine tiefere, eine freiere oder einer feste Beziehung anstreben.

6 Lächeln Sie – auch für Männer!

Jeder weiß es, jeder fühlt es, jeder hat es schon tausend Mal gehört: Lächeln Sie, und am besten authentisch. Zeigen Sie also beim Lächeln ruhig Ihre kleinen Lachfältchen um die Augen, denn dann lächeln auch die Augen mit. Das wirkt echt und sympathisch. Im besten Fall aktiviert es die Spiegelneuronen im Gehirn Ihres Gegenübers, den Sie so bezaubernd anlächeln. Wenn Sie das schaffen, dann kann er gar nicht anders, als zurückzulächeln. Sie stecken ihn mit Ihrem Lächeln förmlich an, und er lächelt zurück, als sei er Ihr Spiegel. Er wird Sie mögen, ob er will oder nicht.

Es ist aber gar nicht so einfach, dieses äußerst wirkungsvolle und noch dazu kostenlose Wundermittel auch richtig einzusetzen.

Denn viele Frauen haben leider keine guten Gefühle Männern (im Allgemeinen) gegenüber. Es gibt Frauen, in denen eine kaum zu übersehende Grundaggression brodelt, wenn das Thema Männer aufkommt. Die Gründe dafür sind mannigfaltig, von ganz konkreten schlechten Erfahrungen bis hin zu ideologischen Ressentiments den mutmaßlichen männlichen »Unterdrückern« gegenüber. Andere Frauen erleben Gefühle der Angst, bei wieder anderen ist das vorherrschende Gefühl Scham, häufig auch darüber, überhaupt einen Mann zu suchen. Um diese Gefühle nicht zu zeigen, kommen verschiedene emotionale Masken zum Einsatz. Diese Frauen geben sich dann arrogant, betont abweisend und uninteressiert, gerne auch abwertend und spöttisch.

All diese Gefühle mögen ihre Geschichte und auch ihre Berechtigung haben, bei der Partnersuche sind sie aber extrem kontraproduktiv, wie ich wohl nicht weiter ausführen muss.

Es ist sehr wichtig, seinem Gegenüber freundlich und wohlwollend, also am besten nicht nur äußerlich, sondern auch innerlich lächelnd entgegenzutreten. Ein Lächeln signalisiert nicht nur, dass Sie ihm wohlgesinnt sind. Es vermag auch, ihn wohlgesinnt zu stimmen. Ein Lächeln ist also Reaktion und Aktion zugleich.

Nur ein echtes Lächeln, bei dem auch die Augen mitlachen, kann die Spiegelneuronen Ihres Gegenübers aktivieren. Nur dann fühlt der Mann sich wirklich gemeint, nur dann nimmt er Ihnen Ihr Lächeln auch ab und findet Sie sympathisch. Jeder kennt diesen Effekt: Ein Lächeln ist nicht ein Lächeln. Es kann maskenhaft und aufgesetzt wirken, aber auch sehr sympathisch und anziehend gute Laune verbreiten.

Um möglichst echt lächeln zu können, wird allgemein geraten, sich vor einem Date eine schöne Erinnerung ins Gedächtnis zu rufen. Auf diese Weise emotional positiv aktiviert gelingt es dann vielleicht besser, den Mann auf der anderen Seite des Tisches auch wirklich gefühlsecht anzulächeln.

Tatsächlich *authentisch* ist dieses Lächeln damit aber immer noch nicht. Daher mein zusätzlicher Tipp: Wenn Sie sich vor einem Date an ein positives Erlebnis erinnern, dann denken Sie bitte an etwas Schönes, das Sie mit einem Mann (!) erlebt haben. Versuchen Sie also, dem anderen Geschlecht irgendetwas Gutes abzugewinnen, und wenn es nur ein angenehmes Erlebnis in Ihrer Vergangenheit ist.

Den Effekt, den Sie damit erzielen, können Sie auch an sich selbst beobachten: Wenn Sie merken, dass ein Mann Frauen im Allgemeinen mag, wertschätzt oder sogar verehrt, hat er auch bei Ihnen schnell Pluspunkte gesammelt. Diese Grundeinstellung wird unweigerlich auch auf sein Verhalten Ihnen gegenüber durchschlagen. Männern geht es da mit Frauen nicht anders: Wenn ein Mann merkt, dass Sie Männer im Allgemeinen mögen und nicht abwerten, haben Sie schon mal einen dicken Stein bei ihm im Brett.

Das Entscheidende ist und bleibt also die emotionale Grundhaltung, der innere Satz, mit dem Sie, bewusst oder unbewusst, auf die Männerwelt schauen und auch zugehen. Wenn Sie es schaffen, eine positive Grundeinstellung zu finden, dann kommt das echte und authentische Lächeln von ganz allein.

Nicht selten höre ich allerdings von meinen Patientinnen genau gegenteilige Sätze über die Männer. Hier ein paar von diesen Aussprüchen zum Ausprobieren:

- Mal wieder einer aus der Kategorie »Männer, die die Welt nicht braucht«!
- Das ist doch alles nur Schrott hier!
- Diese Waschlappen kann man alle komplett vergessen!
- Die wollen doch alle nur das eine, und das können sie noch nicht mal richtig!
- Zwar schnell zu haben, aber schwer zu halten!
- Erst geizig und dann auch noch schlecht im Bett!

Den Inhalten dieser Sätze möchte ich gar nicht widersprechen, weil es genug Exemplare des männlichen Homo sapiens gibt, auf die diese Aussagen durchaus zutreffen. Die Liste dieser Sätze ließe sich noch endlos weiterführen. Hilfreich bei der Partnersuche sind solche vernichtenden Urteile allerdings nicht.

Mit der folgenden Übung möchte ich Ihnen helfen, Ihr äußeres und inneres Lächeln den Männern gegenüber zu finden.

Übung: Ihr Satz des Lächelns

Nehmen Sie sich ein DIN-A3-Blatt und ein DIN-A4-Blatt und einen Stift zur Hand. Außerdem brauchen Sie einen roten, einen blauen und einen grünen Stift.

Konzentrieren Sie sich auf folgende Fragen:
Wie ist mein Grundgefühl Männern gegenüber? Mit welchem inneren Satz begegne ich ihnen? Welchen Satz höre ich in meinem Inneren, wenn es darum geht, ein nettes männliches Exemplar kennen zu lernen? Welche Emotionen kommen in mir hoch? Welche Emotionen sind stärker, welche schwächer? Welche überwiegen?
Fühlen Sie in sich hinein und formulieren Sie erst einmal alle Aussagen, die Ihnen zu dem Thema *Männer* einfallen, ganz spontan und ohne Gedankensperren in Schlagwörtern oder ganzen Sätzen. Also alle positiven, neutralen und auch alle negativen Sätze.
Schreiben Sie diese Sätze und Aussagen kreuz und quer

ohne Ordnung auf das große DIN-A3-Blatt, gerade so, wie Sie Ihnen einfallen.

Wenn Sie damit fertig sind, lesen Sie sich bitte alles in Ruhe noch einmal durch. Dann unterstreichen Sie zuerst mit dem roten Stift alle negativen Aussagen, mit dem blauen Stift alle neutralen Aussagen und dann mit dem grünen alle positiven Aussagen.

Schreiben Sie jetzt bitte alle positiven, alle neutralen und alle negativen Aussagen geordnet untereinander auf das DIN-A4 Blatt.

Wie lang sind die drei Listen? Sind sie sehr unterschiedlich lang? Fällt Ihnen sonst noch etwas auf?

Lesen Sie sich die Aussagen jetzt laut vor. Wie hören sie sich an? Welcher Tonfall passt am besten zu welcher Aussage? Und welcher Gesichtsausdruck? Sprechen Sie auch die negativen Sätze laut und deutlich aus. Stellen Sie sich vor, Sie wären eine Schülerin in einer Schauspielschule und müssten die Sätze zur Übung besonders ausdrucksvoll mit Mimik und auch Gestik vortragen. Spielen Sie Ihre unterschiedlichen Sätze, gerne auch übersteigert.

Gibt es einen Satz des Lächelns? Können Sie einen Ihrer Sätze über Männer mit einem ehrlichen Lächeln aussprechen? Das kann auch ein ironischer oder belustigender Satz sein, bei dem Sie die Männer (oder einen bestimmten Mann) wohlwollend schmunzelnd betrachten. Hauptsache, Sie können dabei authentisch lächeln. Prägen Sie sich diesen Satz ein. Sprechen Sie ihn mehrfach mit Ihrem eigenen Lächeln laut aus. Dies könnte der Satz sein, mit dem Sie auf Männer zugehen und der Sie innerlich und auch äußerlich lächeln lässt.

Wenn Sie merken, dass bei Ihnen die negativen Gefühle Männern gegenüber überwiegen, sprechen Sie diesen Satz trotzdem aus und lächeln Sie dabei, so gut es geht. Vielleicht können Sie Ihre schlechten Gefühle damit ein wenig vertreiben, und sei es nur für eine kurze Zeit. In jedem Fall werden Sie dann ganz anders auf den Mann wirken, der Ihnen gefällt.

Die vier Grundtypen des Lächelns

Jeder hat sein eigenes, zu ihm passendes Lächeln. Die emotionalen Botschaften, die mit einem authentischen Lächeln gesendet werden, können sehr unterschiedlich sein. Man kann also auch beim Lächeln wieder vier Grundtypen unterscheiden:

Das Nähe suchende Lächeln

Hinter dem Lächeln einer Frau mit Nähe suchendem Psychogramm versteckt sich ihr Bedürfnis, geliebt zu werden und vor allem zu lieben. Es sagt: »Du brauchst keine Angst vor mir zu haben, ich möchte zwar geliebt werden, suche aber vor allem jemanden, den ich lieben kann.« Dieses Lächeln kann überaus anziehend und einladend sein. Es nimmt dem Mann die Angst und gibt ihm ein gutes, entspanntes Gefühl. Es stärkt sein Selbstbewusstsein, und er fühlt sich attraktiv.

Manche Männer missverstehen das Nähe suchende Lächeln allerdings und glauben, sie hätten hier ein leichtes Spiel und praktisch schon gewonnen. Das stimmt aber nicht. Gerade auf einen distanzierten Mann wirkt dieses Lächeln wie eine Erlösung. Es ist so eindeutig, dass selbst er es kaum missverstehen kann. Er spürt, dass er hier nicht verletzt wird, sicher ist und seine Distanziertheit, hinter der er seine hohe Sensibilität versteckt, aufgeben kann.

Das distanzierte Lächeln

Ganz anders ist es beim Gegenpsychogramm, bei den distanzierten Frauen. Deren Lächeln ist unergründlich wie das Lächeln der *Mona Lisa.* Es kann alles und nichts sagen. Man muss es erst herauslocken, sich dafür anstrengen. Dann ist es wie eine Belohnung, eine gewährte Gnade, ein Preis, den man errungen hat. Gerade die Nähe suchenden Männer reizt es, mehr von diesem Lächeln zu bekommen, weil es nur selten verschenkt wird. Sie fühlen sich dadurch auserwählt und aus der Masse der Männer herausgehoben.

Es gibt Männer, die für so ein Lächeln alles tun würden. Die Botschaft, die Männer aus diesem Lächeln lesen, heißt: »Du und nur du darfst mir näher kommen. Für dich öffne ich meine Dornenhecke. Vielleicht bist du es, der mich wachküssen darf.« Dieses Lächeln lässt den Adrenalinspiegel beim

Mann steigen, nicht sinken. Er weiß, dass er noch lange nicht gewonnen hat. Aber er wurde auserwählt, sich anstrengen zu dürfen.

Greta Garbo, die große Filmdiva der 20er und 30er Jahre, lachte das erste und einzige (!) Mal in der Komödie *Ninotschka,* ihrem zweitletzten Film. Dieser Film wurde sogar mit dem Slogan »Greta lacht« beworben. Vorher blickte sie in all ihren Filmen immer (tod)ernst. Trotzdem oder vielleicht auch gerade deswegen wurde sie zu einer unsterblichen Filmlegende. Wenn man die Beinamen betrachtet, die ihr die Kritiker gegeben haben, wie »die Göttliche«, »die schwedische Sphinx« oder die »Traumprinzessin der Ewigkeit«, errät man schnell, welchen Charaktertypus sie als Schauspielerin überwiegend dargestellt hat: die Distanzierte. Und bei der ist ein echtes Lachen ein Ereignis. Dann aber ein überwältigendes.

Das Grenzen sprengende Lächeln

Das Lächeln einer Grenzen sprengenden Frau ist entweder verschmitzt und verführerisch oder schon fast ein offenes Lachen. Als Lachen hinterlässt es beim Mann die Frage: »Lacht sie mich an, lacht sie über mich, oder lacht sie mich sogar aus? Findet sie mich sexy, lustig oder lächerlich?« Das Lächeln oder Lachen ist in jedem Fall die Einladung zu einem Spiel. Die Botschaft dahinter lautet: »Komm und spiel mit mir! Finde heraus, ob es bei einem Spiel bleibt oder ernster werden kann. Ob ich dich sexy finde, hängt auch davon ab, wie du dieses Spiel mit mir zu spielen verstehst.«

Natürlich springen die meisten Männer auf so ein Lächeln an. Es vermittelt die unerträgliche Leichtigkeit des Seins, ist fester Bestandteil jeder Liebeskomödie und versprüht auch genau diese unbeschwerte und amouröse Atmosphäre. Für ordnend-kontrollierte Männer ist es die Erlösung aus ihrem pflichtbesetzten und allzu ernsten Alltag. Beim Blick in so ein Lächeln, womöglich sogar dadurch angeregt zurückzulächeln, spüren sie: »Ach ja, natürlich, das Leben könnte auch leicht und schön sein!«

Aber selbst das verführerischste Lächeln einer Grenzen sprengenden Frau heißt nicht mehr als: »Ich finde dich interessant. Du könntest ein gutes Gegenmittel gegen meine momentane Langeweile sein.«

Das ordnend-kontrollierte Lächeln

Und wie sieht das Lächeln einer ordnend-kontrollierten Frau aus? Hat sie überhaupt eines? Natürlich! Es ist offen und ehrlich, klar und unmissverständlich. Es hat eine einfache Botschaft: »Ich freue mich (auch), dich zu sehen.« Meist kommt es als Reaktion auf das Lächeln des Gegenübers, selten zuerst und als Einladung. Es begründet einen freundlichen Umgang miteinander, erotisches Prickeln vermittelt es allerdings eher selten. Das ordnend-kontrollierte Lächeln macht klar: »Hier wird im Guten etwas ausgehandelt.« Das kann geschäftlicher Natur sein, aber auch emotionalen Charakter haben. Wichtig ist, dass es gerecht zugeht und hinterher die Rechnung stimmt, in Zahlen oder Gefühlen gemessen.

Dem Mann vermittelt dieses Lächeln Sicherheit: »Auf diese Frau kann ich mich verlassen. Sie wird mich auch morgen und übermorgen noch anlächeln. Bei ihr stehe ich nicht ständig auf dem Prüfstand! Es kann auch ein Lächeln sein, dem die eigene Stärke und finanzielle Unabhängigkeit anzusehen sind, also ein stolzes und – klischeehaft gesprochen – männliches Lächeln. Damit spricht es natürlich die Männer besonders an, die Sicherheit suchen, weil sie sie nicht in sich selbst tragen: die Grenzen sprengenden Männer.

Ihr eigenes Lächeln

Bitte lassen Sie sich von der vorherigen Übung und den unterschiedlichen Beschreibungen nur anregen, Ihr persönliches, zu Ihnen passendes, authentisches Lächeln zu suchen. Und suchen Sie bitte so lange, bis Sie es gefunden haben! Denn Sie brauchen es dringender als Ihre Schminkutensilien, es ist wirkungsvoller als jede neue Mode, verführerischer als jede Oberweite und anziehender als jede noch so gute Figur.

Bleiben Sie bei der Suche aber auf jeden Fall immer die, die Sie sind, und stehen Sie zu Ihrer Mimik. Ein gekünsteltes und gezwungenes Grinsen wirkt unecht und unerotisch und verfehlt seine Intention völlig. Dagegen kann auch ein eher verschlossenes Gesicht, das ernst und ruhig in die Welt schaut, interessant und anziehend wirken und einen Mann dazu reizen, ihm ein Lächeln zu entlocken.

7 Tipps für Kopf und Herz

In diesem letzten Kapitel möchte ich ganz unterschiedliche Themen, Fragen und Probleme ansprechen, die bei der Partnersuche und am Beginn einer Partnerschaft von Bedeutung sind, und Ihnen meine persönlichen Tipps dazu verraten. Dieses Kapitel gründet einmal mehr auf meinen täglichen Erfahrungen in meiner Praxis und spiegelt häufige Probleme bei der Partnerwahl und auch allgemein im Umgang mit Männern wider, so wie ich sie von meinen Patientinnen höre.

Gefühle und Erwartungen

Ich glaube nicht, dass Männer Frauen grundsätzlich weniger lieben als Frauen Männer, aber sowohl die Fähigkeit zu verbalen Äußerungen der Liebe als auch die Bereitschaft, den Liebesgefühlen verbindliche und verbindende Handlungen folgen zu lassen, scheint auf Frauenseite deutlich größer zu sein als auf Männerseite. Warum aber sind es üblicherweise die Frauen, die auf eine höhere Verbindlichkeit und auf eine festere Beziehung hinwirken?

Die gängige Erklärung dafür ist, dass bei Frauen die biologische Uhr etwas schneller tickt und sie es deshalb etwas eiliger haben, eine Familie zu gründen und Kinder zu bekommen. Das ist sicherlich richtig, erklärt aber nicht, warum auch bei sehr jungen Paaren und ebenso bei Paaren jenseits der fünfzig, in denen also das Kinderkriegen *noch* keine beziehungsweise keine Rolle *mehr* spielt, es auch meistens die Frauen sind, die zum Beispiel mit ihrem Freund schon zusammenziehen wollen, während er noch keine Lust verspürt, »seine Freiheit« aufzugeben.

Empfinden Frauen diese engere, räumliche Bindung nicht auch als Beschränkung ihrer Möglichkeiten und Freiräume? Überwiegen für sie die Vorteile des Zusammenlebens die Nachteile einer festen Partnerschaft so deutlich? Oder sind viele Männer einfach beziehungsunfähig oder -gestört?

Gute Kerle, schlechte Kerle

Um einer weiteren Ursache dieser typischen Beziehungsdynamik auf die Spur zu kommen, müssen wir uns klarmachen, dass es in früheren Zeiten für Frauen überlebenswichtig war, zwischen guten und schlechten Kerlen zu unterscheiden. Die guten Männer waren die, die bei der Frau und den Kindern blieben und bereit waren, für sie zu sorgen. Die schlechten Männer waren die, die sich nach Beischlaf und Zeugung schnell wieder aus dem Staub gemacht haben und nicht bereit waren, ihre Ressourcen für ihr Kind und für deren Mutter bereitzustellen. Diese Männer ließen Frau und Kind im Stich.

Ich glaube, dass dieses archaische Unterscheidungsprogramm bei Frauen immer noch, oft auch unbewusst, abläuft, unabhängig davon, ob sie nun wirklich Kinder wollen oder nicht. Diese Schablonen werden von den Frauen immer noch auf das Verhalten eines Mannes gelegt, um seine Emotionen einschätzen zu können (»Liebt er mich, oder liebt er mich nicht?«). Bei den Männern, die in einer Beziehung äußere Zeichen der Verbindlichkeit zeigen oder auch nur versprechen, vermuten Frauen Empfindungen wie Warmherzigkeit, Bindungsfähigkeit und wahre Liebe. Den Männern, die eher auf ihre Freiheit pochen und sich wenig auf die Beziehung einlassen, wird Egoismus, Sexismus und Kaltherzigkeit unterstellt. Die einen sind die guten Kerle, die lieben Jungs, und die anderen sind die bösen Buben, die Scheißkerle. Und es gilt, die Spreu vom Weizen zu trennen, die Guten zu erkennen und die Schlechten auszusondern. Auch heute noch!

So wird ein offensichtlicher Bindungswille des Mannes, wie zum Beispiel das Einverständnis zum Zusammenziehen, als Beweis für seinen guten Charakter und als Gütesiegel für seine wahre Liebe angesehen. Diese Verbindung zwischen Gefühlen und daraus folgenden Taten läuft aber auch umgekehrt: Aus der Liebeserklärung eines Mannes lesen viele Frauen das Versprechen für baldige nächste Schritte hin zu einer verbindlichen und möglichst (lebens-)langen Beziehung heraus.

Das ist der Grund, warum viele Männer befürchten, dass sie mit einer Liebeserklärung bei ihrer Partnerin eine überzogene Erwartungshaltung wecken, und reden deshalb lieber erst gar nicht von Liebe. Konkret formulierte ein 42-jähriger Patient von mir sein Problem einmal so: »Ich kann ihr doch schlecht sagen, dass ich sie sehr liebe, aber trotzdem nicht mit ihr zusammenziehen will.« Doch, das könne er sehr wohl, meinte ich darauf. Ganz im Gegenteil: Je öfter und deutlicher er ihr sagt, dass er sie sehr liebe, und umso stärker sie sich also von ihm geliebt fühlt, desto weniger benötige sie äußere Zeichen wie eine gemeinsame Wohnung.

Meist läuft es aber genau umgekehrt: Gerade weil der Mann befürchtet, dass er seinen Liebesworten auch baldmöglichst Taten folgen lassen muss, verkneift er sich die Liebeserklärung. Und je weniger die Frau (Liebes-)Worte hört, desto mehr will sie (Liebes-)Taten sehen, um daran dann die unausgesprochenen Gefühle des Mannes einschätzen zu können.

Ein Teufelskreis, aus dem man nur herauskommt, wenn es beiden Partnern gelingt, Gefühle und die damit vielleicht verbundenen Erwartungshaltungen getrennt voneinander zu sehen. Ich kann als Mann eine Frau lieben, ohne ihr gleich höchste partnerschaftliche Verbindlichkeit versprechen zu müssen. Und Sie können als Frau einem Mann Ihre Liebe gestehen, ohne gleich mit ihm ins Bett zu gehen. Denn das ist umgekehrt die Erwartung eines Mannes gegenüber einer Frau, wenn er ihre Liebeserklärung hört.

Daher mein Tipp:
Wenn Sie von einem Mann wissen wollen, ob er Sie liebt, dann fragen Sie ihn einfach danach. Ich weiß, dass es für so eine Frage eine enorm hohe emotionale Schwelle zu überspringen gilt, übrigens nicht nur für Frauen. Diesen Mut zu haben erspart Ihnen aber, ständig auf äußere Beweise seiner Liebe zu warten, die da wären: längere gemeinsame Urlaube, größere und teure Geschenke, die Einführung in seinen Freundeskreis und seine Familie, der Wille zusammenzuziehen, der Wunsch nach Verlobung und Heirat, der Wunsch nach einem gemeinsamen Kind etc.

Vielleicht wollen Sie das alles ja gar nicht dringender und schneller als Ihr Freund. Sie benötigen aber seine Bereitschaft dazu und seine konkreten Handlungen in diese Richtung, weil Sie sich erst dann wirklich geliebt fühlen und erst dann sicher sind, dass Sie auf den Richtigen setzen. Ihre Ungeduld bringt Ihren Partner jedoch in Zugzwang und Sie in eine schlechte Position.

Bitte bedenken Sie: Der allergrößte Teil der weltweit geschriebenen Liebesgedichte wurde von Männern verfasst. Männer haben sehr wohl die Gabe, Gefühle der Liebe auch mit Worten auszudrücken. Ermutigen Sie ruhig Ihren Partner, es auch mal zu probieren. Wie Sie das machen und ob Sie ihm zuerst Ihre eigenen Gefühle offenbaren, bleibt Ihnen überlassen. Die einfache Frage »Liebst du mich?« ist aber auf jeden Fall nie falsch, wenn Sie es denn wirklich wissen wollen.

Wichtig ist nur, dass Sie Ihrem Freund schon vorher klarmachen, dass Sie nicht sofort den Verlobungsbrillantring an Ihrer Hand und seine Kreditkarte in Ihrem Geldbeutel erwarten. Dass es Ihnen also um nichts anderes geht als um seine und Ihre Gefühle.

Das Umerziehungsprogramm und die perfekte Masche

Die Unterscheidung zwischen guten und schlechten Kerlen ist leider keinesfalls so leicht, wie man meinen könnte. Erschwerend kommt hinzu, dass die bösen Jungs nicht selten gerade die sind, die so anziehend und erotisch wirken, die Spannung und Abenteuer versprechen – und natürlich auch guten Sex. Es sind also genau die, in die sich der Bauch schon verliebt hat, obwohl im Kopf längst das rote Alarmlicht blinkt: »Bloß nicht! Der gehört zu den Falschen! Der ist kein Typ für eine feste Beziehung!«

Einmal angenommen, Sie haben inzwischen erkannt, in wen Sie sich da gerade verliebt haben. Dann könnte die Sache doch ganz einfach sein: »O. k., der Typ, der mir so gut gefällt, ist eher von der Sorte einsamer Cowboy oder Steppenwolf. Mit dem ist einiges möglich, nur eines nicht: eine feste Beziehung mit Ewigkeitsanspruch.« Aber das Leben ist nun mal nicht einfach, oder wir wollen es nicht einfach haben. Denn meist wird die Sache dadurch kompliziert (gemacht), dass bei vielen Frauen in einem solchen Fall ein spezielles Programm abläuft: das Zivilisierungs- und Umerziehungsprogramm. Ziel dieses Programms ist es, aus einem beziehungsunwilligen oder beziehungsgestörten Typen einen anhänglichen und bindungsfähigen Partner zu machen.

Dabei setzen diese Frauen eine spezielle Verhaltensstrategie ein: Indem sie besonders lieb, brav und treu sind, wollen sie so den Mann zu einer festen Beziehung bewegen. Sie verhalten sich also genau gegenteilig zu diesem Mann. Dieser Versuch, die beziehungsresistenten Fälle zu bekennenden Beziehungsbefürwortern zu bekehren, ist leider zum Scheitern verurteilt. Es soll ein paar in der Weltliteratur beschriebene Fälle gegeben haben, in denen das funktioniert hat. Aber meistens funktioniert es nicht!

Diese Männer sind immer wieder oder ständig auf dem Partnermarkt zu haben. Sie werden immer wieder aufs Neue in Kurzbeziehungen recycelt. Und immer wieder versuchen

Frauen, aus ihnen bindungswillige und bindungsfähige Partner zu machen – und beißen sich an ihnen die Zähne aus. Genau diese Typen prägen das heutige Bild der angeblich so bindungsunfähigen Männer. Und falls Sie als Frau zum Nähe suchenden Psychogramm tendieren, dann sind Sie besonders gefährdet. Es ist nicht schwer zu erraten, zu welchem Psychogramm viele dieser Männer zählen: natürlich zu den Distanzierten.

Die perfekte Masche

Besonders geschickt sind die Männer, die ihre Bindungsunlust damit erklären, dass sie von ihrer letzten Freundin oder Frau, die *nicht* nett, lieb und treu zu ihnen war, immer noch so sehr verletzt, gekränkt und was weiß ich noch alles sind, dass sie vor lauter Verzweiflung, Frust und mangelndem Vertrauen zu Beziehungsverweigerern geworden sind. Das ist die perfekte Masche, denn sie bewegt die verliebte Frau dazu, ihr Vertrauensaufbauprogramm auf Hochtouren zu fahren: Diese Frauen lassen sich von den Männern dann alles, aber auch wirklich alles gefallen. Sie haben endlos viel Verständnis, jede noch so unverschämte und verletzende Handlung des Partners wird klaglos hingenommen und jeder Vertrauensbruch seinerseits als vermutlich irgendwie unbewusste Prüfung ihrer eigenen Vertrauenswürdigkeit fehlinterpretiert.

Irgendwann, so der fatale Irrglaube der Frau, wird sie so sehr gelitten und ihre Liebe zu ihm gerade dadurch so sehr bewiesen haben, dass er endlich wieder Vertrauen haben und

Liebe empfinden kann – zu ihr. Er wird, so die Wunschvorstellung, ihr dann unendlich dankbar sein und von seinen Wunden geheilt in ihre Arme sinken und für immer der Ihre sein.

Leider alles Quatsch. Bei echter Verliebtheit heilen Verletzungen und Wunden aus alten Beziehungen erstaunlich schnell, manchmal sogar in Sekunden, vor allem bei Männern. Ich befürchte, dass fast jede Frau sich in eine solche Falle locken lässt, ganz egal, zu welchem Grundcharakter sie tendiert.

Mein Tipp:
Nicht nur der Glaube, sondern auch die Liebe versetzt Berge. Wirklich verliebte Männer schaffen es locker, sogar ganze Gebirgsformationen umzubauen. Falls also der Mann, in den Sie sich verliebt haben und von dem Sie auch gerne geliebt werden möchten, es noch nicht einmal schafft, Ihnen eine halbwegs vernünftige Sandburg zu bauen, dann ist höchste Vorsicht geboten. Vielleicht lieben Sie den Falschen.

Der Mann im Netz

Nach neuesten Statistiken lernen sich Paare zwar immer noch am häufigsten am Arbeitsplatz kennen, danach folgt aber schon als Liebes-Anbahnungsplattform Nummer zwei das Internet, noch vor dem Freundeskreis und Freizeitaktivitäten. Tatsächlich kenne ich einige Paare, die sich übers Internet kennen und dann auch lieben gelernt haben und jetzt genauso glücklich und zufrieden in ihrer Partnerschaft leben wie Paare, die sich zum Beispiel während des Studiums oder

auf einer Silvesterparty getroffen haben. Bevor Sie lange ungewollt allein bleiben, ist es einfach nur sinnvoll, sich auch
mal auf einer der vielen Kennenlernplattformen im Internet
umzuschauen, falls Sie das nicht sowieso schon tun.

»Das ist mir alles viel zu unromantisch«, höre ich allerdings immer wieder als Argument gegen die Partnersuche
im Internet. Natürlich kann man erwidern, dass Betriebsaus-
flüge, Ü-30-Partys, ein Ehemaligentreffen der Grundschule
oder die Schraubenabteilung im Baumarkt auch keinen besonders hohen Romantikfaktor haben, man aber dort sehr
wohl auch auf den zukünftigen Partner treffen kann.

Vielen Frauen kommt es auf einer Internetplattform aber
so vor, als würden sie in einen riesigen Supermarkt gehen,
um sich etwas Passendes auszusuchen, aber gleichzeitig
auch als Ware in einem der vielen Regale stehen, an denen
die anderen Besucher des Supermarkts kritisch prüfend vor-
beischlendern. Das ist tatsächlich ein nicht besonders romantisches Gefühl, obwohl die Partnerwahl auch außerhalb
des Internets bei nüchterner Betrachtung genauso oder zumindest so ähnlich funktioniert.

Letztlich gibt es hier kaum einen Ausweg. Entweder stellt
man sich im Netz den Auswahlkriterien der anderen und
bringt seine eigenen auch mit ein, oder man wartet weiter auf den einen magischen Moment, in dem der Richtige
plötzlich vor einem steht. Das kommt vor, keine Frage, und
gar nicht mal so selten.

Es gibt aber noch einen anderen Romantikfaktor beim
Kennenlernen. Das Gute an ihm ist, dass Sie ihn selbst mit-
bestimmen können, auch wenn Sie einen Mann im Internet
kennen lernen möchten. Richard David Precht hat in seinem

sehr interessanten Buch *Liebe, ein unordentliches Gefühl* einen emotionalen Mechanismus beschrieben, der mit Romantik zu tun hat und sich auf die Liebe auswirkt. Die Grundaussage davon ist: Die Wahrscheinlichkeit, sich in einen Menschen zu verlieben, hängt auch davon ab, in welcher Situation und unter welchen Begleitumständen wir ihn kennen lernen. Je wildromantischer die Kulisse ist, desto höher gehen die Wogen der Gefühle.

Diesen Effekt kennt jeder, zumindest aus Filmen. Je dramatischer die zu bestehenden Abenteuer und zu überwindenden Gefahren sind, desto inniger wird die Liebe der Protagonisten zueinander sein. Und für uns Normalsterbliche: In einem tollen Urlaub verliebt man sich leichter in jemanden als im tristen Alltag, auch wenn es sich um ein und denselben Menschen handelt. Diesen Effekt können Sie geschickt für sich ausnutzen und gezielt einsetzen, auch bei Internetbekanntschaften. Dazu später mehr.

Meiner Ansicht nach sollten Sie bei Internetbekanntschaften die erste Kennenlernphase ohne persönlichen Kontakt nicht unnötig in die Länge ziehen. Schreiben Sie sich einige Male, telefonieren Sie ein, zwei Mal, und dann treffen Sie sich am besten persönlich. Einige meiner Patientinnen hatten sich schon in den Mann, der so schöne und witzige E-Mails schrieb und mit dem sie bereits einen halben Briefroman verfasst und emotional durchlebt hatten, verliebt, bevor sie ihm überhaupt persönlich gegenüberstanden. Wenn Sie einen Brieffreund suchen, dann ist das der richtige Weg. Wenn Sie aber einen Mann zum Anfassen und fürs richtige Leben wollen, dann sollten Sie ihm möglichst schnell von Angesicht zu Angesicht begegnen.

Nicht selten trat bei meinen oben erwähnten Patientinnen beim ersten Treffen eine herbe Ernüchterung ein, schon nach den ersten Sekunden der persönlichen Begegnung. Erst wenn Sie jemanden leibhaftig sehen und erleben, können Sie wirklich beurteilen, ob Sie Lust haben, ihn näher kennen zu lernen.

Daher mein Tipp für das erste Treffen:
Lassen Sie es möglichst schnell stattfinden. Hier braucht man noch keinen Romantikfaktor, hier wird lediglich entschieden, ob man sich noch einmal treffen, also näher kennen lernen will. Bitte überlegen Sie sich auf keinen Fall, ob Sie mit dem Menschen, der Ihnen erst seit wenigen Minuten gegenübersitzt, Ihr zukünftiges Leben verbringen wollen. Auch ein noch so schönes, aber sehr kleines Pflänzchen darf man nicht mit 200 Hektoliter Wasser gießen.

Überlegen Sie sich nur, ob Sie den nächsten kleinen Schritt mit diesem Menschen machen wollen, mehr nicht. Also: »Habe ich Lust, noch etwas länger mit ihm in diesem Café zu sitzen?«, »Möchte ich mit ihm noch ein paar Meter spazieren gehen?«, »Will ich ihn gern noch einmal treffen?« Und natürlich auch: »Habe ich Lust, ihn jetzt schon zu küssen?« Halten Sie es so, wie der Straßenkehrer Beppo in dem Buch *Momo* von Michael Ende. Gefragt, wie er es denn aushalte, jeden Morgen die ganze, endlos lange Straße hinunterzusehen, die er noch zu kehren habe, antwortete er, dass er immer nur auf die Stelle schaue, die er gerade kehre, und auf die Stelle, die als Nächstes drankäme. Er schaue nie die ganze lange Straße entlang, denn sonst würde er womöglich nervös und ungeduldig werden. Wenn er aber den ganzen Tag genau so kehre, immer eine Stelle nach der anderen, ganz ruhig und entspannt, dann wäre am Abend die ganze Straße gekehrt.

Auch eine Beziehung funktioniert so am besten: als Aneinanderreihung von Momenten, wobei man immer wieder Lust auf den nächsten Moment, die nächste Begegnung und die nächste Begebenheit hat. Zum Schluss kommt dann, wenn alles gut geht, eine lange und schöne Beziehung dabei heraus. Wenn Sie aber von vornherein alles absehen, einschätzen und vorausplanen wollen, dann ruinieren Sie damit die Gegenwart und rauben ihr noch dazu den Zauber.

Mein Tipp für das zweite Treffen:
Beim zweiten Treffen sollten Sie den Romantikfaktor einsetzen. Treffen Sie sich an einem besonderen Ort, zu einer besonderen Zeit, zu einer besonderen Aktivität. Machen Sie etwas, worauf Sie Lust haben. Das kann ein Treffen morgens um sechs Uhr sein, um gemeinsam den Sonnenaufgang zu erleben, oder ein spätabendlicher Spaziergang über den Nachtflohmarkt. Vielleicht ist es auch die aktuelle Kunstausstellung, die Sie sich mit ihm anschauen wollen, oder das Theaterstück mit Ihrer Lieblingsschauspielerin. Vielleicht möchten Sie von einem Hochstand aus eine Wildfütterung beobachten oder ein Picknick im Grünen mit Bergblick genießen. Vielleicht haben Sie Lust, mit ihm Erdbeeren zu pflücken oder in einem Hochseilgarten herumzuturnen.

Ihnen fällt bestimmt etwas ein. Nebenbei haben Sie in jedem Fall Ihren Spaß, zeigen ihm Ihre Individualität und lernen ihn besser kennen. Überlegen Sie sich also eine geeignete Kulisse, die genau das befördert, was Sie anstreben: dass Sie sich in ihn und er sich in Sie verliebt.

Weniger ist mehr

Eine ehemalige Patientin hat einmal in einer einzigen Woche vier Kandidaten aus dem Internet gedatet. Die große Auswahl an Männern im Netz macht so etwas problemlos möglich. Die Probleme lagen bei dieser Patientin dann woanders: Wirklich gefunkt hatte es bei keinem dieser Männer, und die Frau war letztlich nur verwirrt.

Die Intensität der unterschiedlichen Gefühle bei den so kurz aufeinanderfolgenden Treffen hatte ihre emotionale Aufnahmekapazität weit überschritten. Sie war schlichtweg überfordert, ihre Gefühle und Eindrücke sinnvoll zu ordnen. Vielleicht war sie in dieser Woche sogar ihrer großen Liebe begegnet, konnte sie aber nicht erkennen, weil sie noch zu sehr mit den anderen Treffen beschäftigt war und dem (vielleicht endlich passenden) Kandidaten nicht offen begegnen konnte.

Mein Tipp:
Beachten Sie bitte unbedingt Ihre emotionale Belastbarkeit, wenn Sie Dates vereinbaren. Hier ist weniger sicherlich mehr. Jeder benötigt seinen individuellen psychohygienischen Abstand zwischen zwei Treffen mit unterschiedlichen Menschen. Außerdem birgt so ein erstes Date auch ein gewisses Frustrationspotenzial. Sie könnten von einem Mann abgelehnt werden, obwohl Sie selbst interessiert wären.

Auch das gilt es dann erst mal zu verkraften. Am besten, Sie konzentrieren sich auf einen Kandidaten. Erst wenn Sie (eventuell nach einer zweiten Chance bei einem zweiten Treffen) keine Lust mehr haben, ihn wiederzusehen, vereinbaren Sie ein Date mit dem nächsten Bewerber.

SMS =
Schnell Missverständnisse Senden

Ich weiß nicht, wie viele Stunden ich schon damit zugebracht habe, mit verunsicherten, mitunter auch verzweifelten Patientinnen über genau das zu reden, was bei ihnen diese Gefühle ausgelöst hatte: über eine SMS. Üblicherweise kam diese SMS von einem Mann, der sich *noch nicht* wirklich oder *nicht mehr* in der Rolle ihres Freundes/Geliebten/Partners etc. befand. Eine SMS also von einem Mann, mit dem die Beziehung unklar war. Manchmal entstand die Beziehungsunsicherheit allerdings auch nur *wegen* dieser SMS. Alles war gut, bis sie diese SMS bekam.

Gerne berichten mir dann die Patientinnen, was sie beim ersten Lesen der SMS spontan gefühlt haben. Dieses Gefühl hatte sich dann aber im Minutentakt verändert, je nach dem aktuellen Interpretationsstand der nur wenige Worte umfassenden SMS. Diese Schwankungen konnten in kurzer Zeit erstaunliche Höhen und Tiefen durchlaufen, von »dankbar« und »beglückt« bis »tief gekränkt« oder »entsetzt« – bei derselben SMS wohlgemerkt.

Die Deutung der SMS-Orakelsprüche eröffnete meist einen guten Einblick in die momentane Gefühlslage der Patientin, entfernte sich aber kontinuierlich von dem tatsächlichen Text der SMS, der üblicherweise kurz, banal und etwas gedankenlos dahingeschrieben war. Eben so, wie Männer manchmal denken, fühlen und dann in ihr Handy tippen. Die Texte waren gar nicht unbedingt gefühllos, sie waren meist nur bar jeder Einfühlung in die momentane Befindlichkeit der Empfängerin. Ihr aktueller Gemütszustand wurde beim Schreiben nicht, nur unzureichend oder schlicht falsch mit einberechnet. Wie auch? Es gab zwischen dem Schreiber und der Empfängerin in vielen Fällen seit ein paar Tagen nur SMS-Kontakt und keine vernünftige Kommunikation, sei es in Form von gesprochenen Worten und gehörter Stimmen am Telefon oder persönlich von Angesicht zu Angesicht.

Warum produziert SMS-Kommunikation zwischen Mann und Frau so viele Missverständnisse und damit so viel Ärger, Leid und Liebeskummer, insbesondere auf Frauenseite?

Zum einen liegt es daran, dass eine SMS die emotionalen Botschaften komplett ausspart, die beim Telefonieren durch den Tonfall, die Art zu sprechen, durch spontane Nachfragen und Antworten etc. vermittelt werden, von der emotionalen Informationsfülle durch Mimik und Gestik bei einem persönlichen Treffen ganz zu schweigen. Dieses emotionale Vakuum, das die SMS-Kommunikation lässt, schafft viel Platz für Interpretationen und Vermutungen, die nur allzu oft in die komplett falsche Richtung laufen.

Zum anderen liegt es natürlich auch an den unterschiedlichen Kommunikationsstilen und Kommunikationsbedürfnissen von Männern und Frauen. Das Fatale daran ist, dass eine SMS erst einmal beiden Stilen und Bedürfnissen entgegenkommt.

In *DIE WELT online* bekennt Claudia Becker anlässlich »20 Jahre SMS« ihre Liebe zu dieser digitalen Nachrichtenmöglichkeit. Besser kann man die weibliche Sicht auf die SMS kaum beschreiben:

> Ich mag diese kleinen Nachrichten auf dem Display. Die Frage, wann man sich endlich mal wiedersieht. Ein »Danke« für einen gemeinsamen Abend. Ein kleiner Trost. Eine Ermutigung, dass alles gut wird. Ich mag diese kurzen Grüße, die mir sagen, dass es trotz allem, trotz Zeitnot und räumlicher Entfernung, eine Verbindung gibt zwischen den Lebenswelten. Die SMS sagt mir, dass jemand an mich denkt. Und wenn ich sie just in dem Moment bekomme, in dem meine Gedanken bei dem Absender waren, dann freue ich mich besonders, weil ich weiß, dass sich die Magie des Unerklärlichen auch in der digitalen Welt eingerichtet hat.[12]

Das ist eine wunderbare Haltung, die auch wunderbar funktioniert, wenn der Empfänger und SMS-Partner genauso denkt. Wenn er sich in gleichem Maße mit der Senderin verbunden fühlen will, trotz Zeitnot und räumlicher Entfernung. Wenn er also auch von sich aus eine SMS losschickt, wenn er an sie denkt und sich ebenso freut, wenn er genau dann von ihr eine SMS bekommt.

Die Männer, die auch so ein Verhalten an den Tag legen, befinden sich üblicherweise noch in der Hochverliebtheitsphase. Diese Phase hält aber nicht ewig an zum Leidwesen

---

12 *DIE WELT online* vom 03.12.2012.

vieler Frauen. Natürlich geht auch bei Frauen die erste Ver-liebtheitsphase irgendwann mal zu Ende, aber das Bedürfnis nach engmaschigem Kontakt und emotionaler Nähe bleibt bei vielen Frauen bestehen und ist meistens deutlich stärker ausgeprägt als bei einem Durchschnittsmann.

Eine SMS kommt diesem weiblichen Bedürfnis sehr ent-gegen. Sie erlaubt eine schnelle und vor allem niederschwel-lige Kontaktaufnahme: »Nein, ich will ihn nicht stören; ich weiß, er ist gerade sehr beschäftigt. Ich sende ihm nur einen Gruß und einen Kuss per SMS. Er kann sie lesen, wenn er Zeit hat. Und wenn er sie später liest, freut er sich … und schreibt mir dann auch zurück?«

Spätestens hier gehen die Probleme los. Denn der weib-liche Wunsch, mit dem Mann einen Kontakt herzustellen und sich ihm dadurch nahe zu fühlen, ist meist nicht an-spruchsfrei. Letztlich wird doch eine Reaktion auf die eige-ne SMS erwartet und auch darauf gewartet, mitunter äußerst gespannt und ruhelos.

Die SMS-Technik bedient also das Bedürfnis vieler Frau-en nach engmaschigem Kontakt und nach Nähe sowie den Wunsch, sich dem anderen mitzuteilen und von ihm etwas zu erfahren, gerne auch mehrmals oder vielmals am Tag. Eine SMS gibt ihnen gleichzeitig das gute Gefühl, den Mann nicht unter Druck zu setzen, ihm seine Freiheit zu lassen und ihm nichts aufzudrängen.

Tatsächlich birgt diese Art der Kommunikation aber ein sehr hohes Frustrationspotenzial, weil die Senderin einer SMS, bewusst oder unbewusst, letztlich doch einen Erwar-tungsdruck hinsichtlich einer Antwort auf ihre SMS auf-baut, meist allerdings nur bei sich selbst. Und wenn dann keine Reaktion erfolgt, fangen die schlechten Gefühle an, von leichter Irritation bis zu echter Verunsicherung, von Gekränktheit bis zu blanker Wut. Das Dumme an diesen schlechten Gefühlen ist noch dazu, dass sie meistens einer emotionalen Berechtigung entbehren, wie sich die Senderin der SMS meist selbst eingesteht. Sie wollte ja nur einen kurzen Gruß, eine kleine Nettigkeit schicken, ohne viel Aufhebens und ohne die Notwendigkeit einer Antwort. Aber wenn dann tatsächlich keine oder eine enorm verspätete Antwort kommt, ist die Enttäuschung trotzdem groß.

Ganz anders bei vielen Männern: Die SMS erlaubt ihnen, sich hinter wenigen Worten zu verstecken. Der Schreiber muss keine Gefühle zeigen, höchstens mal ein Emoticon in Form eines Smileys anhängen. Er kann seinem Bedürfnis nachgehen, in wenigen Worten noch weniger zu sagen. Es ermöglicht ihm, Abstand zu wahren, zu antworten, wann er will, und sich nicht kontrolliert zu fühlen.

Das stimmt aber auch nicht. Eine SMS nicht sofort zu beantworten bedarf manchmal schon einer genauen Erklärung hinterher, was ihn denn daran gehindert habe und was er denn die ganze Zeit so dringend zu tun hatte. Ganz schlimm wird es mit der kostenlosen SMS-Variante WhatsApp, bei der man genau sieht, wann der Empfänger die eigene SMS gelesen hat.

Vor wenigen Tagen berichtete mir eine Patientin empört, dass ihr neuer Freund, der auf Dienstreise war, ihre abends geschickte Gutenacht-SMS erst morgens um 5:31 gelesen und dann erst um 8:23 beantwortet habe. Das lässt natürlich viel Zeit und Raum für Spekulationen! Kam er um diese Zeit überhaupt erst in sein Hotelzimmer? Hatte er vorher etwas Besseres zu tun, als ihr zu antworten, vielleicht mit einer anderen Frau? Mein naheliegender Erklärungsversuch, dass ihr Freund um diese frühe Zeit vermutlich einfach nur kurz aufgewacht sei, mal pinkeln musste und dabei auf sein Handy geschaut habe, wurde von der Patientin kaum in Erwägung gezogen.

Und das alles sind nur die Probleme, die entstehen, wenn eine SMS nicht oder erst sehr verspätet beantwortet wird. Noch komplizierter wird die Sache, wenn Gefühle über SMS kommuniziert werden oder wenn das zumindest erwartet beziehungsweise versucht wird. Während die Frau sich bemüht (bei Wahrung ihres Gesichtes und ihres Stolzes), so offen und ehrlich wie möglich zu sein, kommen vom Mann nicht selten hieroglyphenhafte Kurzstatements zurück, die jedem Geheimagenten zur Ehre gereichten.

Das sind dann genau die SMS-Botschaften, deren Entschlüsselung und Interpretation viel über die Empfängerin, aber kaum etwas über den Sender aussagen und mit denen Patientinnen zu mir mit der Frage kommen, was er ihr wohl damit sagen wollte.

Mein Tipp dazu:

Das kleine elektronische Gerät, das viele Menschen heute hauptsächlich dazu benutzen, SMS zu schreiben, wurde ursprünglich für einen ganz anderen Zweck konzipiert. Führen Sie doch dieses nützliche Gerät wieder seinem angestammtem Zweck zu: Telefonieren Sie damit!

Wenn Sie also eine SMS empfangen, die Sie nicht (richtig) verstehen, oder sogar dabei sind, sie gehörig misszuverstehen, dann benutzen Sie bitte Ihr Handy, das Sie ja sowieso gerade in der Hand halten, dazu, den Sender der SMS anzurufen – und zwar sofort. Wenn er nicht zu erreichen ist, dann sprechen Sie ihm Ihre Frage klar und unmissverständlich auf seine Mailbox, zum Beispiel: »Was wolltest du mir mit deiner SMS sagen? Ich verstehe sie leider nicht.« Am besten noch: »Bitte rufe mich an, wenn du Zeit hast. Ich bin heute am besten von … bis … zu erreichen.«

Diesen Tipp habe ich schon einigen meiner Patientinnen gegeben, allerdings nur zum Teil mit Erfolg. Das kann natürlich viele Gründe haben. Einer davon ist meiner Ansicht nach: Simsen kann süchtig machen! Es produziert einen Sog, dem man sich nur schwer entziehen kann. Nur so ist zu erklären, warum manche Menschen auf das Allereinfachste nicht kommen (wollen), wenn es per SMS Missverständnisse gibt.

Dieses Suchtpotenzial lässt manche Menschen (Frauen wie Männer) hundert und mehr SMS am Tag schreiben. Sie warten auch ständig und sehnsüchtig auf dieses kleine akustische Signal, das bei Ankunft einer neuen SMS ertönt. Sie brauchen es wie der Junkie die Spritze. Es sagt ihnen: »Jemand denkt an dich. Du wirst geliebt. Du bist nicht allein.« Leider gilt für diese Menschen auch der Umkehrschluss: Wenn kein Signal am Handy ertönt, wachsen die Angst und die Unruhe kontinuierlich, dann setzen die Entzugserscheinungen ein. Die Botschaft des schweigenden Handys lautet dann nämlich: »Keiner denkt an dich, keiner liebt dich. Du bist allein.«

Wenn es bei Ihnen schon so weit gekommen sein sollte, dann hilft nur eins: der radikale Entzug! Also absolutes SMS-Verbot sowie die Rückkehr zu den traditionellen Kommunikationsmethoden wie Telefonieren, Briefe schreiben oder das persönliche Gespräch.

Männer und Gefühle

Wer heutzutage behauptet, Männer seien intelligenter als Frauen, wird gesteinigt. Absolut zu Recht. Erwiesenermaßen gibt es nur wenige, sehr geringfügige intellektuelle Unterschiede zwischen Männern und Frauen, zum Beispiel beim dreidimensionalen Vorstellungsvermögen (zugunsten der Männer) oder bei der Sprachbegabung (zugunsten der Frauen). Sonst ist so ziemlich alles gleich, zumindest was die Intelligenz betrifft.

Wer heutzutage behauptet, Frauen hätten ein intensiveres und ausgeprägteres Gefühlsleben als Männer, dem wird allgemein zugestimmt. Das einzige Indiz, das dagegen spricht, ist die Tatsache, dass das limbische System (im Mittelhirn gelegen) bei Männern keineswegs kleiner ist als bei Frauen. Und, etwas vereinfacht formuliert, im limbischen System entstehen und leben unsere Gefühle. Männer haben demnach genauso viele und genauso starke Gefühle wie Frauen. Sicherlich haben sie manchmal ganz andere Gefühle als Frauen. Der wirklich gravierende Unterschied ist aber: Sie gehen mit ihren Gefühlen völlig anders um.

Der Grund dafür liegt u. a. darin, dass die Art, wie Männer ihre Gefühle wahrnehmen und ausleben, ganz stark von einer Gemeinschaft geprägt wird, zu der Frauen keinen Zutritt haben: von der Männerhorde. Diese Sozialisation beginnt schon im Kleinkindalter mit Raufereien unter Jungs und endet nach Zeltlagerabenteuern, Fußballmannschaftserlebnissen, endlosen Geschäfts-Meetings, feuchtfröhlichen Stammtischabenden (um nur einige der einschlägigen Männerrunden zu nennen) erst mit dem Ableben.

Natürlich sind da heutzutage zum Teil auch Mädchen beziehungsweise Frauen anwesend, aber es gibt immer den Moment, in dem es nur um die Jungs oder nur um die Männer geht. Und entscheidend ist dann, wie man sich in der Männerhorde als Junge beziehungsweise als Mann seinen Status erwirbt und erhält. »Wie muss ich mich geben? Was muss ich machen? Was darf ich keinesfalls sagen? Was darf ich zeigen, um anerkannt und beliebt zu sein?« Das ist genau die Art, mit der sich Männer in Männerhierarchien hocharbeiten, also auch ein Training für die berufliche Karriere.

Natürlich gibt es das auch bei Mädchen und Frauen, nur herrschen dort komplett andere Gesetze. Das, was in der Männerhorde bei Entzug von Anerkennung und Sympathie verboten ist, ist hier Pflicht: Gefühle wie Angst, Trauer und Schwäche zeigen, über Probleme reden, ohne sie lösen zu wollen, sich niemals übereinander lustig machen etc. Sie kennen all diese Rituale einer Frauenrunde.

Um die Gesetze in der Männerhorde zu verstehen, brauchen Sie sich nur vorzustellen, was für Aussagen und welches Verhalten von einem Mann erwartet werden, der mit anderen Männern auf Mammutjagd gehen will. Heute schlecht geschlafen? Gestern mit der Frau gestritten? Muskelverspannung? Angst vor Versagen? Bestimmt nicht!

Ein kleines und harmloses Beispiel mag das noch besser verdeutlichen: Ich gehöre einem Stammtisch an, zusammengesetzt aus zivilisierten, beruflich gut situierten Geschlechtsgenossen. Vorletzten Herbst erwähnte einer von uns, dass er sich gegen Schweinegrippe habe impfen lassen, und erläuterte kurz die durchaus plausiblen Gründe dafür.

Sofort erscholl aus aller Munde ein höhnisches Gelächter, ein schenkelklopfendes Gejohle. Wie könne man nur so ein Weichei sein, ein »Schweinegrippenimpfer« zu werden? Das komme ja noch vor »Warmduscher« und »Achselrasierer«! Wie könne man sich nur so eine Blöße geben, als Mann nicht einmal eine läppische Grippe durchstehen zu können? Und wehe, wehe, der Betroffene lacht nicht am lautesten mit! Er ist gerade der willkommene Anlass für einen guten Lacher und darf auf keinen Fall den Spielverderber geben. Der Schweinegrippeimpfer verhielt sich damals auch tadellos und artgerecht, er lachte also beflissen mit. Nach wenigen Minuten wischten sich alle die Lachtränen aus den Augen und wechselten das Thema – auf der Suche nach dem nächsten Lacher.

Bitte stellen Sie sich jetzt vor, in einer netten und freundschaftlichen Frauenrunde hätte eine der Teilnehmerinnen von ihrer Grippeimpfung erzählt. Hätte die Frauenrunde vergleichbar wie unser Stammtisch reagiert, wäre die Befürworterin der Grippeimpfung wohl ein Fall für meine Praxis geworden. Aber natürlich würde eine Frauenrunde niemals so reagieren. Als ich meiner Frau von dieser kleine Szene an meinem Stammtisch erzählte, war sie gleichermaßen belustigt wie entsetzt. Sie schaute emotional in eine fremde Welt, die sie nicht verstand. Und sie war froh, nicht Teil dieser Welt, dieser typischen Männerwelt zu sein.

Natürlich erwartet kein Mann von (s)einer Frau, sich der Art von Kommunikation anzupassen, die er in seiner Männerhorde gelernt hat. Er ist vermutlich sogar froh, sich wieder in anderen, weiblicheren Kreisen zu befinden, wenn er bei ihr ist. Allerdings wird heute umgekehrt überall von den Männern erwartet, dass sie sich dem Kommunikationsstil anpassen, den die Frauen untereinander pflegen. Die Männer sollen mit ihnen über Gefühle und Probleme reden, einfühlsam versuchen, ihr Gegenüber zu verstehen, und nicht gleich einen Lösungsvorschlag bereithalten. Das klappt natürlich genauso wenig, wie wenn Männer von Frauen verlangen würden, sich ihrem Kommunikationsstil anzupassen, der hauptsächlich dazu dient, Hierarchien zu klären, den eigenen Status zu wahren und seinen Spaß zu haben, gerne auch auf Kosten eines anderen.

Mein Tipp dazu:

Männer stecken, genauso wie Frauen, von Kopf bis Fuß voller Gefühle. Bitte versuchen Sie aber zu akzeptieren, dass Männer ganz anders über ihre Gefühle sprechen. Natürlich gibt es dabei auch unter Männern große Unterschiede, die auch abhängig davon sind, welchem Charaktertypus ein Mann angehört. Aber gerade die sogenannten »schwachen Gefühle« wie Trauer, Angst und Minderwertigkeitsgefühle bringen fast alle Männer nur sehr schwer über die Lippen, weil sie Angst haben, dadurch ihren Status und ihr Gesicht Ihnen gegenüber zu verlieren. Bei manchen Frauen haben die Männer diese Angst auch zu Recht.

Bedrängen Sie also einen Mann nicht, über Dinge zu reden, die bei ihm mit Angst und Scham besetzt sind. Wenn Ihnen ein Mann etwas über diese Gefühle erzählt, dann nur, wenn er sich bei Ihnen absolut sicher fühlt. Das ist ein sehr großer Vertrauensbeweis.

Es gibt natürlich auch Ausnahmen:

Eine Patientin, die lange in einer Bar im Rotlichtmilieu gearbeitet hatte, berichtete mir eindrücklich, wie viel, gerne und offen ihre männlichen Gäste mit ihr über ihre Gefühle und Probleme geredet hätten. Sie meinte, sie hätte durch Zuhören weit mehr Geld verdient als durch alle anderen einschlägigen Dienstleistungen dieses Milieus. Nach ihrer Einschätzung seien die Männer so offen und redselig gewesen, weil sie nicht unter Druck standen, ihr etwas beweisen zu müssen, und sei es nur, dass sie über Gefühle reden konnten. Außerdem verriet mir die Patientin ein Berufsgeheimnis: Sie habe ihren Kunden das gegeben – wenn auch nur gespielt –, was fast alle Männer dringend brauchen: Bewunderung.

Männer sind manchmal sehr einfach strukturiert

Es gibt kaum eine Frau, die sich nicht freut, wenn ihr ein Mann ein schönes Kompliment macht.

Umgekehrt hören aber auch Männer gern Komplimente und werden gern von den Frauen bewundert.

Wichtig ist dabei, dass Sie seine *Leistung* und sein *Können* loben und nicht einfach nur sein Aussehen, zum Beispiel mit dem einfachen, aber sehr wirkungsvollen Satz: »Ich finde, du bist ein sehr interessanter Mann.« Das wird ihn wirklich freuen und befriedigen. Jetzt weiß er, dass Sie ihn attraktiv finden. Jeder Mann hat schon viele Male aus Frauenmund gehört, dass es für einen Mann nicht reicht, einfach nur gut auszusehen und nett zu grinsen. Er muss sich seine Attraktivität schon verdienen. Er muss etwas dafür leisten. Und es geschafft zu haben, auf Sie interessant zu wirken, ist eine echte Leistung!

Letztlich können Sie einen Mann für fast jeden blöden Stein bewundern, den er auf einen andern Stein gelegt hat. Er wird sich unweigerlich geschmeichelt fühlen. Loben und bewundern Sie einen Mann für etwas, was er geleistet hat, und sei es noch so simpel und einfach, und er wird sich phantastisch fühlen und Ihnen zu Füßen liegen. Jede Frau kann einen Mann um den Finger wickeln, wenn sie es fertigbringt, ihn für irgendwelche Kleinig- und Nichtigkeiten zu bewundern, die er vollbracht hat.

Es ist einerseits erschreckend, wie einfach die Männer in diesem Punkt gestrickt sind und wie anfällig sie für jede Art der Bewunderung sind. Andererseits ist es mir ein Rätsel, warum dieser Trick von Frauen kaum angewendet wird. Ich vermute, weil sie einfach nicht nachvollziehen können, welche erhebenden Gefühle sie mit so einer kleinen Bewunderung bei Männern auslösen können. Vielleicht wollen sie dem Mann gegenüber auch nur ehrlich sein. Oder gönnen ihm die Bewunderung nicht, weil diese XY-Chromosomen-Träger ja sowie schon die Welt beherrschen. Ich weiß es nicht. Ich weiß nur, dass sich eine Frau auch dann über ein Kompliment freut, wenn es etwas über die Realität hinausschießt. Warum soll es den Männern da anderes gehen?

Daher mein Tipp:
Wenn Sie es irgendwie über die Lippen bringen, ohne in Lachen auszubrechen, und wenn Sie sich dazu überwin-

den können, ohne dass Ihnen ein Zacken aus der Krone der Gleichberechtigung fällt: Schenken Sie hin und wieder dem Mann, der Ihnen gefällt, eine nette Bewunderung aus Ihrem Mund. Er wird es lieben, und Sie auch!

Was Männer wirklich besser können als Frauen

… ist gehorchen. Das erscheint erst einmal vollkommen unrealistisch, weil ja überwiegend Männer die Welt regieren, in den Vorstandsetagen sitzen und – zumindest nach Meinung vieler Frauen – nicht bereit sind, einen Teil ihrer Macht an die Frauen abzugeben.

Die Sache ist nur: Diese Männer da oben sind nur ein verschwindend geringer Teil der Männer auf dieser Welt. Die allermeisten Männer arbeiten irgendwo untergeordnet in irgendwelchen Hierarchien und versuchen mit Mühe, etwas höher zu steigen, wobei es ihnen meist einerlei ist, ob ganz oben auf der Pyramide Frauen oder Männer sitzen.

In früheren, deutlich schlechteren Zeiten fragte man einen Mann, um ihn einzuschätzen, keineswegs, wo er *befohlen* oder gar *geherrscht* hat, sondern wo er *gedient* hat. Gemeint war natürlich, wo er beim Militär gedient hatte. Das Militär war die Schule der Nation und die Zuchtanstalt aller Männer, in der sie das eingeprügelt bekamen, was sie können mussten: gehorchen.

In der gesamten Evolutionsgeschichte der Menschheit haben die Männer gelernt, sich in Hierarchien einzufügen. Zugegeben, es waren meist Männerhierarchien, was aber nichts daran ändert, dass Otto Normalverbraucher in diesen Hierarchien ganz überwiegend nicht geherrscht, sondern gehorcht hat. Untersuchungen haben ergeben, dass schon kleine Jungs im Kindergarten relativ stabile Hierarchien bilden, in die sie sich dann einfügen. Natürlich gibt es immer wieder Kämpfe um die Vorherrschaft, und wenn einer mal unerwartet den vermeintlich Stärkeren beim Raufen besiegt, verändert sich die Hierarchieabfolge. Letztlich ist aber die Bereitschaft, sich unterzuordnen und einzugliedern, bei Jungen und Männern stärker ausgeprägt als bei Mädchen und Frauen.

Diese männliche Eigenschaft lässt sich von Frauen wunderbar nutzen!

Mein Tipp:
Jeder Mann ist froh, wenn er klare Handlungsanweisungen bekommt, die er ausführen soll – auch und gerade von Frauen. Natürlich gibt es Situationen, in denen klare Ansagen die Stimmung ruinieren, aber nicht viele. Ob Sie es glauben oder nicht: Männer wollen Frauen glücklich machen. Nur wissen sie einfach nicht mehr, wie das geht beziehungsweise was die Frauen wollen und brauchen, um glücklich zu sein. Falls Sie zu den Frauen gehören, die wissen, was sie brauchen und wollen, dann hilft es dem Mann ungemein, wenn Sie es ihm zwar freundlich, aber klar und unmissverständlich mitteilen. Sie werden sehen: Er macht es! Und ist Ihnen dafür auch noch dankbar. Wenn Sie ihn jetzt auch noch ein klein wenig dafür loben und bewundern …

Er versteht Sie nicht

Häufig höre ich von Patientinnen den Satz: »Er versteht mich einfach nicht.« Üblicherweise meinen sie damit ihren Partner oder den Mann, der es vielleicht werden könnte. Der Unterton dabei ist entweder vorwurfsvoll, traurig oder schon resigniert. Meine Gegenfrage ist dann meistens: »Verstehen Sie ihn denn?« Die erstaunten Gesichter, in die ich dann schaue, erübrigen meist eine Antwort auf diese Frage. »Natürlich auch nicht! Wie sollte ich denn einen Mann verstehen können?«, scheinen diese Blicke zu sagen. »Sehen Sie!«, entgegne ich dann. »Man kann sich auch lieben, ohne sich zu verstehen.«

Dieses Problem gibt es ja nicht nur zwischen Männern und Frauen, sondern sehr häufig auch zwischen unterschiedlichen Generationen einer Familie. Üblicherweise beklagen sich eher die (meist schon erwachsenen) Kinder, dass ihre Eltern sie nicht verstehen würden. Ich finde, dass dieses Unverständnis ganz normal ist und eher die Regel als die Ausnahme. Warum sollte ein Mensch, der in einer anderen Zeit, mit anderen Problemen, anderen Werten und anderen Idealen aufgewachsen ist, jemanden verstehen, der 20, 30 oder mehr Jahre jünger ist? Das würde man auch von niemand anders erwarten. Aber von den Eltern wird es häufig erwartet. Das kann nur zu Frustrationen und Enttäuschungen führen. Auch hier gilt sogar ganz ausdrücklich: Eltern und Kinder können sich lieben, ohne sich (wirklich) zu verstehen. Manchmal ist dies sogar die Voraussetzung für ein gelungenes Verhältnis zwischen Eltern und Kindern: die Akzeptanz, sich nicht wirklich zu verstehen.

Natürlich gibt es dieses tiefe Verständnis für den anderen, zwischen Eltern und Kindern, zwischen guten Freunden und besten Freudinnen und auch zwischen Mann und Frau. Das sind aber wunderbare und seltene Augenblicke, die man sich rot im Kalender anstreichen sollte. Das sind Geschenke des Schicksals und wahre Augenblicke des Glücks. Meist passieren diese Momente unerwartet und ohne oder nur mit sehr wenigen Worten. Jede Erwartung oder gar Forderung an den anderen, dieses Verständnis hinzubekommen, ist wenig hilfreich und verhindert es eher, als dass es das gegenseitige Verständnis fördert.

Schon unsere Sprache gibt uns einen wichtigen Hinweis: Es heißt »Wir verstehen uns«. Damit ist gemeint, dass sich zwei Menschen mögen und gerne zusammen sind. Die Einzahl dieses »*Wir* verstehen *uns*« heißt aber nicht »Ich verstehe dich, und du verstehst mich«, sondern »Ich verstehe *mich* mit dir, und du verstehst *dich* mit mir«. Wörtlich genommen bedeutet das: Gemeinsam mit dir verstehe ich mich (besser), du hilfst mir also dabei, mich zu verstehen. Und ich helfe dir dabei, dich (besser) zu verstehen.

Das ist schon sehr viel wert. Wir verstehen uns ja häufig selbst nicht, doch mit einem anderen Menschen, der uns nahesteht, schaffen wir es vielleicht, uns selbst besser zu verstehen. Wie können wir dann aber von jemandem erwarten oder sogar fordern, uns zu verstehen, wenn wir es schon selbst kaum schaffen?

Die Anziehung, die Sie auf einen Mann ausüben, Ihre unwiderstehliche Ausstrahlung und seine Faszination für Sie werden auch und gerade durch Ihre Andersartigkeit, durch Ihr Geheimnis, durch die Unerklärlichkeit Ihres Verhaltens und durch Ihre Unbegreiflichkeit befeuert. Jeder Mann – wenn er diese Gefühle denn zulässt – spürt durch Sie das Faszinosum des unbegreiflich Weiblichen, das er nie wirklich verstehen wird, das ihn aber gerade deshalb so anzieht. Und ich hoffe, dass es den Frauen mit dem Faszinosum des Männlichen ähnlich geht.

Ein vollkommenes Verstehen oder gar Durchschauen würde diesen Reiz zerstören. Den anderen zu verstehen kann nämlich auch bedeuten, ihn genau deswegen nicht mehr zu lieben, weil er entlarvt und entzaubert ist.

Mein Tipp dazu:
Bitte erwarten oder fordern Sie nicht von einem Mann, Sie zu verstehen, auch wenn Sie ihn lieben und er Sie liebt. Verstehen ist keine notwendige Bedingung für die Liebe. Eine ständige Erwartungshaltung oder gar Forderung an den Mann, Sie zu verstehen, kann die Liebe aber töten.

Worauf es wirklich ankommt

Wer glaubt, die Partnerwahlkriterien hätten sich in den letzten Jahrzehnten geändert, auch als Folge der Emanzipation der Frauen, der irrt leider gewaltig. In meinem ersten Buch *Überlisten Sie Ihr Beuteschema* habe ich dieses Phänomen und die Probleme, die daraus entstehen, ausführlich angesprochen.

Mit der Partnersuche übers Internet und der enorm erweiterten Möglichkeit, Menschen nach bestimmten, selbst vorgegebenen Kriterien zu suchen, hat sich das archaische Beuteschema sogar noch verstärkt. Kaum ein Mann, der nicht eine Frau sucht, die möglichst attraktiv ist, und kaum eine Frau, die nicht einen Mann sucht, der einen möglichst hohen Status hat. Je größer die Auswahl, desto höher die Ansprüche. Dort, wo bei den Männern auf der Prioritätenliste bei der Partnerwahl die Attraktivität der Frau steht, genau dort steht bei den Frauen der Status des Mannes.

Diese beiden unterschiedlichen Kriterien werden miteinander verrechnet. Je höher der Status eines Mannes ist, umso attraktivere Frauen stehen ihm zur Auswahl. Und je attraktiver eine Frau ist, desto beruflich und gesellschaftlich erfolgreichere Männer kann sie bekommen. Die Schönen und die Reichen, wobei *sie* schön und *er* reich ist, meistens zumindest. Es ist zum Verzweifeln.

Wirklich? Nein! Viele Frauen haben leider vergessen, dass bei den Kriterien der Partnerwahl die körperliche Attraktivität der Frau zwar weit oben auf der männlichen Wunschliste steht, das allerwichtigste Kriterium aber nach wie vor weltweit und geschlechterübergreifend etwas anderes ist. Natürlich gibt es noch viel mehr Männer, die das auch vergessen haben und meinen, Macht, Status und Geld würden ausreichen, um jede Frau zu bekommen.

Schönheit und Status stehen aber nur auf dem dritten Platz der Rangliste der Eigenschaften, die wir uns beim Partner beziehungsweise der Partnerin wünschen. Beiden Geschlechtern sind zwei ganz andere Kriterien viel wichtiger, und da sind sich ausnahmsweise einmal Frauen und Männer einig: Auf Platz zwei steht die Gesundheit, und das allerwichtigste Kriterium, das sich sowohl Frauen als auch Männer bei ihrem Partner beziehungsweise ihrer Partnerin wünschen, ist:

* eine sympathische Ausstrahlung und ein warmherziger Charakter.

Noch einmal zum Mitschreiben:

Männer wie Frauen wünschen sich *vor allem anderen* einen Menschen an ihrer Seite, der das Herz am rechten Fleck hat. Das ist beiden Geschlechtern viel wichtiger als Attraktivität und Status. Bitte vergessen Sie das nie! Ihre Haut mag nicht mehr so straff sein wie früher, und Sie mögen sich nicht mehr so fit fühlen wie noch vor Jahren – das ist alles drittrangig, wenn Sie sich dies erhalten: Ihren guten Charakter, Ihr freundliches und warmherziges Wesen, Ihr sympathisches Lächeln und natürlich Ihre Einzigartigkeit, deretwegen man Sie liebt.

Dank

Ich danke meiner Frau Claudia für ihre guten Anregungen und kritischen Anmerkungen sowie ihr und meinen beiden Töchtern für ihre Geduld und Nachsicht mit mir. Weiterhin danke ich für viele anregende Gespräche und gute Ideen insbesondere Dr. Christian Mayer und Dipl.-Psych. Thomas Quetschlich.

Ein herzlicher Dank geht an Amelie Fried und Peter Probst für das szenische Vorwort, das sie zu diesem Buch geschrieben haben.

Mein besonderer Dank geht an die vielen Patientinnen und Patienten meiner psychotherapeutischen Praxis, ohne deren interessante und einzigartige Lebens- und Liebesgeschichten ich die vielen Fallbeispiele dieses Buches nicht hätte verfassen können.

Weiterhin bedanke ich mich für die gute Zusammenarbeit bei dem Mosaik Verlag, insbesondere bei Monika König und meinen Lektorinnen Birthe Katt und Dagmar Rosenberger. Ein besonderer Dank gilt meiner Agentin Regina Seitz von der Michael Meller Literary Agency.

Literatur

Arthur, L. J. (1996): *Das Geheimnis der Anziehung,* VAK Verlags GmbH, Kitchzagen bei Freiburg.

Baron-Cohen, Simon (2004): *Vom ersten Tag an anders. Das weibliche und das männliche Gehirn,* Patmos/Walter, Düsseldorf.

Brizendine, Louann (2007): *Das weibliche Gehirn. Warum Frauen anders sind als Männer,* Hoffmann und Campe, Hamburg.

Brizendine, Louann (2010): *Das männliche Gehirn. Warum Männer anders sind als Frauen,* Hoffmann und Campe, Hamburg.

Clasen-Holzberg, Claudia (2003): *Liebe gesucht. Wege aus dem Single-Leben zu einer glücklichen Beziehung,* Goldmann, München.

Ende, Michael (Neuausgabe 2005): *Momo,* Thienemann, Stuttgart.

Fisher, Helen (2009): *Warum es funkt – und wenn ja, bei wem,* Droemer, München.

Fried, Amelie, und Probst, Peter (2012): *Verliebt, verlobt … verrückt?: Warum alles gegen die Ehe spricht und noch mehr dafür,* Heyne, München.

Grammer, Karl (1993): *Signale der Liebe. Die biologischen Gesetze der Partnerschaft,* Hoffmann und Campe, Hamburg.

Jun, Gerda (1987): *Charakter.* VEB Verlag Volk und Gesundheit, Berlin.

Lovenberg, Felicitas von (2005): *Verlieb Dich oft, verlobe Dich selten, heirate nie? Die Sehnsucht nach der romantischen Liebe,* Droemer, München.

Matzig, Gerhard (2005): »Der kaltherzige Ernährer, die liebende Verlassene«, in: *Süddeutsche Zeitung,* Ausgabe vom 22.03.2005.

Oberndorfer, Rotraut, und Rost, Harald (2002): *Auf der Suche nach den neuen Vätern. Familien mit nichttraditioneller Verteilung von Erwerbs- und Familienarbeit,* ifb-Forschungsbericht Nr. 5, Bamberg.

Onken, Julia (2008): *Spiegelbilder. Männertypen – wie Frauen sie durchschauen und sich dabei selbst erkennen,* Goldmann, München.

Peirano, Julia, und Konrad, Sandra (2011): *Der geheime Code der Liebe,* Ullstein, Berlin.

Precht, Richard David (2010): *Liebe: Ein unordentliches Gefühl,* Goldmann Verlag, München.

Richter, Horst-Eberhard (2006): *Die Krise der Männlichkeit in der unerwachsenen Gesellschaft,* Psychosozial-Verlag, Gießen.

Riemann, Fritz (1961, 2009): *Grundformen der Angst,* Ernst Reinhardt Verlag, München.

Riemann, Fritz (1982, 2007): *Die Fähigkeit zu lieben,* Ernst Reinhardt Verlag, München.

Rohr, Richard, und Ebert, Andreas (1999): *Das Enneagramm. Die 9 Gesichter der Seele,* Claudius Verlag, München.

Sawyer, Colene (1999): *Warum gerade Du? Die verborgene Logik der Partnerwahl,* Ullstein, Berlin.

Schmidbauer, Wolfgang (1992): *Hilflose Helfer. Über die seelische Problematik der helfenden Berufe,* rororo, Reinbek.

Schwanitz, Dietrich (2001): *Männer. Eine Spezies wird besichtigt,* Eichborn, Frankfurt am Main.

Süfke, Björn (2008): *Männerseelen. Ein psychologischer Reiseführer,* Patmos, Düsseldorf.

Stöwing, Oliver (Taschenbuch 2009): *Wann kommt denn endlich der blöde Prinz mit seinem dämlichen Gaul? 100 Tipps, wie Sie Ihren Traummann finden,* Knaur TB, München.

Willi, Jörg (2002): *Psychologie der Liebe. Persönliche Entwicklung durch Partnerbeziehungen,* Klett-Cotta, Stuttgart.

Willi, Jörg (1975): *Die Zweierbeziehung,* Rowohlt, Reinbek.

Woinoff, Stefan (2007): *Überlisten Sie Ihr Beuteschema. Warum immer mehr Frauen keinen Partner finden und was sie dagegen tun können,* Goldmann, München.

Register